U0450078

数字经济
分布式治理

段伟常◎著

电子工业出版社
Publishing House of Electronics Industry
北京·BEIJING

内 容 简 介

数字经济标志着人类社会正在快速进入数字化生存模式，财富创造、价值交换、利益分配等重要场域由"真实"向"虚拟"形式转化。与复杂有机生命体的运作相似，数字经济的治理在宏观上体现为控制与协同，而在微观上体现出高度的自治，以利益为中心的共同体（组织或公司）形成共享化、线上化、分权化、智能化等形式的去中心化自治模式。技术自治下的利益共同体就是具有分布式治理结构的 DAO。

本书梳理从中心化治理到去中心化治理的演变逻辑，将数字治理和利益共同体理论融合创新，结合区块链技术、证据法学、技术自治、算法治理等构建分布式治理机制，对结构化取证、事实证明、信息保真、共识机制、智能合约等一系列核心技术和方法进行详细阐述。

本书适合金融和资产管理、数字化交易、电子商务、供应链管理、社会管理、智能司法等领域的专业人士阅读。

未经许可，不得以任何方式复制或抄袭本书之部分或全部内容。
版权所有，侵权必究。

图书在版编目（CIP）数据

数字经济分布式治理／段伟常著．—北京：电子工业出版社，2022.5
ISBN 978-7-121-43171-5
Ⅰ．①数… Ⅱ．①段… Ⅲ．①信息经济－研究 Ⅳ.①F49
中国版本图书馆 CIP 数据核字（2022）第 047157 号

责任编辑：黄爱萍　　　　　　　　特约编辑：田学清
印　　刷：北京雁林吉兆印刷有限公司
装　　订：北京雁林吉兆印刷有限公司
出版发行：电子工业出版社
　　　　　北京市海淀区万寿路 173 信箱　　邮编：100036
开　　本：787×980　1/16　印张：16.25　字数：271 千字
版　　次：2022 年 5 月第 1 版
印　　次：2022 年 5 月第 1 次印刷
定　　价：89.00 元

凡所购买电子工业出版社图书有缺损问题，请向购买书店调换。若书店售缺，请与本社发行部联系，联系及邮购电话：（010）88254888，88258888。
质量投诉请发邮件至 zlts@phei.com.cn，盗版侵权举报请发邮件至 dbqq@phei.com.cn。
本书咨询联系方式：010-51260888-819，faq@phei.com.cn。

推荐序一

追求利益不是人们的唯一目标，但至少是人们的主要目标之一，特别是在市场经济时代。企业是现代社会创造物质财富的主体，以获得投资回报或更大利益为经营目标。个人作为劳动者以分工合作的方式参与企业生产经营，创造财富，再通过合理的分配机制获得工资、奖金、股权等利益。分配财富是企业的治理方式，分配不当则会影响企业的经营管理。所以说管理的前提是治理，这一命题在数字化时代一点也不为过。

目前，人类社会在向网络化和数字化的方向转换。在网络世界中，参与者之间多为陌生关系，甚至永不见面，却通过网络实现了商业交易、共同创作、公益募捐、股权投资等活动，通过技术手段在陌生关系中构建信任关系，实现低成本、低风险、高效率的协作。这类协作依赖的正是越来越去中心化的治理模式。智慧化技术代替传统的管理和利益分配方式，是进一步发挥科学技术作为第一生产力、适应现代社会快速运转、追求效率优先的必然结果。人工智能充分体现了技术的无穷魅力。当人们在惊叹比特币的价值快速上升之时，区块链技术已经被应用在社会经济的各个领域，结合物联网技术和算法，展示了区块链技术的优越性和广阔的应用前景。

"分布式治理"是结合证据法学和技术自治的算法治理，存证和事实证明要符合司法实践的要求，技术自治则基于区块链技术架构。段伟常博士对此给出了清晰的定义，提出了创新的理论架构。段博士认为，在数字化时代，个体的智慧和创新能力获得了更大的自由和空间，但创造动力必须与分配权益相匹配，这是商业模式成功的要素之一。线上化、分权化、证券化、数字化等对传统的管理提出了全新的挑战。如何从传统的中心化模式转换为数字化治理模式，分布式治理思想可能为这一问题寻找到了有效的解决方法。

大量区块链技术的应用项目支持了本书提出的理论，包括金融和资产管理领域中快速发展的票据交易、数字资产交易，还有电子商务和供应链管理中的溯源、智能司法等领域的应用创新等，其核心思想是以技术治理的高效性、低成本等特点来适应网络化、数字化的需求。本书针对传统治理模式如何转换为分布式治理的问题，提出了结构化取证、信息保真、共识机制、智能合约等一系列技术和方法。

本书作者具有广博的人文和技术知识背景，以系统思维和结构化分析进行了精彩的理论诠释，使得本书兼具思想性和实用性，值得推荐。

伍军

中山西湾投资控股发展有限公司总经理

推荐序二

从信息时代到数字化时代,社会经济新模式、新业态快速涌现,经济运行及商业模式处在不断创新、迭代、演化的形态重构之中,其演化的内在结构体现为数字经济这一全新的社会经济范式。数字经济具有高创新性、强渗透性、广覆盖性等特征,数据资产成为新的生产要素。

数字经济的核心内涵仍然为经济本身,它是创造财富、分配财富、满足需求的过程,在这一过程中,经济主体利用数字资产和计算能力进行信息处理、理性决策和市场配置。大数据、物联网、人工智能和云计算等是数字经济发展的技术基础。但数字化和虚拟空间仍存在"法外之地",急需建立与现实世界相对应的治理秩序,以数字技术为数字经济构造治理体系是技术发展的必然。

数字经济治理要体现平等化、透明化、分权化的特点。数字经济是发生在虚拟空间中的价值交换,需要针对资金、合约和数字资产等在虚拟空间中的交换、交易与转移等构建新的治理规则、治理秩序,这对数字经济发展、商业模式创新、提升数字资产配置效率等方面会起到关键作用。

段伟常博士在本书中提出"分布式治理"的思想与方法,结合法治精神、共同体、自治、共识等核心概念,形成分布式治理的理论架构。段博士所提出的理论体系具有较强的实操性,针对传统治理模式转换为分布式治理的问题,提出了结构化取证、信息保真、共识机制、智能合约等一系列技术和方法,为分布式治理的实践提供了完整的技术架构。

薛小龙

广州大学管理学院院长

广州大学数字化管理创新研究院院长

目　　录

第1章　绪论 ·· 1

　1.1　数字经济的去中心化治理 ··· 1

　1.2　治理的概念及其发展过程 ··· 3

　　　1.2.1　治理的兴起与发展 ··· 3

　　　1.2.2　治理理论的发展 ·· 3

　　　1.2.3　治理相关概念解析 ··· 4

　1.3　数字治理促进中心化治理模式创新发展 ···································· 6

　1.4　去中心化治理的产生与发展 ·· 8

　　　1.4.1　数字化生存下虚拟世界的丰富内涵 ································· 9

　　　1.4.2　网络世界的治理困境 ·· 10

　　　1.4.3　治理创新的本质是信任机制的创新 ································ 12

　　　1.4.4　从"真实"到"虚拟"标志着分布式治理的出现 ············· 13

　　　1.4.5　虚拟世界的治理原则 ·· 13

　1.5　分布式治理是技术自治 ·· 15

　1.6　小结 ··· 16

第2章　治理技术基础知识 ·· 17

　2.1　中心化治理的逻辑 ··· 17

   2.1.1 中心化治理 17
   2.1.2 多中心治理 19
  2.2 技术自治——第三种治理逻辑 20
   2.2.1 技术自治的发展 20
   2.2.2 数字经济的治理原则 21
   2.2.3 数字经济中的技术自治 22
  2.3 区块链技术的自治结构 23
   2.3.1 区块链技术的应用与发展 23
   2.3.2 区块链技术的自治功能 24
   2.3.3 区块链技术的自治应用模式 26
   2.3.4 区块链技术的信任机制创新 28
   2.3.5 区块链技术的应用发展进程 30
  2.4 分布式账本——技术自治基础设施 33
   2.4.1 账本、记账技术及其发展 34
   2.4.2 分布式记账原理 35
   2.4.3 信息真实性的重要价值 37
   2.4.4 记账的防篡改原理 39
   2.4.5 分布式账本的价值与应用 40
  2.5 小结 45

第3章 技术治理的核心——算法治理 47
  3.1 技术治理的发展 47
  3.2 算法治理的内涵与算法经济 49
   3.2.1 算法治理概述 49
   3.2.2 算法经济 50
  3.3 区块链技术中的算法治理 51

3.3.1 比特币实验中的算法治理 ·· 51
　　　3.3.2 共享账本机制 ·· 52
　　　3.3.3 分布式架构 ·· 52
　　　3.3.4 多边平台治理 ·· 54
　3.4 算法权力及其规制 ·· 57
　　　3.4.1 算法权力概述 ·· 57
　　　3.4.2 算法权力的运行逻辑及风险 ·· 59
　　　3.4.3 算法权力规制 ·· 61
　3.5 算法与智能司法 ··· 64
　3.6 区块链存证的司法创新 ·· 66
　3.7 小结 ··· 69

第4章 利益共同体视角下的分布式治理 ·· 71
　4.1 利益共同体原理与利益治理 ··· 71
　　　4.1.1 利益、利益共同体的概念 ·· 71
　　　4.1.2 共同体——治理的对象 ··· 73
　　　4.1.3 利益共同体的治理内涵 ··· 74
　　　4.1.4 利益运行机制 ·· 78
　　　4.1.5 紧密利益共同体 ··· 81
　　　4.1.6 网络共同体 ·· 83
　4.2 利益共同体的自治模式 ·· 86
　　　4.2.1 治理模式的形成路径 ·· 86
　　　4.2.2 自治体的内涵 ·· 87
　　　4.2.3 共识——自治的规则 ·· 88
　　　4.2.4 技术自治的基础——利益关系契约化 ······························ 92
　4.3 分布式治理机制 ··· 94

- 4.3.1 分布式治理的定义 … 94
- 4.3.2 分布式治理的前提条件 … 94
- 4.3.3 分布式治理的内在逻辑 … 95
- 4.3.4 分布式治理的特点 … 96
- 4.3.5 "去中心化"的内涵 … 99

4.4 分布式治理的功能 … 102
- 4.4.1 "虚拟价值—算法执行"机制 … 103
- 4.4.2 分布式治理的两种典型功能 … 106
- 4.4.3 共识的重要性 … 108
- 4.4.4 通证的内涵与价值 … 112

4.5 分布式治理的法治思想 … 116
- 4.5.1 分布式治理的法治逻辑 … 117
- 4.5.2 分布式裁决治理的法理逻辑 … 120
- 4.5.3 分布式交易治理的法理逻辑 … 120

4.6 分布式治理的创新意义 … 121
- 4.6.1 治理创新的必要性 … 121
- 4.6.2 算法治理的创新价值 … 122
- 4.6.3 分布式治理的应用价值 … 124

4.7 小结 … 125

第5章 分布式治理的关键机制 … 127

5.1 结构化取证机制 … 127
- 5.1.1 结构化取证的证据学原理 … 128
- 5.1.2 结构化取证方法：依据对象结构来获取"证据链" … 130
- 5.1.3 平行取证与存证 … 132
- 5.1.4 结构化取证举例：采购的交易结构和取证 … 135

5.2 区块链存证机制 141
5.2.1 电子证据的获取与保存 141
5.2.2 区块链存证原理 144
5.2.3 信息保真机制 145
5.2.4 嵌入式取证 148
5.2.5 物联网+区块链存证 150
5.3 事实认定机制 153
5.4 智能合约机制 157
5.4.1 智能合约概述 157
5.4.2 区块链智能合约的特点 159
5.4.3 区块链智能合约的用途 160
5.4.4 区块链智能合约的交易结构 161
5.4.5 区块链智能合约的执行类型 162
5.4.6 区块链智能合约的私法构造原理 165
5.4.7 区块链智能合约的违约及救济 170
5.5 共识机制 172
5.5.1 共识机制概述 172
5.5.2 共识机制的设计原则 174
5.5.3 共识决策模型 174
5.5.4 共识决策算例 184
5.6 小结 187

第6章 供应链分布式治理 189
6.1 供应链治理概述 189
6.1.1 供应链治理概念 189
6.1.2 供应链共同体结构 190

6.1.3 供应链利益共同体 192
6.1.4 数字化供应链 193

6.2 供应链治理的内涵 195
6.2.1 共同利益——竞争优势与超额利润 195
6.2.2 个体利益——直接竞争与间接竞争 197

6.3 供应链自治逻辑与机理 198
6.3.1 自治逻辑 198
6.3.2 自治机制 200
6.3.3 利益关系治理 202
6.3.4 共同体利益的创造：从合作到协同的优势 206
6.3.5 共识的激励效应 208
6.3.6 紧密利益关系 209

6.4 供应链中心化治理 211
6.4.1 供应链中心化治理的内涵 211
6.4.2 "微治理"结构 213
6.4.3 供应链中心化治理 214
6.4.4 供应链治理模式的不足 215

6.5 京东供应链的区块链分布式治理实践 216
6.5.1 京东供应链背景 216
6.5.2 品质溯源 218
6.5.3 电子合同 222
6.5.4 物流单证 224
6.5.5 数字仓单 226
6.5.6 供应链金融 228

6.6 供应链分布式治理评价指标 230
6.6.1 治理评价概述 230

6.6.2 ERMP 评价模式 231
6.6.3 评价指标体系的设置 231
6.7 小结 234

第 7 章 分布式治理的未来展望 236
7.1 研究价值 236
7.2 研究展望 239
7.3 创新点与不足之处 240
7.4 下一步的研究与实践展望 242

参考文献 244

后记 246

第 1 章 绪论

1.1 数字经济的去中心化治理

治理形成公平和效率,既是经济领域的核心命题,也是社会发展的追求目标。市场经济建立在自由交换和平等谈判的基础上,是世界经济的主流。其中,市场治理发挥了重要功能,有效的市场治理在规则平等、形式平等的条件下,确保各方在规则适用意义上地位相同、权责对等。这种治理规则赋予参与者平等的权力和机会,参与者可以充分利用自主权力进行利益博弈,形成良性秩序,从而实现经济学上的公正和效率。

信息社会是网络社会,加速了信息的产生、传播与分享。目前,人类社会快速转向数字化,社会经济进一步向线上化、虚拟化、数字化的方向转换。数字经济和网络社会已经成为社会生产交换与生活交流的场域。向数字化场域转变,需要匹配数字化的治理模式,因此发展和创新数字治理变得越来越重要,因为只有数字治理才能形成数字化生存模式下的公正和效率。

数字治理在数字化时代具有基础性作用。互联网向价值网发展,网络经济向数字经济转换，治理的基础性作用越来越重要。在各种形式的技术经济形态中，利益都是人与人、组织与组织之间的核心关系。个体生存和发展所依赖的财富，很大一部分已经被转换为以数字的方式来表达和交易。当物质利益、精神财富与各类形态的有价证券，以数字化、虚拟化的形式进行交换与转移时，只有有效的数字治理机制才能为数字经济保驾护航。

区块链技术是一种创新的数字治理技术。区块链技术的重要作用与社会经济全面向线上化、数字化、虚拟化的方向转换密切相关。基于区块链技术、无政府主义者或乌托邦式信仰者所创立的比特币系统，首次在完全陌生的环境中、缺少中心机构监管的情况下，实现了数字资产的"去中心化"、点对点的直接交易。比特币系统的运行已超过十年，且逐渐被世界范围内的众多机构接受。我们应将其视为一次成功的试验，其展示了区块链技术的优越特性和广阔的应用前景。

区块链是一种信息技术，与其他技术一样，有其自身发展的客观规律。首先，技术的发展与应用实践密切相关，通常在不断更新迭代中，逐步实现性能的成熟、稳定，并与其他信息技术结合，与社会上层建筑反复磨合之后，才能实现广泛应用。目前，区块链的研究者与实践者都认识到，区块链技术的应用效果及价值的背后，实际上是一种主体治理逻辑的创新。而探索基于区块链技术的治理机制，加强治理网络世界的功能，比过去任何时候都显得更加必要和迫切。

区块链技术具有"去中心化"的特点，其本质是一种从中心化治理转换为多中心治理的分布式治理思想，为网络世界的治理难题开启了新方向。同时，现实中的国家治理和市场治理存在大量治理困境，需要通过科技进步结合治理创新来推动技术发展，以解决这类难题。

目前，围绕比特币、区块链应用创新的讨论已经十分热烈。但对于区块链技术背后所隐含的治理创新机制与逻辑，缺少从法理、治理等理论层面的系统化研究。本书从智能治理和利益共同体的视角提出了区块链技术驱动下的治理结构，将"分布式"思想系统化为一种适用于数字经济、网络世界的治理理论。

1.2 治理的概念及其发展过程

1.2.1 治理的兴起与发展

长期以来,"治理"一般与"统治"交叉运用,两者的内涵不存在本质区别,主要应用于西方国家的公共行政管理中。"治理"(Govemance)一词,源于拉丁文和古希腊语,有"控制、引导和操纵"之意,应将其理解成掌舵,而不是划船。

治理理论的发展趋势是强调国家、社会和市场之间的组合,原来单一化、单极化的模式逐步向多中心化、分权化、公民参与等主张靠拢,使得治理理论具有很强的"社会中心"色彩。西方治理理论的兴起与发展,与西方福利国家的管理危机和市场失灵等密切相关,其理论基础是新自由主义和公共选择理论。

目前,治理理论更广泛的研究与应用领域反而是社会学。经济学领域的治理实践与治理创新方兴未艾,公司治理、网络治理、数字治理、技术治理、算法治理等也与经济学密切相关。治理理论的本质是强调多元主体的共同参与和共同治理,其内在逻辑就是承认政府、市场和社会三方在资源配置过程中都不是万能的,都会出现失灵、失败的情况,因此需要通力合作。

治理在形式结构治理权力的分配上,逐步由中心化、单一化、单级化朝着分权化、多中心化、分布式等方向发展。

1.2.2 治理理论的发展

国外的公共治理、政府治理理论的研究成果较为丰富,大多集中于创新治理模式、厘定政府与社会组织的关系等方面。自 20 世纪 80 年代以来,随着新公共管理、福利国家运动的兴起,出现了关于治理的诸多理论,主要有多中心治理、合作网络(政策网络)、福利社会、第三条道路、新公共服务等。

1989 年,世界银行首次提出并使用"治理危机"一词。由于政府治理中存在政府失灵、市场失灵和志愿失灵等风险,且单一治理主体总存在混乱和无序,因此,政府、市场和社会三方可以相互补充、彼此支撑、互相助力，形成平等、合作、分享的多元化关系。

中国学术界自 20 世纪 90 年代开始引入西方的治理理论，治理理论迅速成为学界研究和探讨的热门领域。国家中心论、社会中心论和国家与社会互动论是其三个主要的研究取向，倡导治理的最终目标是实现善治。

我国治理理论的研究大致分为四个阶段：

一是 20 世纪 80 年代，以引进、介绍西方治理理念及理论为主；

二是 20 世纪 90 年代，以公共治理和社会治理总体概况的研究为主；

三是 21 世纪的前十年，是治理理念的初步创新研究时期；

四是 2009 年至今，我国进入了对公共治理进行全面、系统研究的时期，包括研究国家和社会治理的概念、体制、原则、社会组织建设及国际关系治理等方面。

纵观近十年的研究文献，我国治理理论研究的发展脉络体现为治理领域日益扩大和治理模式改革、演进，体现了治理主体逐渐向多元化发展、治理模式由"一元管理"向"多元治理"方向快速转变的特点。

1.2.3 治理相关概念解析

西方学者热衷于治理理论的创新，主张用治理代替统治，其主因在于政府和市场的双重失灵。近年来，治理的概念与内涵随着公共治理的实践创新而不断丰富。

西方治理理论强调的是政府能力的有限性、公共权力的多样性及各类主体的相互依赖性，要求各类社会组织之间必须交换资源、互相合作，最终形成具有参与性的网络。中心化治理的不足是分权化治理、多中心化治理的发展内驱力。

1. 治理失灵

虽然治理理论是针对市场与政府的失灵而兴起的，但治理不是万能的，在实践中也面临着治理失败的局面。治理在一定程度上弥补了市场或政府在调控和协调中的不足，但治理本身也存在内在的不足和局限性。

治理需要有机整合政府、市场和非政府组织的力量，才能有效发挥其作用，但治理本身难以完成对这三方力量的整合。治理不能代替政府享有合法的政治权力，不能取代市场中自发的资源配置能力，也不具备非政府组织的公益优势。治理不能有效整合三方力量，反而出现三方劣势的叠加，从而出现治理失败的局面。在相互依存的环境中，政府、私营企业、第三方部门和公民个人等多个行为主体为了实现公共利益彼此合作、分享公共权力、共同管理公共事务，从而体现出治理的分权特点。

治理主体的多元化必然导致价值目标的多元化。价值目标的多元化使得治理目标难以聚焦和确定，容易引发多方主体间的内部矛盾。而公共事务的治理本身不具有强制性的特点，治理主体的多元化在目标不统一的情况下，会导致责任边界模糊化、利益博弈复杂化，这也是导致治理失败的主因。

治理理论是典型的多学科综合交叉，多元治理主体、多元治理对象、多元治理目标、多元治理方法等方面形成了复杂的关系，使得多元化的理论特点更为复杂。而传统公司从二元的思维向政府、市场、公民三者相互依赖与多元合作的治理模式转化，在现实与理论之间仍然存在观念、文化、习惯等方面的问题。

2．善治

在我国的治理理论学术研究中，"善治"的观点较为引人关注。为了避免出现治理失灵的局面，西方学者和国际组织纷纷提出了一些新的理论，如元治理、健全的治理、有效的治理和善治等，其中，最有影响力的就是善治理论。

治理结构是治理的基本制度安排。治理的实现需要依托权力，权力结构决定治理结构。可将治理结构理解为由不同部分和要素组成，为平衡各利益相关者的利益关系而做出的一系列制度安排。治理更强调动态制衡的过程；而治理结构偏向于从静态的角度规范组织内部的权力配置机制，强调组织内部分权与制衡的关系。

可见，治理的基础不是控制，而是协调，应注重利益相关者之间的关系协调与持续互动。

3．权力

作为基本的法律概念，权力的属性是支配性和强制性，在一定的社会关系和经济关系中，拥有权力的一方主体凭借主体意志对另一方主体进行支配、分配，并以相应的制裁后果迫使后者服从。权力的行使不会以行使者的个人利益为目的，必须要为公共利益服务，否则权力将会变成"私权力"，失去合法性与合理性。现代社会组织中的自治权力主要对组织资源（人、财、物、信息、技术等）进行分配，权力的强制性体现为成员只能服从分配。

1.3 数字治理促进中心化治理模式创新发展

高度分工的社会以密切协作、组织化来创造财富，进而分配利益；而协作的前提是信任，信任则是有效分配的结果，所以分配利益与创造利益是同等重要、密不可分的整体。中心化治理正好承担"信任"这一核心角色的功能。

中心化治理主要是指两种典型的传统治理逻辑，即政府治理和市场治理。

中心化治理属于"他治"模式，治理主体是唯一的，它是利益共同体之外的中心化、组织化机构。治理主体主导规则的制定、执行利益的最终分配。利益共同体的治理目的是维持利益运行处于最优态。治理机制是对共同利益进行分配、维系利益关系的机能。利益可以来自共同体内部（如企业），也可以来自共同体外部（如社会福利）。

20 世纪末，"网络""网络组织""网络社会"等概念开始与公共治理产生密切联系。西方国家由于公共管理运动，过分强调分权，并出现效率的滥觞带来的公共部门碎片化和职责同构等乱象。"网络化治理"开始出现并成为治理的重要分支，其强调治理结构网络化、治理工具市场化和价值取向民主化，包含分权治理等理念，促进了分布式治理理论的产生。

分布式创新与集中式创新相比，在组织架构、运行机制和模式、动力源泉等方面的差异性较大。2002 年，经济合作与发展组织提出并论述了"分布式公共治理"的观点。在欧盟政治生态中，分布式公共治理使权力分散化，这是对传统公共权威的解构，也是一种新的公共行政模式。

从传统公共行政向分布式公共治理转变带来了一种集体（民主）决策方式，使公共行政增添了自主性、多元化，甚至更多地依赖私人部门与公民组成的咨询委员会，这比传统行政组织更加灵活。

当代治理理论的核心是网络化治理，网络化治理符合当代社会治理结构的网络化发展趋势。网络治理在理论主张、治理结构和治理机制等方面，都与传统的市场治理（自愿）和科层式治理（强制）不同。网络治理是公共管理的一种新框架。公共管理研究高度重视协同失灵的问题，但是后工业社会的问题具有高度复杂性和不确定性。

网络治理的核心思想在于没有任何国家或社会方的行动者能够单方面决定公共政策执行过程和治理过程，这些行动者需要形成合作关系，实现资源优化，最终达成社会善治。网络化治理带来了全新政府治理工具，如市场化机制、基层服务中心和网格化管理。网络化治理理论的基础是制度经济学、管理学、自组织理论及企业网络治理理论等。

网络化治理也存在不足之处：在跨区域、跨层级等公共管理中，多层次的利益相关主体往往会陷入组织协调难度大、协作成本高、协作惰性和协作悖论等困境之中。我国有将信息通信技术应用于社区治理的实践经验，具有提高服务效率与强化监管的功能，具体体现为通过技术性协同提高行政效率。信息技术可以改善治理关系，信息技术有助于促进不同层级、不同部门间的合作，提高政府的服务效能、回应性和可信度，增加公民获取信息的渠道；信息技术并不能同时实现多个自相矛盾的目标，而是在提高效率、透明性和可信度的同时，弱化了地方行政主体的政策和行动能力。另外，因为缺少顶层设计和部门利益的驱动，协同技术的作用十分有限，且存在治理的碎片化问题，造就了更多的"信息孤岛"，甚至会导致公共信息泄露。

整体性治理理论为解决新公共管理遗留下来的碎片化症结提供了一种"整合方案"，强调政府机构与组织间通过充分沟通与合作，形成有效的整合与协调，强化政策执行手段，达到合作无间的目标。整体性治理包括搜索和提供互动信息、以顾客为基础的组织重建、一站式服务、重塑结果取向的服务、灵活政府流程等。

数字治理更加强调互联网数字技术和信息系统对公共管理的重要影响，构建公共部门扁平化的管理机制，以技术手段实现分权共享的善治过程。国外的新公共管理思潮主张分权与效率，但容易导致碎片化、低效化的治理结果。数字治理的思路是以信息技术改造流程，推动公共部门以提高效率为核心而进行结构改革和方法创新。数字治理理论不同于"电子政务"，前者涉及多元主体、政府与社会之间的边界与责任的模糊性等命题，而后者则以技术为本，强调流程再造、无纸化办公等。

数字治理理论的出现较好地解决了公民参与方式的困境，并且有助于政策制定者及时发布政策信息、公民及时获得相关信息。但是数字化本身不是治理，治理也不完全或主要是数字化过程，不能盲目追求数字化变革，要以治理为核心。其研究内容包括信息技术创新治理工具、变革治理结构、提升治理绩效，以及信息技术推动下的方法论变革等；研究聚焦数据及信息技术本身的治理问题，包括数据权力、数据治理规则、互联网治理机制、新技术（大数据、人工智能、区块链等）、治理原则的探索等；另外，在信息技术的催化下，治理新形态得到了关注，包括共享经济与数字服务业的治理、数字平台责任与数字内容的治理、跨境数据流动与电子世界贸易的治理等方面。

数字治理标志着信息技术带来的变革已经不仅仅停留在生产力层面，而是进一步延伸至生产关系层面。数字治理未来的改革应着力于与传统治理实践的融合创新，尤其是与实验型治理、开放型治理、创新型治理等不同治理理念和路径的相互促进与完善。

1.4　去中心化治理的产生与发展

以计算机、微电子和通信技术为主的信息技术革命是社会信息化的动力源泉，并从根本上改变了人们的生活方式、行为方式和价值观念。而近几十年，信息技术的快速发展，特别是互联网的快速普及，使得人类的生存状态发生了重大变化。

1.4.1 数字化生存下虚拟世界的丰富内涵

美国学者尼葛洛庞帝提出了"数字化生存":人类生存于一个虚拟的、数字化的生存活动空间中,海量的计算机网络设备、终端设备(包括手机)、各类应用软件构成了人们离不开的学习、生活和工作的网络平台。在数字化生存模式下,人能够感知存在的时间与三维空间是电脑网络空间,即赛博空间(Cyberspace)。

数字化的在线生存越来越不需要依赖特定的时间和地点。网络社会的生存模式在技术上采用"虚拟"手段,赛博空间为人们创造出了一个人造的世界,是后现代空间转向和空间理论形态的重要组成部分,促使主体在生活方式、交往方式和工作方式等方面转型成为"赛博公民"。虚拟课堂、虚拟景观、虚拟历史、虚拟建筑、虚拟旅游,甚至虚拟战场等,是对传统主体的存在方式和价值伦理的颠覆,正如海姆提出的"模拟、距离呈现、身体沉浸、互相影响、网络交流"[①]。

赛博空间中的内容与形式对人类来说是虚拟的,但它又是客观存在的,所以将这一形式与内容统称为"虚拟世界"。虚拟世界包括三大方面的内涵,即网络空间(赛博空间,强调的是空间概念)、虚拟社会(个人与组织的交互空间)、虚拟经济(与传统经济形态相对应)。虚拟经济主要包括网络经济和数字经济。虚拟世界的概念内涵示意图如图1-1所示。

信息社会或信息化社会是脱离工业化社会以后,信息起主要作用的社会。信息社会强调信息的社会角色,而信息化社会则强调社会在信息渗透下的转型特征。"信息社会"与"网络社会"这两种说法有一定的关系。

而"网络社会"同样深深依赖于以计算机、微电子和通信技术为主的信息技术革命。从关系的角度来说,"网络社会"是一个基于互联网技术的发展而产生的具有独特"实在"的社会场域,是作为转型社会的信息化社会的产物;就空间和互动场域而言,"网络社会"与日常社会生活是不同的,但可以视其为日常社会(信息社会)的"变体"。

---

① [美]迈克尔·海姆. 从界面空间到网络空间——虚拟实在的形而上学[M]. 上海:上海科技教育出版社,2000年.

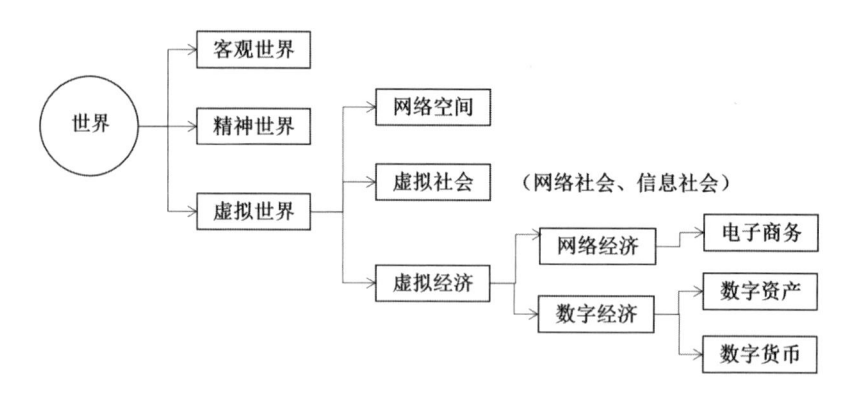

图 1-1 虚拟世界的概念内涵示意图

虚拟世界与常用词"网络世界"的内涵基本相同，与人类的社会经济系统相对应，是平等发展的技术经济系统和复杂系统。对其进行治理研究的前提是将其作为一个系统，且将网络世界与现实世界平等看待。在本书所阐述的治理理论中，也强调了虚拟与现实的平行、同步性。

另外，在线生存也部分甚至完全排除物理时空的绝对影响。客观世界的物理空间对于任何事件、任何活动都是绝对的存在，人类社会的一切行为产生在特定的时间、空间当中。但网络世界的活动只需要"注意力在场"就可以实现，且在人工智能环境下，甚至连"注意力"都不需要，可以采用"值机"代替。例如，微信、微博、短视频、在线会议、在线文档等，物理时空对于人们的交往和事务处理的意义大大降低。

1.4.2 网络世界的治理困境

互联网已经有二十多年的发展历史，其一直是引领世界经济发展的核心因素之一。数字经济和虚拟世界已经成为社会生产交换与生活交流场域。但互联网作为一种信息技术，依然具有其历史局限性，如网络世界中的公平性、信任关系、信息安全性等基础性问题，长期以来难以得到解决，且派生出危害个人与公共权益、危害网络空间安全等问题，网络世界的治理成为不能回避、难以逾越的重大现实问题。

虚拟世界相对于客观存在的现世世界，人造系统具有脆弱性、容易被摧毁、不安全等特点。虚拟世界的治理还需要面对各类安全问题，包括黑客攻击、病毒入侵、假信息泛滥、网络色情、网络暴力、网络跨境犯罪、信息泄密等诸多新情况、新问题和新挑战。例如，在电商平台中，存在大量虚假宣传、虚假评价等恶性竞争问题。虚拟世界的治理问题已受到重视且已然成为一个世界性难题。

1. 虚拟世界的基本问题

虚拟世界的本质是"人造的世界"，是自然界原本并不存在的客观存在、客观真实，也是一种"人工的现实"。虚拟世界是脆弱的，受制于人本身的有限性，以及人的意志、目的，具有多样性和不可预测性。这使得虚拟世界存在两大基本问题，即网络安全问题和信息的真实性问题。

（1）网络安全问题。自互联网诞生，其安全问题就如打开的潘多拉魔盒，人为的破坏行为是网络安全的大敌。各种蠕虫病毒轮番登场、DDoS 滥用等充斥着互联网。而网络经济的正常开展是以网络和信息的安全为基础的，在现实中，网络系统频频受到黑客攻击。

（2）信息的真实性问题。信息世界以真实的信息为基础。而信息世界中存在的风险主要在于传递的信息容易被篡改。信息经过网络传播后，会出现真假难辨、虚假信息泛滥等现象，这些是虚拟空间中的问题。真实性是指与客观事实相符的属性，主体以公正、真诚的态度或意愿向网络发布信息，但在主体的自由意志、不良动机的驱动下，真实信息极易受到难以察觉和分辨的篡改。

网络信息的传播具有自由性、时效性、多元性、交叉性和互补性等特点，另外，目前在技术上难以构建对信息的真实性的有效监管与约束，这使得真实的信息成为网络中的稀有资源。在网络世界中，信息的传播不受空间、成本的限制，在极短的时间内，信息就可以被传播到数量极广的群体中。所以，虚假的信息、负面的信息等可能会给特定对象造成极大的损失。在商业领域中，网络上的虚假信息则是纯粹利用信息不对称来诱骗交易对手，从而获得不道德，甚至违法的利益，如电子商务中的假货问题、网络诈骗等。

互联网技术的普及给社会经济带来了深刻的变化，其价值是巨大的，但也给社会和经济的治理带来了巨大的挑战。当数字经济逐步成为主要模式时，虚拟世界中的市场主体、客体、载体和交易规则等不断发生变化，原有的市场规则、行政管理和社会治理方法已难以适应虚拟世界和数字经济的发展，虚拟世界和数字经济的治理能力不足成为当前社会经济发展面临的制度性障碍，开始抑制数字经济的创新活力和网络社会的发展动力。

传统的立法先行、行政监管、市场化等治理手段已难以适应互联网的创新商业模式，传统组织很难培养出基于新技术的治理能力。消费互联网、工业互联网及区块链平台的发展和兴起打破了传统的政府规制框架和各类行政管理制度，既突破了地理空间概念的市场限制，也打破了单一化市场的限制，如用途管制、经营许可管制等。因此，面对数字经济的挑战，创新治理机制是当务之急。

1.4.3 治理创新的本质是信任机制的创新

随着互联网应用的普及，人类社会在很大程度上进入网络社会。

人类历经的每一次重大技术革命都使其肢体、心智得以延伸，并使其体力、脑力得以增强。工业革命以大规模工厂化生产为标志，拓展了人的体力；而近几十年所谓的信息化时代，其核心技术是信息技术，增强了人的脑力。以互联网为代表的信息技术革命大大提升了人类认识世界和改造世界的能力。

信任是人类社会运作的基础。网络社会加速了信息产生、传播与分享的过程，但对于人与人的核心关系——利益、财富与价值的交换与转移，并没有产生有效的网络治理机制，这使得基于网络空间的交易与协作缺少信任这一核心机制，是网络社会发展的瓶颈之一。网络世界不是"自由王国"，不是法外之地，网络世界的秩序需要重塑，网络世界应该与现实世界具有基本相同的价值观。在网络世界中，如何在陌生关系中构建信任关系，实现低成本、低风险的交互，是急需解决的问题。

市场治理的本质是创造经济活动中的信任关系。信任关系可以提高交易效率，目前主要依赖中心化机构来维持市场的信任关系，维护交易秩序。中心化机构的中介功能可以保证公平、监管交易，维持现实世界的交易秩序，但中心化机构的控制通常导致其行为具有强制性、垄断性，也容易导致服务效率低下和寻租行为等，这是中心化机构的不足。

1.4.4 从"真实"到"虚拟"标志着分布式治理的出现

治理对象从"真实"到"虚拟"是中心化治理与分布式治理的分野。

虚拟世界实现真实和虚拟的高频、深度交融，深刻变革了人类的社会与商业生态。但目前，虚拟世界的秩序与规则并没有得到较好的遵守，网络成为治理失败的重灾区，急需要实现虚拟世界与真实世界在秩序与规则上的互联互通，充分发挥真实世界和虚拟世界的优势，避免因两个世界相混沌而造成负面影响和损失。

"真实"和"虚拟"是相互交融的，社会与商业系统同时存在于真实世界和虚拟世界中，这已经是无法避免的实事，它们是"共生"模式。介于虚拟世界和现实世界共生状态的商业系统，需要寻求、发现支撑人类未来商业世界的新的价值观、理想和准则，并以此为基础，去构建能够体现和支撑"共生"模式的交易机制、技术平台、商业模式和商业伦理。

在经济系统中，人与人之间、组织与组织之间，仍然存在大量的利益冲突现象，若处理不当，将使交易成本增高或使交易效率降低，成为阻碍经济发展的问题之一。当大量商业交易切换为虚拟世界中的线上商业模式时，传统商业的信用机制所依赖的环境和基础发生了质的变化，必须创新与重构互联网上的交易信用，这将深刻影响商业世界的发展蓝图。

法律作为人类文明的结晶，是构建世界良性秩序的基石，法制社会是现代社会的根本特点。西方社会依赖道德约束、法律、制度，经过上百年的努力才形成了相对成熟的社会和商业信用体系。

1.4.5 虚拟世界的治理原则

虚拟世界的本质、特征及其伦理是近年来学者思考的重点。虚拟世界是一种对现实世界的刻画，对现实世界属性的复制和反映，需要遵守现实世界的规则；虚拟世界具有模拟性、超越性、交互性等特征，其不是独立的自由王国。将虚拟世界视为客观世界的延伸，是学界的基本共识。

在虚拟世界中构造基本秩序，是网络世界治理的逻辑起点。网络世界的治理难题正是起源于基本秩序的缺失。从治理的视角看，"虚拟世界"一词更能准确表达计算机与网络构建的世界的本质特点是"虚拟性"。"虚拟性"与现实世界的"真实性"相对应，更能体现网络世界是人造系统的本质特点。而"网络世界"主体体现的是与现实世界的平行性、对应性。

客观世界的基本秩序是时空的有序性。时间永远向前，三维空间永不塌陷。但虚拟世界是人造的信息堆积空间，信息及其表达的内容都可以依据人的意志随意堆砌，具体体现为时间的"无秩序性"。虚拟世界基本秩序的缺失是网络世界治理的难点，构造基本秩序是网络世界治理的逻辑起点。

基本秩序的缺失和人造系统的脆弱性是虚拟世界治理理论创新的逻辑起点。虚拟世界是技术系统，构建基本秩序、解决系统的脆弱性问题只能由技术本身来解决。这与现实世界中的政治经济系统不同。在现实世界中，人们是通过达成共识、形成规则、订立法律、建立执法机构等来构建基本秩序的。

客观世界与虚拟世界具有严格的对应关系，这是网络治理的基本前提。

（1）客观世界是虚拟世界得以产生的客观基础。虚拟世界并不是虚构一个信息空间，不能随意构造虚假、不真实的信息和事实。虚拟世界与人类生存的客观世界应该具有严格的同构性，主体在虚拟世界与客观世界中同时存在，现实中的权利、义务与责任，同样对应于虚拟世界中的权利、义务与责任。所以，社会经济领域的主体（个人与组织）在网络世界中的行为不是完全自由的，同样受制于现实世界的法律、法规。

（2）虚拟世界的形式与内容受制于客观世界。虚拟世界之所以能与客观世界互联、互动，是因为虚拟世界本质上是一种对现实世界的刻画、描述、复制和反映，特别是在涉及经济利益时，虚拟世界中的利益本质上对应于客观世界中的利益。

（3）虚拟世界的经济规则没有特殊性。当大规模的商业运作转移、延伸到虚拟世界中时，要求线上化交易也严格遵守信用规则、交易规则，不存在另一套虚拟世界的交易规则。

虽然虚拟世界并不完全依附于现实世界而存在，但这两个世界是互动的，虚拟世界与真实世界是平行的、交互的，甚至是一体化的。人类在与虚拟世界互动的过程中，不断超越在现实世界中思考、行动的局限性。虚拟世界大幅减少了人类在现实世界中学习、交流和交易的成本。

1.5 分布式治理是技术自治

本书涉及区块链技术和治理理论两大领域，分布式治理作为"技术性自治"，属于数字化环境下"技术"与"治理"的交叉创新。在概念的辨析上，首先要明确分布式治理与现有的公共治理（包括政府治理、社会治理）、市场治理及公司治理等存在区别，具体说明如下。

1. "虚拟化"是中心化治理与分布式治理的分野

分布式治理是针对"虚拟世界"中的"虚拟价值"（利益）的治理，简称为"数字利益"，是可以以数字形式表达的利益。虽然分布式治理的理念来自公共治理领域，是现实世界中社会主体之间的利益关系的治理，但是在本课题研究中，分布式治理将现实世界中的主体及主体利益分配转换到网络世界（虚拟化的模式）中进行，构造"虚拟价值"是分布式治理的一个重要机制。分布式治理在"虚拟"语境下，与传统治理中现实世界的"真实"具有本质的不同。

2. 挖掘区块链技术隐含的治理理论与机制创新

结合法治精神、共同体、自治、共识等相关理论可以形成分布式治理的理论架构，以理论框架研究为主，并不会将大量的精力用于区块链技术所涉及的加密算法、共识算法等研究中。

3. 技术治理以技术的发展为重心

分布式治理既需要先进的智能技术来提升治理效率，又需要制度供给来保障技术治理的合理性和正确性，强调技术机制与制度供给并重，这与公共治理重视政治理念存在较大的区别。

4. 治理创新研究主要针对经济领域的利益共同体

经济系统作为典型的利益共同体，这类"利益"容易被量化、契约化和证券化，有利于设计具有应用价值的分布式治理系统。而在社会系统中，也存在普遍的利益共同体，但这类"利益"的内涵较为模糊，难以将其量化和转换为契约关系，因此只能对分布式治理的应用效果进行定性分析。

1.6 小结

本章分析了中心化治理的特点和多中心治理的发展历程。分布式治理的出现与发展是为了应对网络世界的治理困难，分布式治理是依赖信息技术的技术自治。

在社会经济中，科层制是"命令—服从"模式，是典型的中心化治理。多中心治理以治理权力的分散化为特点，跳出了单一化的中心化治理模式，是自治的开始。产生自治的基础是信任和合作。数字经济的治理要体现平等化、透明化、分权化，在全员共治的基础上达成共识。虚拟世界需要建立与真实世界相对应的基本秩序。构建基本秩序是网络世界治理的逻辑起点。

第 2 章
治理技术基础知识

中心化治理的不足和技术的发展推动了中心化治理向多中心治理转换。区块链技术作为治理创新而展示出了广泛的应用前景。分布式账本是技术自治的基础设施。

2.1 中心化治理的逻辑

2.1.1 中心化治理

马克斯·韦伯认为科层制是最为理想的组织结构,科层制以"命令—服从"为核心,是典型的"中心化治理",其特点如下:

(1) 规则系统由以理性为基础的法律规范构成;

(2) 成员皆服从该组织的"法律";

(3) 组织成员按照自上而下的等级呈现出命令与服从的关系[1]。

中心化治理的目的是确定的,甚至是唯一的,但其治理结构与治理模式不是唯一的。但治理作为系统结构,至少要包括价值要素、主体要素、分配要素。价值要

---

[1] [德]马克斯·韦伯. 康乐编译. 支配的类型[M]. 桂林:广西师范大学出版社,2010.

素是产生利益的基础，主体是具有利益关系和形成共同体结构的要素，分配要素是利益分配原则和激励原则（如多劳多得）。以上要素构成了治理结构和治理机制。

1. 价值要素

价值要素经过创造而产生。价值要素是利益运行系统中个体成员的基本价值判断和价值认同。价值是人的价值观体现，包括利益（利益的范围、利益的量化等）、对共同体的认同、对规则的认同、对利益分配的满意程度，以及在共同体中的身份、地位等，其中，利益是诸多要素中的核心要素，利益最终分配到个体成员是利益系统运行的动力。

对价值、规则的认同是形成共识的基础，也是构建治理机制的前提。价值要素和规则认同直接影响利益关系的形成与维系机制，贯穿利益运行系统的整个过程，决定着利益运行系统的主客体成员的信心、满意度，引导着个体在实现利益最大化的过程中的价值判断和行为决策。

2. 主体要素

组织的功能是实现个体利益及共同利益。而要实现组织功能，必然要形成一定的组织架构，组织架构是得以开展组织行动的基础，即生产利益的基础和前提条件。组织架构在紧密的利益关系下会形成较为固定、稳定的组织架构；而在弱化的利益关系下，组织架构则较为松散，容易造成个体利益预期的不确定性、利益个体的变动性、共同利益的临时性和短期化性、组织架构的松散化性，难以达成稳定的利益共识，其治理功能难以得到有效发挥，甚至会失败。

3. 分配要素

分配要素包括分配规则、分配执行、分配公平（个体对分配结果的评价），它是治理机制的核心。

分配作为治理的核心功能，对于共同体的影响是深远的。由分配的最终结果形成个体对于利益分配的评价和感受，即利益分配的公平问题。个体投入了资源、参与了价值的创造，公平感是个体对于利益分配的衡量标准，但由于个体的价值尺度并不完全相同，应形成衡量标准的"同一个尺度"，使得个体的公平感评价具有客观性和工具性，以防止因双重（或多重）标准而导致个体的不满意。因此，分配规则应当遵守"最大公约数"规则，以谋求最大范围的共识。

分配公平感是主体对利益分配结果是否公正合理的主观判断和感受，是一种强有力的激励因素。研究分配公平感的激励理论被称为公平理论。人们重视结果公平，也重视过程公平。在利益共同体治理机制中，涉及利益分配的过程公平和结果公平两个问题。在治理机制不合理的情况下，利益分配将出现过程不公平、结果不公平的问题。

利益分配的不公平感很可能会导致共同体的凝聚力大幅下降，使个体在合作行为中出现消极行为。消极行为对于共同体的存在与发展极为不利，当消极行为达到一定的强度时，甚至会导致共同体消亡。个体的消极行为由弱到强分成三类：

（1）退缩行为，难以主动发挥主体的能力，减少自觉行为和共享信息行为等；

（2）隐蔽攻击，非公开的敌意行为，如故意降低供货质量和服务水平等；

（3）公开攻击，如单方面调价、中断供应、通过法律诉讼等极端行为。

2.1.2 多中心治理

在全球化治理变革与治理模式创新的浪潮中，"多中心理论"是众多治理理论创新中较为引人注目的理论之一。

"多中心"的概念发源于经济学，"中心"是经济学中的区域中心（空间）。单中心秩序，即指挥的秩序是通过自上而下的方式来维持自身运转的，而多中心秩序则是在遵守一定的法律规定的前提条件下，人与人之间独立、平等地合作与协调的关系。现代工业体系的良性运转更多地依赖于自发的多中心市场秩序，这一思想实际上开创了"多中心"视角的先河。

公共资源的治理模式，除政府治理与市场治理外，还存在第三种方案的可能性，即人们借助于彼此间的相互沟通、信任及依赖而建立起来的自主治理公共池塘资源。

多中心治理作为一种治理理念，跳出了单一化的中心化模式。治理权力的分散化意味着自主治理从无到有，这是多中心治理的本质特点，基于博弈行为可以平衡政府、市场和社会三者的关系，有效规避政府或市场等单一化治理的不足。

多中心治理在形式上是多元主体结构，但其治理机制的主导模式是"自治"，即自主治理，而产生自治的基础是信任和合作。构建多中心治理需要具有一定的前提条件，其中最关键的是制度供给：原有治理模式的失败是治理的困境，需要引入新的制度和规则来构建利益共同体的分配秩序（规则）。

自主组织必须在没有外部强制措施的情况下解决内部秩序及分配问题，需要自觉自治来完成对强制性措施的替代，即必须激励共同体的每个个体去监督其他人的行为并对违反规则的个体进行制裁，以保障共同体所有成员遵守规则。要实现自觉自治，依赖的是内部自发的监督，且必须是相互的。如果没有相互监督，信任关系就难以产生。

当上述自觉自治依赖于技术系统来实现时，就是技术自治。

2.2 技术自治——第三种治理逻辑

2.2.1 技术自治的发展

目前，大量的互联网商业模式（如电商平台）属于中心化治理模式。数字化和虚拟化环境中的中心化治理模式通过具有治理机能的中心，将现实世界中的法律引入网络世界的主要界面和着力点，且这是目前对于网络世界行之有效的治理模式。但是在网络空间中，监管方式的滞后性也是目前线上商业模式的痛点之一。

网络世界作为人造的技术系统，要解决问题还得依赖技术。区块链技术向人们展示了"技术性自治"的理想图景，即依赖技术实现了去中心化的信任机制并能创造信任关系、维持交易秩序，构造了一种全新的技术治理机制和逻辑。算法治理、机器信任（trust machine）的思想出现后，人们提出了从"代码即法律"到"法律即代码"的思路①。代码、程序语言如同法律和规范，都是具有约束力的契约，也是一种监管方法和治理工具。技术治理的内在机理是研究的重点。

技术治理，是自治系统的治理创新，其基于网络空间参与者的自律，以技术代替中心化机构实现自律型监管。区块链技术也属于技术治理，从数字代币发展到智能合约，区块链治理机制不断创新，自治性与可编程性功能就是典型的治理创新机制；"智能合约"预先设定规则与协议条款并自动执行，能有效降低失信成本、减少诉讼、促进争议解决。

技术治理是政府规制与市场之外存在的一种促进秩序生成、兼顾各利益相关者、超越中心化的"控制与分配"的机制。2009年，诺贝尔经济学奖得主艾利诺·奥斯特姆的经济治理研究证明了"自组织"中的用户组织能够有效管理公共财产，作为"第三方治理力量"。

2.2.2 数字经济的治理原则

区块链、云计算、大数据、人工智能等新一代信息技术的广泛应用，推动了数字经济快速发展，数字经济成为中国经济发展的新引擎。

从治理的视角看，数字经济具有显著的脆弱性、平台性、生态化特点，对于治理结构和治理机制的要求要高于传统经济，需要创新的治理理念，弱中心化、去中心化、权力分散、多方共治是对治理机制的要求，数字经济的治理理念与传统经济的治理理念存在本质区别。

数字经济治理是指建构虚拟世界中的经济秩序，建立适应虚拟世界的规则、制度来约束、重构利益相关者的关系。依据虚拟世界的特点和互联网思维，治理创新需要强调和体现主体之间的平等互利、利益共享等原理。所以，数字经济的治理要体现平等化、透明化、分权化，在全员共治的基础上达成共识，其基本原则至少包括以下三点。

（1）创新原则。基于互联网构建的数字经济和商业模式具有互联网的思维和基

---

① 赵蕾，曹建峰. 从"代码即法律"到"法律即代码"——以区块链作为一种互联网监管技术为切入点[J]. 科技与法律，2018（10）：7-18.

因，所以其治理原则是鼓励、激励创新，而非抑制创新。在实践中，不能用传统的行业管制手段、市场化手段进行规模限制、价格管制等，要让新事物成长起来，等其具有一定的规模后再研究并推出治理方法。

（2）分权原则。虚拟世界中的数字经济的各类交易主体在地理上是分散的，且在多数情况下各类交易主体是永不见面的，交易双方是完全陌生的关系，因此极易形成信息不对称、权力不对等的交易关系。要达到公平、公正的治理效果，首先要强调主体的公平性，具体以分权来体现，即主体都具有参与制定交易规则、裁决事实的权力，而不能将这类权力集中于某一机构或某一主体。

（3）技术中立原则。技术本身就具有治理作用，所以要让技术与工具都具有中立性，在功能上不偏向任何一方，也不由任何一方控制，这是技术治理的重要原则之一。以技术代替机构的裁决功能可以避免机构在裁决过程中的不公平性。

2.2.3 数字经济中的技术自治

数字化是第一层面，也是最基本、最重要的层面，只有通过数字化解决产业链环节中的痛点问题，后面的数字化进阶才有意义。

数字化转型正在推动新一代信息技术加速与各领域深度融合，催生新技术、新商业模式、新业态、新产业，是驱动我国生产方式变革、产业转型升级的新动力。

数字化转型至少包括三个层面的含义：一是数字化模式能解决产业链环节的痛点问题，使得数字化的投入产出比、实际价值能达到预期；二是在企业层面，利用数字化技术和能力来驱动企业的商业模式创新；三是在生态层面，即交易平台、供应链生态系统、产业集群（群落）等系统层面，出现"涌现性"的创新价值，推动重构、再造、升级商业生态系统。

可见，数字化转型与传统的企业信息化战略的目标、方式、解决的问题完全不同，这是人们最容易忽视的问题。数字化产业转型从解决产业环节的痛点问题开始，再推进企业层面的数字化升级，以平台为核心，将多平台串联，最后实现产业集群或产业群落的数字化转型升级，使产业效率提升。

数字化转型最终改变的是生产关系，是产业链上节点企业竞合关系的创新。产业链是利益共同体，数字化转型包括针对利益共同体的治理创新。节点企业之间存在密切的关系，创新治理机制可以促进节点企业之间"生产关系"的改善——利益分配更为合理，才能最终达到提高产业运营效率的目标。这对传统的以股东为中心的公司治理结构提出了新的挑战。

技术治理为数字化环境下的利益分配问题提供了新的解决思路，基于区块链技术的"去中心化"治理对数字经济和虚拟经济模式具有"天然"的适应性，具有广阔的创新空间。

2.3 区块链技术的自治结构

2.3.1 区块链技术的应用与发展

"区块链"（Blockchain）"一词最早由中本聪于 2008 年在《比特币：一种点对点电子现金系统》中提出。随着区块链在多个领域的颠覆式创新应用不断展开，人们对于区块链的认识不断深入，但目前对"区块链到底是什么"这一问题尚未形成一个系统的、全面的、统一的认知体系，技术专家、应用者及不同领域的研究者，分别从不同的角度出发对区块链的定义进行界定。

从区块链技术本身来看，区块链技术并不是那么神秘，从去中心化的角度看，区块链是"一种去中心化的、不可更改的分布式数据库"；从记账的角度来看，区块链是"一个去中心化的分布式账本"；从数据结构和加密处理的角度来看，区块链是"一串通过密码学方法相关联而产生的数据块"；从关键技术组合的角度来看，区块链是一种"分布式数据存储、P2P、共识机制、加密算法等计算机技术的新型应用模式"。总之，区块链是"一种在对等网络环境下，通过透明和可信的规则，构建不可伪造、不可篡改和可追溯的块链式数据结构，实现和管理事务处理的模式（事务处理包括但不限于可信数据的产生、存取和使用等）"。在区块链技术中，比较重要的技术方法和技术特征有去中心化、去信任化、集体维护，以及可靠数据库、时间戳、非对称加密等[①]。

金融交易是区块链技术的最佳应用场景，在弱中心化系统中产生计算信用，减少对中心机构信用背书的依赖，体现出"金融脱媒"的属性，这对第三方支付、资金托管、证券发行、清算等业务将产生颠覆性的变革。"区块链技术是未来全球信用的基础协议，是建设互联网的价值链高速公路"。以区块链为技术基础的数字票据有助于加快构建全国统一的票据市场体系，有效提升票据市场的风险管控能力和监管效能，但该技术需要数字货币对接才能实现高效清算。在证券和银行业务中，利用智能合约机制和可编程机制，能够大大降低成本和提高效率，减少烦琐的中心化清算交割过程。

区块链可被应用于物联网领域，其在车联网、智慧城市、智能电网、智能家居等领域的研究掀起了一股热潮。区块链被应用于物联网的一个关键问题是物联网设备没有充足的算力来解决采矿过程中遇到的工作量证明难题，移动边缘计算技术属于一种解决方案，移动设备可以接入和治理区块链网络。区块链可以被应用于安全家庭治疗，需要一个非侵入性物联网治疗平台，使用区块链分散事务来保护用户隐私。

目前，人们对分布式账本的概念尚未达成共识，需要将区块链技术与分布式账本的概念区别开。2018年，美国众议院召开了第二次听证会，认为分布式账本技术是"变革性技术"，其应用可以实现商业、金融、政府、会计审计等效率的提升，厘清了关于分布式账本技术真伪的质疑和发展方向。

2016年后，中国投入分布式账本技术研发的公司数量呈井喷式增长，目前，分布式账本创新的中心城市是北京、深圳、上海。平安银行、万达网络、微众银行、乐视金融、万向控股、蚂蚁金融等公司是全球七大分布式账本联盟的国内主要参与者。

2.3.2 区块链技术的自治功能

依据系统理论，典型的区块链应用系统由组成要素及各要素之间的联系构成，

[①] 《中国区块链技术和产业发展论坛标准》. 中国电子技术标准化研究院，2017.

区块链应用系统的结构及功能示意图如图 2-1 所示。

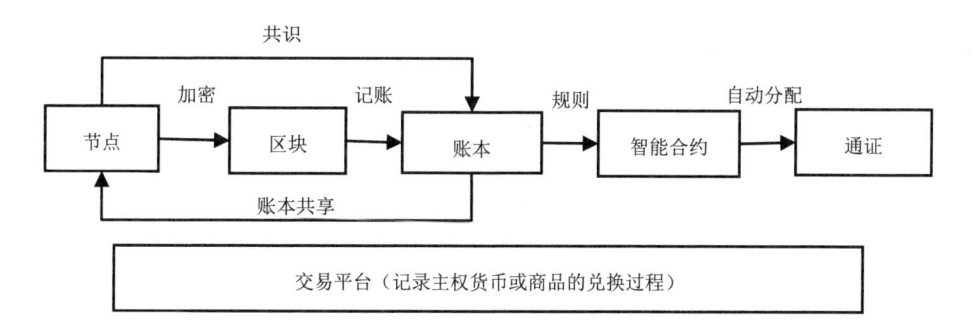

图 2-1　区块链应用系统的结构及功能示意图

在图 2-1 中，区块链应用系统的组成要素包括节点、区块、账本、智能合约及通证。关键功能的解释如下。

（1）加密：加密技术是区块链安全技术的基础，块信息、账本信息通过加密算法 MD5（文本加密）、SHA256（密钥加密）、ECDSA（非对称算法）及哈希（HASH）等算法共同实现。哈希算法通过历史交易数据的复核来判断信息的变化，要认可交易则需要"区块链工作确认算法"解决（认可则计入区块、否则不计入区块）信任问题。加密过程：客户端利用 MD5 等算法对账本基本信息（资产、合约、账户、参与者等）进行加密处理；发布上链的账本用 SHA256 加密，用私钥（ECDSA、ED）进行签名；用 Hash 算法对账本信息进行计算，生成区块信息或获取区块信息。

（2）记账：生成区块头的基本信息，包含链锁位、时间戳、工作量位、权属信息位。时间戳记录区块产生的时间，时间戳与权属信息可以共同确定区块权属。

（3）账本共享：以点对点网络协议为基础，将账本复制、共享到其他参与交易的节点中，形成分布式账本。通过账本共享，节点作为区块账户，可以下载和查询交易信息、区块生成信息等。块下操作需要考虑每个参与者（节点）的私密性。作为交易证据，复制的共享账本记录了所有节点间的交易余额或资产，是最权威的记录，具备足够的公信力和证明力。

（4）共识：共识是分布式系统容错的基本问题，有各种分布式算法，如 PBFT、

Raft、PAXOS 等。共识算法具有双重保护机制，这使得机器产生正确的决定：第一，"提供优惠待遇者为首选交易对象"；然后"首选"广播（用点对点协议）相同交易数据给各服务器节点，让"其他节点"决定是否对该交易进行记账；第二，典型的共识算法就是多个服务器对一个即将记入账本的数值进行投票，获得大多数的选举票者被记入账本，采用少数服从多数的机制，解决了在少数服务器投"否认"票（不承认、没回应等）的情况下的交易确认问题；也确保当少数"坏服务器"不工作时，全网照样记账的分布式记账难题。

（5）规则：将交易及其他治理规则以代码形式写入智能合约，智能合约的"自动执行"功能使得在满足执行条件的情况下，"规则"将被无条件执行，排除人为的干扰，是形成信用的重要机制之一。

（6）自动分配：智能合约的自动执行功能实质上是针对利益相关者的利益分配，主要以对"通证"进行重新分配的形式进行。通证作为在区块链应用系统中可流通的加密数字权益证明，实质上是"利益"的数字化表达。

2.3.3 区块链技术的自治应用模式

区块链技术应用发端于一种去中心化的数字化交易模式，基于分布式账本的信用创新是这种交易模式的特点；后来区块链技术叠加了具有自治功能的"智能合约"，使得技术性自治成为更进一步的应用创新模式；但只有与传统的应用系统、甚至线下系统对接，区块链技术才能真正体现其治理功能的创新。随着区块链技术应用的不断进化，按应用功能从简单到复杂，目前业界大致分为三种模式，即区块链1.0、区块链2.0、区块链3.0。

（1）区块链1.0——可编程货币阶段，其典型应用是数字资产交易、数字化支付或"可编程的货币"，以"比特币"为典型代表。区块链1.0基于分布式账本，其特点为"交易本身就是结算"，具体体现为买家和卖家不通过中介验证交易就可以实现价值交换，即"去中介化"。

（2）区块链2.0——可编程金融系统，叠加了对权益的技术性自治功能。区块链2.0以数字代币表示权益，以"智能合约"实现技术性自治，具有强制执行功能，可广泛应用于金融领域（有较大规模交易量的场景），其典型应用是 Ripple。区块链 2.0 主要应用在金融资产（如债券、权益、衍生品和线上应收贷款等）领域。

（3）区块链 3.0——可编程社会，是在区块链 2.0 的基础上，对接现实中的交易系统，将交易、信息与分布式账本组合，以用区块链记账来代替中心化的 IT 应用系统账本（数据库）。各行各业都可以构造去中心化模式，实现"可编程的商业经济"，实现通过互联网来交易价值，具体体现为资产在分布式账本上的追踪、控制和交易。现实中的交易系统在产生交易或交易成功后，将交易或交易报告传递给区块链总账，以区块链总账来证明资产权属的变化。

通过分析以上区块链技术应用的典型模式，可知区块链技术应用的发展实质是以下两种核心功能的应用拓展和创新。

（1）基于制度供给的自治功能。当从外部对利益共同体实施具有强制性的治理时，制度供给是治理的逻辑起点。在网络社会及网络经济中，存在大量与数字化、虚拟化环境相关的问题，这类问题的治理与区块链技术的存证、分布式记账等特性十分契合。依据应用场景特点，运用区块链技术及其他相关技术（如物联网），可以形成多种针对细分行业的颠覆式创新应用模式。区块链技术的治理功能在形式上表现为针对存证、自动执行通证分配等类似仲裁、司法执行的功能，其本质是依据制度供给，结合算法，将制度转换为"算法治理"模式，具有很强的替代"司法"的作用。

（2）基于私法构造的交易治理功能。交易是最典型的契约关系，契约关系是最牢固的利益关系；利益关系的治理基于私法构造逻辑和模式。在虚拟模式下，利用加密数字权益证明实现数字资产交易的高信用机制，通过机制创新将加密数字权益证明与现实中的资产对应，提升实物资产的流通功能，其本质是一种资产信用增强机制，其中区块链技术起到对数字化交易进行治理的重要功能，其形式表现为"去中心化"的交易功能，实质上是用"技术性自治"代替"中心化机构"的监管功能；但在区块链技术机制中，核心的共识机制、智能合约机制等，都以多数人同意为基本逻辑，最终实现"少数服从多数"的原则，从治理的角度看，是典型的私法构造过程。

2.3.4 区块链技术的信任机制创新

在缺少中心化机构监督的情况下,"信息不对称"使得理性个体之间难以建立信任关系,也使得场景中的多方利益受损。信任问题在现实中的解决方案是第三方机构的担保、监管或监督,如银行、政府、支付宝等被社会广泛信任的中心化机构为信息不对称的陌生关系提供交易保证,制约任何一方的违约行为。

但第三方担保也存在明显的缺陷,如第三方担保会产生交易成本,挤压微薄的利润空间,导致交易者因利润不足而失去交易动力;第三方担保也存在"道德风险",如利用掌握的交易双方的信息谋利或寻租,或产生安全问题。在现实社会与商业世界中,存在大量第三方信用机构,整个社会经济系统因为信用问题付出的成本是极其高昂的,甚至信用成本在多数交易中属于占比较多的成本项目之一。税收中的很大一部分费用用于社会化的第三方信用机构。

区块链技术颠覆了人们对传统交易模式的认识和束缚。"去中心化"这一信任创新机制为解决高企的信用成本带来了新的机制。在区块链技术架构下,不需要第三方信用机构,产生信任依赖于分布式账本机制。账本完整记录一项资产的整个交易过程。而"分布式"的本质是分权,即信息分享权、知情权的分享,每个合法的节点获得了信息对称的地位,信息对称可以实现多方相互监督,从而产生信任(节点难以抵赖记账的事实)。

可见,区块链是一套分布式系统,其通过共识机制和激励机制实现了系统的去中心化(分权治理)与安全可信(信任机制)。

在陌生的关系中促进节点之间形成信任关系,这是区块链技术在商业系统中的创新价值所在。在现实中,区块链技术对有公正、公平、诚信需求的交易场景具有很强的适配性。

第三方信用机构与区块链信用机制的对比如表2-1所示。

表 2-1　第三方信用机构与区块链信用机制的对比

对比方	第三方信用机构（以交易所为例）	区块链信用机制
建设基础	机构信用、特殊资源	规则与共识、利益共同体
核心职能	1. 担保 2. 运营方发行 3. 制定交易规则 4. 信用中介 5. 清算、结算 6. KYC（客户身份验证） 7. 仲裁或第三方仲裁 8. 审核参与者、保证金	1. 自证信用、信息保真（存储、传递） 2. 发行控制（总量控制） 3. 少数服从多数 4. 点对点交易（去中介功能） 5. 价值传递（记账） 6. 可实现会员匿名性 7. 算法执行（私法构造） 8. 共识机制
成本	入场费、会员费、交易提成、托管费（数据、资金）等	系统构建成本

在表 2-1 中，区块链应用系统可以弱化、甚至完全不需要第三方信用机构参与，由数字资产的所有交易历史、参与者的共同监督来形成信用，假设主体都为理性人（精于判断和计算的人，其行为是理性的），去中心化机制使得主体按规则行事，即可形成信用。

"去中心化"机制的主要优点如下。

1. 交易更自由

减少中介参与，减少交易当事人之外的资源（中介）参与交易，达到节约资源、交易自主化、流程简单化的目标，排除被中心化治理控制的风险。传统的交易由于点对点而互不信任对方，必须依靠第三方信用机构的介入；而"去中心化"的信用机制下无须中介机构参与即可实现双方的直接交易，使得交易更为自由。

2. 点对点的直接交易

在中心化模式下，因为需要第三方信用机构参与，点对点的交易是通过"点—信用机构—点"这种间接的方式进行的。间接交易的方式存在信用成本增加、交易效率下降等不足之处。而点对点的直接交易具有高效率、大规模、无中心化代理的优点，因为信用机制是一个技术性的过程，而非一个单独的信用中介，所有成员参与对价值传递的监督、控制和审计,包括地址、链、公钥、私钥、摘要等要素,具有全生命周期的信用连续性。同时,所有节点实时同步,谁也无法实现全局控制。点对点的分布式特性与不存在中央管理机制的设计是实现高效交易的技术机制。

3. 价值传递

在数字经济中,价值以数字符号的方式来表达,是一种"人造之物",而价值的传递也是一种人造的过程,这是社会经济发展到高级阶段的一种特殊现象。所以,价值传递严格依赖于技术系统,在分布式记账的同时应实现信息保真机制,完整、"不可篡改"地记录价值转移的全过程,记账可以证明交易记录具有唯一性,即同一标的物品不可能同时卖给两个人,避免"双花"问题。价值的有效传递是数字经济的核心机能之一。

4. 合约的自动执行

契约精神是市场经济的核心,契约得到有效执行是契约精神的具体实现。合约的自动执行可以推动实现交易效率最大化。合约规则经由编程被固化在代码中,自动判别各节点执行合约的条件和需履行的义务,自动执行满足条件时的合约事项,在没有中心机构监督的环境下保证合约有序执行,提升执行效率并减少资源浪费。

5. 自治性

区块链应和系统采用一致的规范和协议(如一套公开透明的算法),形成共识算法和智能合约,使得整个系统中的所有节点能够在去信任的环境下交换价值,将对人的信任转换为对算法的信任,而单一节点对区块链的干预不起作用。

可见,与中心化治理产生的第三方信用机制比较,区块链以技术治理而产生的去中心化信用机制具有巨大的优势。

2.3.5 区块链技术的应用发展进程

区块链是建立在非安全环境中的分布式数据库系统(如果是安全环境,就没有必要加密,可以产生信任关系)。去中心化,就意味着必须由技术工具来代替节点之间的关系协调和治理。所以,在具有绝对控制权的节点的系统中,没有必要采用区块链技术；对于十分安全的系统，也没有必要使用区块链技术。区块链技术的应用发展进程示意图如图 2-2 所示。

在图 2-2 中，目前比较成熟的商业化应用是数字代币（ICO）交易和区块链存证服务，而数字票据和数字货币是区块链应用的热点领域。随着区块链技术逐渐成熟，基于智能合约的治理功能将为自治组织提供强有力的技术工具，对现有的中心化社会经济模式产生冲击。

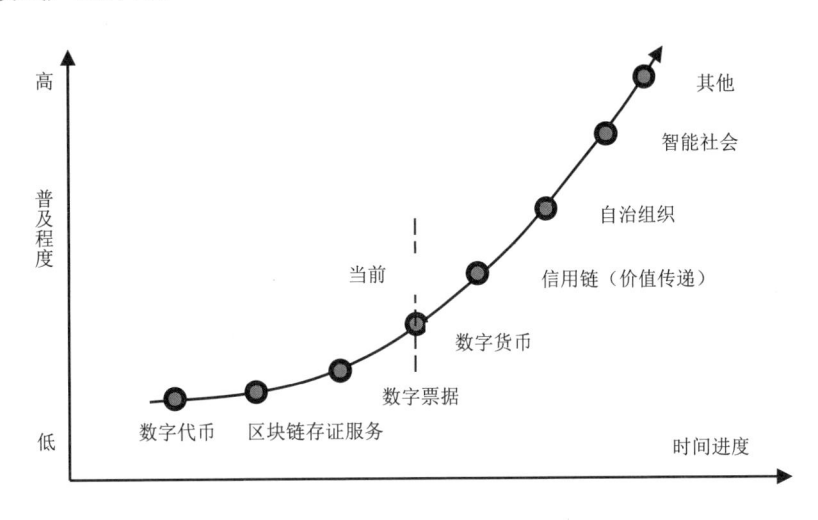

图 2-2 区块链技术的应用发展进程示意图

1. 数字代币（ICO）

目前，我国已经明确规定数字代币交易是不合法行为，主要原因是数字代币突破了传统的金融监管而被应用于非法领域。数字代币的代表是比特币，比特币已经被一些国家和跨国机构认可为数字资产，但现有的数字代币存在总量一定、价格波动剧烈、没有法律保障、公信力低等缺点。数字代币的应用仍然处在试验阶段，未来它将对数字代币政策的制定与实施、支付结算体系、反洗钱等经济金融的多个方面产生一系列深远影响。

2. 区块链存证服务

存证具有广泛的应用场景。民生领域的存证应用具有显著的效果，包括出生证明、精准扶贫、慈善/募捐、遗嘱证明、婚姻登记、财产公证、社会保障、记录学生成绩和学历证书等，可有效解决中心化模式下的信任不足、效率低下、机制不灵活等问题。有证服务采用公开的分布式记账形成公平化和透明化、可查询的公用信息（部分需要依据权限查询），将大大提高这类社会基础信息的公信力，有效制约动机不良分子的道德风险问题，信息公开、容易查证等将有效制约不守信的行为，降低社会的信用成本。

3. 数字票据

票据是商业领域使用广泛、便利的企业间常用的支付方式；票据的本质是高信用，只有高信用的票据才具有融资功能。而融资功能是票据的核心功能。传统的纸质票据和通过交易所交易的模式存在诸多不足。当以"区块链+数字票据"的方式存在时，在区块链上持有的票据被各个机构节点确认、背书，保证了数据的安全性，点到点的直接交易使得数字票据的交易远比线下交易更为便捷、低成本，且无须清算[1]。

4. 数字货币

数字货币是国家央行授权发行、与真实货币相对应的法币。数字货币不同于数字代币，数字货币具有非稀缺性、价值稳定性、低成本或零成本、不可伪造或篡改及赢得共同的信仰五大技术特征[2]。数字货币的应用与推广并不是对纸质货币和电子货币的简单替代，而是充分发挥数字货币在数字交易中的核心功能；只有结合数字货币，区块链去中心化的交易功能才能真正实现。但目前对于数字货币，各国的央行大多处于研发、实验、试用阶段。

5. 信用链（价值传递）

传统的互联网只能实现信息的自由交换和传递，不能实现价值的自由交换和传递。将价值表达为数字的方式（数字货币也是一种价值的数字化表达），通过点对点

---

[1] 段伟常，梁超杰. 供应链金融 5.0：区块链+票据[M]. 北京：电子工业出版社，2019.
[2] 张伟. 数字货币不应有稀缺性. 清华金融评论（公众号），2016.

交易，以机器信用代替第三方信用，能够在多个节点的链式网络上传递价值，这是互联网向价值网转换的关键。

6. 自治组织

多中心结构使市场主体间逐步形成"相互共识、相互制约、透明化、安全化、诚信化"的"网络式自治共同体"，其本质是用市场主体自下而上的自治模式代替政府自上而下的市场监管模式。作为自治组织，"去中心化"完全是以软件的形式构建起来的，通过人工智能或智能程序进行工作可能是去中心化组织的终极模式，自治代理、智能程序、不断进步的人工智能和人工智能算法将提供可自我维持的运作和价值创造。这一设想有待真实的实验来证明。去中心化可以杜绝管理人员在人性上的不足（如自私、腐败）。

网络化的自治组织，在经济性与社会性监管方面具有创新性。当被应用于传统意义的市场交易时，自治组织是信息流、资金流、物质流等在一定时空范围内自由匹配的结果，可解决传统交易活动中因地理空间分割、权力范围、组织边界等导致的"中心化"弊端问题。自治组织作为自我维持秩序的生态系统，弱化政府"中心化"的市场秩序维持方式，其重点在于技术治理，需要更多的适合数字世界的技术监管工具，而不仅是基于现实世界的法律法规。

7. 智能社会及其他发展

智能社会的特点是自治组织的大量出现，而维持自治的运行和秩序则依赖于多种智能化技术的综合应用。以技术性自治代替传统的社会治理模式，智能技术将使交易成本大幅下降，这方面的创新具有巨大的想象空间，因此人们对区块链技术寄予厚望。

2.4 分布式账本——技术自治基础设施

记账是把经济相关的或有意义的事件按一定方式记录在账簿上，记录具有时间序列性和连续性。人类组织一般是分工细化、密切协作的群体组织，自古以来就将劳作分工、重要事件记录下来，记录方式有石刻、结绳，也有羊皮、竹片、纸、计算机、云存储等逐步高级化的记录方式。记账在财富的管理与分配中有重要作用。记账是权益确认、劳动成果分配的重要依据，在人类历史的发展长河中，记账对于维持社会生产关系、保证分配公平起到了十分关键的作用。

分布式账本也是一种记录事件的方式，是记录历史的新形态。分布式账本是区块链技术的核心原理。区块链技术是在数字化、网络化环境下实现分布式账本的技术组合。人类从原始记录到简单账本、复式账本、数字化账本，再到目前正在探索发展的分布式账本，账本技术的发展对于社会经济进步具有革新作用，对社会生活、商业逻辑与形式都将产生深远的影响。

分布式账本技术（Distributed Ledger Technology，DLT）是账本技术继数字化之后的又一次重大创新。通过工作量证明机制完成对交易记录的记账过程，为网络各节点提供了公共可见的去中心化共享总账（Decentralized Shared Ledger，DSL）。区块链就是一本连续记录的账本，其在形式上、会计意义上与传统账本基本相同，但DLT账本具有多项传统账本无法比拟的新功能。

2.4.1 账本、记账技术及其发展

记账对经济发展具有重要作用，账本可以精确反映劳动关系和劳动成本的分配规则，而处理这一重要的经济关系可以促进人类文明进步，人的劳动积极性和基础经济关系是在分配中得以实现的。以记账为基础的会计是利益相关者的行为过程及结果的综合计量核算与报告，通过预算、核算、分析、审计及定期公开报告，使得有限的经济资源得到更为合理的配置和使用，协调各种利益关系。

从人类社会的发展历程来看，财富的创新和财富的分配是主线，其中，社会分工、劳动关系、劳动成果分配等是社会关系、经济关系的重要内涵。而在劳动成果分配中，按劳分配是人们共同遵守的一般规则，这一规则的实现，依据的是"记账"，记账使得成果分配有规可循。记账作为会计的基础，将经济行为体现在记录账簿中；另外，实物财产的管理一般按时间顺序、收付、进出变化等进行连续记录，再建立现金、物资分类账本等。一般要求账本能够长期保存，且清晰，禁止涂改，将账本

作为长期的成果分配记录。

从原始社会发展到今天，人类的记账技术大致经历了以下阶段。

（1）符号记账。原始社会末期，组织逐渐社会化且生产力有了长足发展，交易的发展使得私有制经济开始出现，生产、分配、交易等更加组织化、复杂化、长期化，从早期的用绘画、结绳等原始方式记录经济行为开始，会计记账的思想开始萌芽。例如，结绳记事就体现出了原始社会的人们在记录事件上的创新精神，方法是"事大，大结其绳；事小，小结其绳；结之多少，随物众寡"。

（2）单式记账法。从奴隶社会的繁盛时期到15世纪末，人类的单式簿记开始得到广泛应用且不断发展。记账方法为：对经济业务建立一个账户，记录货币收付，以及人欠、欠人事项，只反映货币资金、债权、债务等的增减变动，而不反映现金收付，以及债权、债务的对象，也不涉及发生变动的原因。

（3）复式记账法。我国从明朝中期开始出现了复式记账方法，即对每笔经济业务，都必须以相等的金额，同时在两个或两个以上的账户中相互联系地记账，反映资金动向，会计要素的增减变动可体现出经济活动的过程和结果，便于查账和对账。

（4）会计电算法。计算机因为计算能力强大而逐步替代了人工记账方式，帮助人类实现了高效和精确的管理目标。

会计是人类源头文明的启明灯，是人类文明进步的前提保障[①]。记账作为分配的依据，对个体生存和社会经济安全起着至关重要的作用。

2.4.2　分布式记账原理

分布式记账是通过密码学建立的不依赖任何中心、完全分布式的数据库，其核心价值不在于数字化本身，而在于达到记录能被所有节点共享的同时不被任何节点控制，谁都不能随意删除和修改记录（但可以增加，且持续增加）。这一特性在传统的记账模式下几乎不可能实现（在物理上，以实物形式存在的账本是可以更改的）。

公开、共同确认、不可篡改的账本的形成过程体现了商业的核心价值，即价值

---

① 杨雄胜. 现代会计与人类社会文明关系问题探讨[J]. 会计研究，2014（08）.

交换；也体现了人性美好的一面，即参与者达成共识且遵守达成的约定，公开的账本有效地克制了主体的违约动机。

分布式记账强调对账本和规则的共同遵守，而弱化第三方采用强制力制约参与者自觉遵守账本和规则，这对于互联网中陌生交易者之间的不见面交易、互不信任者之间的交易是颠覆式的创新交易模式，具有简便易行、交易成本低的优势。如今，大量的商业模式被切换为线上形式，发展数字经济、实现数字化转型升级成为国家战略，分布式记账对于实现低成本的在线交易有大量的应用场景。

分布式账本是由多个独立节点参与的分布式数据库系统，其形式类似于传统账本，即连续区块页面联结成为账本。区块页面数据结构示意图如图 2-3 所示。

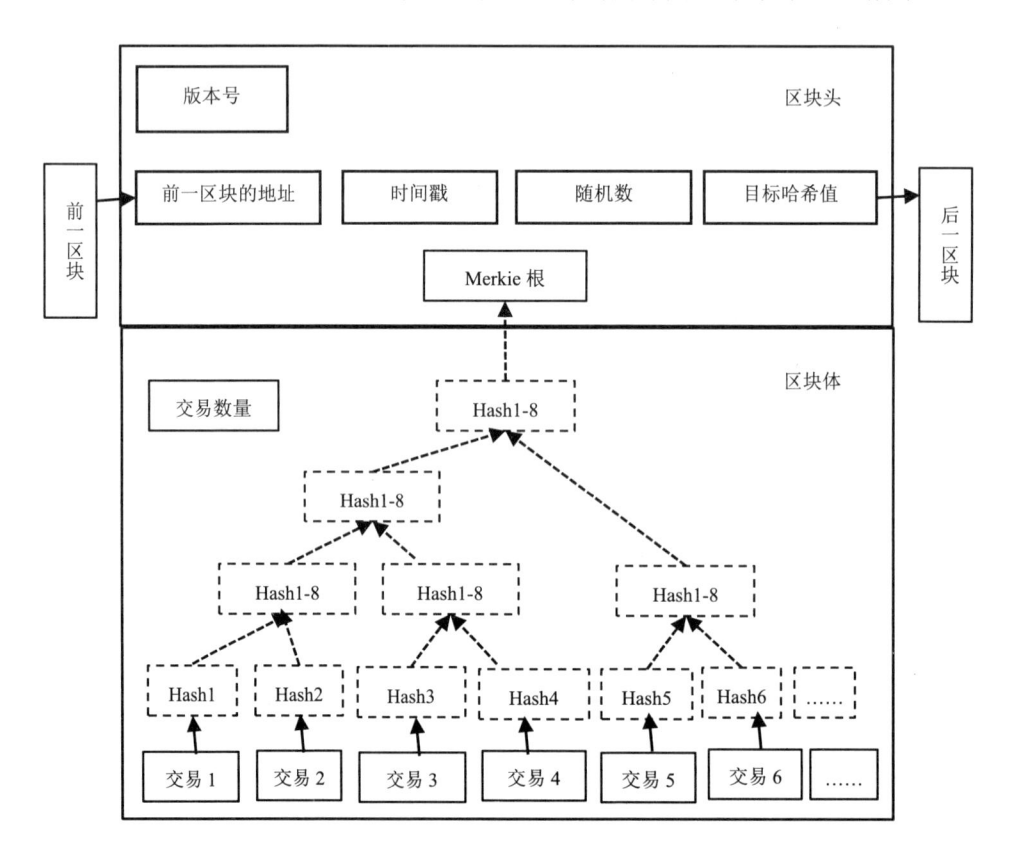

图 2-3　区块页面数据结构示意图

在图 2-3 中，记账包含以下要点。

（1）区块链结构：每个区块页面都有时间戳，使用前一区块的哈希加密信息，对每个交易进行验证，区块页面之间的连续性可以保证任何区块的内容不被篡改。

（2）所有节点都能获得独立的账本的完整拷贝：每个节点平等地同步获得完全相同的账本，再实现互相监督的机制，保证账本不丢失或毁坏。

（3）拜占庭容错：在有少于三分之一的节点恶意作弊或被黑客攻击时，仍然能保证系统正常工作。

（4）机器执行：以"链上代码"或"智能和约"载入的合同或法律文件为可执行的程序，当条件满足时自动执行，把合同转换为类似"if…then…"的代码并执行，可以消除合同文本因文字而存在的"二义性"[①]。

分布式记账是对传统的中心式记账的颠覆，具体体现在以下几方面[②]：

（1）分布式记账——会计责任的分散化，参与者都有权监督；

（2）分布式传播——每次交换都被传播到网络中的所有节点；

（3）分布式存储——数据信息的可容错性极高；

（4）分布式运作——任意节点宕机都不会导致网络崩溃，也不会导致记录丢失。

分布式意味着重复、冗余，可见分布式账本是一种比较"笨拙"的方法，即以重复的账簿备份、存储，把传统的中心式（一个中心，多个客户）架构变成多个平等节点的交互式网络架构。分布式账本在存储空间上属于冗余，甚至是浪费的方式，其以增加一定的存储成本（目前已经非常低廉）、降低通信速度（在可承受范围内），实现了安全性和防篡改的交易要求，也算是"化腐朽为神奇"。

2.4.3 信息真实性的重要价值

真实是信息价值的逻辑起点。真实是指信息表征、证明事实的强度。

[①] 长铗，韩锋. 区块链：从数字货币到信用社会[M]. 北京：中信出版社，2016.
[②] 蔡维德，郁莲，王荣. 基于区块链的应用系统开发方法研究[J]. 软件学报，2017，28（6）：1474-1487.

信息真实性是网络世界的基础性问题，信息具有极易被篡改又难以验证的不足。"信息真实性"是明确产生主观真实性的基础，即事实能够被证明具有真实性，使得虚拟世界中可以构建有序的法治机制。区块链技术为解决这一难题带来了新的思路。

在社会经济中，信息真实性是决策的前提、产生商业信用的基础，也是商业交易的前提。人们在交易中，只有获得一定量的真实信息，才可以减少不确定性，减少交易决策的失误。当信息缺少真实性，或不能证明信息的真实性时，也意味着决策的无效和潜在风险的产生。交易者要么中止交易，要么需要提高交易的信用水平，如保险、担保、保证金、质押等手段（增信），这会使交易成本大幅提高，交易效率明显下降。将区块链技术应用到经济系统中，针对以交易为核心的商业系统，以技术方式来提升关键信息的真实程度、可信程度，可以提升交易效率。

信息保真机制是区块链技术之一，其可以证明文件或通信的存在性、完整性和所有权[①]。信息真实性是虚拟世界治理的逻辑起点。信息保真机制为虚拟世界的客观性证明提供了全新的思路。证明信息真实性的原理如图 2-4 所示。

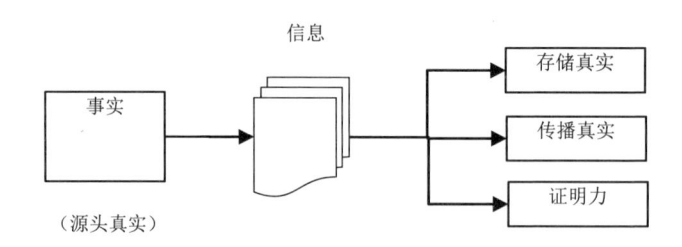

图 2-4　证明信息真实性的原理

在图 2-4 中，在客观事实发生后，会形成主观的信息（通过观察得到），而信息经过传播、存储后，即可用于证明信息的真实性，存在以下逻辑。

（1）源头真实是信息真实的基础。如果事实不真实，那么相关的信息及证据很可能是人造的假信息，用于欺骗或掩盖事实真相。所以，源头如果不真实，后面形成的信息无论以何种方式存在，都是没有意义的。

---

① Cuende, Luis Iván. Systems and methods for using a block chain to certify the existence, integrity, and/or ownership of a file or communication. U.S. Patent 9,679,276, issued June 13, 2017.

（2）传播真实。信息形成并被观察者获得后，就会立即进入人造模式，即信息会以一定的方式被存储，再以一定的方式被传播（发送给另一主体）。所以，在传播过程中的任何环节都不能对信息的状态、内容进行编辑。

（3）信息要有证明事实的证明力，即信息是证据。信息的最终目的是证明事实，一方面需要信息保真，另一方面需要信息的证明力，两者缺一不可。

现实世界是客观存在的，而虚拟世界是人造的世界，存在于虚拟世界的事实或价值，必须要有充足的证据来证明其存在。信息真实性的识别只能通过技术验证实现，而只有确认了信息真实性，或信息足以让人相信，交易者之间才能形成稳定的共识，从而产生信任，达成交易。

在现实中，对于生活中的语言、事件等涉及真善美丑的价值判断，人们普遍具有一定的判断力；而当转换到网络世界中，人的理性、认知逻辑面对海量的信息难以进行有效判断，因为人不能追踪、识别信息的真实性，只能求助和依赖机器来对信息进行识别。

2.4.4 记账的防篡改原理

记录事实的账本不能被任意修改。防止数据被篡改是解决互联网信息安全的关键，也是在虚拟世界构造真实性和构建信任关系的基础。分布式账本技术克服了数字记录易变的特征，通过点对点传输技术、链式存储技术、非对称加密技术、分布式多点存储技术、共识机制等技术，保障数据的可靠性、真实性、可追溯性。

密码算法是信息世界得以确立的基石。加密算法让数据从一串可以任意读取、修改的符号，变成一串不可随意修改、阅读的符号。信息安全要求保护信息和信息系统免遭未经授权的访问、使用、泄露、中断、修改、破坏或销毁。密码学是通过数据加密、消息认证和数字签名等方式来保护通信和存储数据的，可以使系统免遭窃听、篡改、伪造、抵赖等。密码算法在满足算法效率的基础上，要针对不同应用环境和安全威胁设计各种可证明安全的密码体制。

分布式账本采用技术组合，使用密码学方法产生数据块，利用区块链式数据结构来验证与存储数据。分布式账本更为重要的创新是利用"共识算法"来生成和更新数据，以保证数据传输和访问的安全。分布式记账实现了信息的防篡改机制，防篡改原理示意图如图2-5所示。

在图2-5中，取得用于记录事实的信息（源头信息），其信息真实性（保证与源头信息完全相同）由加密算法来保证；信息的时序性由块链指向指针来确定；时间戳记录信息产生的时间。这一构造逻辑以加密（不可篡改）、时间戳（时序性）的机制来保证虚拟世界中的信息真实性，使得信息的传播与存储过程都保证信息不产生变化。

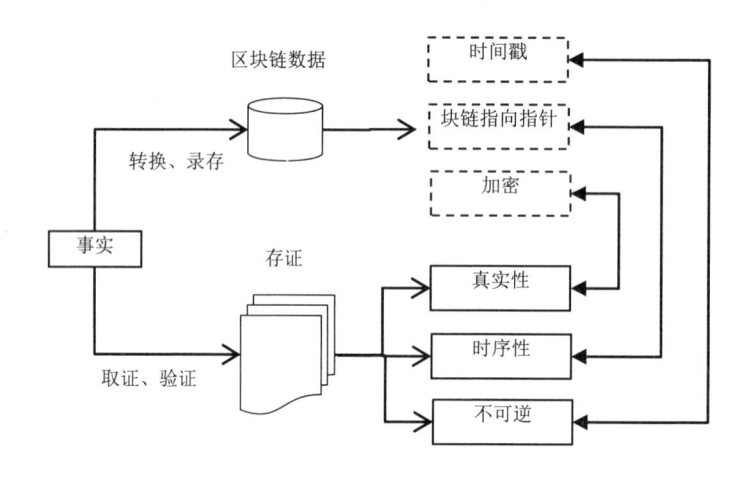

图2-5 防篡改原理示意图

2.4.5 分布式账本的价值与应用

目前，分布式账本尚无统一权威的定义。作为一种数字化的记账技术，分布式账本是在网络中实现对参与者交易活动的同步记载的，其数据记载需满足以下条件。

（1）唯一性，交易与记录一一对应。

（2）记录连续不间断。

（3）记录格式标准统一。

（4）不可篡改。

分布式账本会被同步分发给网络中的所有参与者进行存储、调取和查阅，且分发的账本是完全相同的，与传统的"中心化"模式不同，分布式账本不需要单一的中央机构或中心系统（如央行支付系统、交易所等）来完成相关交易及其记载。分布式账本是一系列传统技术的组合，包括哈希算法、加密、点对点传输等。

分布式账本以数字化的形式存在，产生于虚拟化、网络化的环境中，要分析分布式账本的运作机制，必须结合其存在的形式与环境来分析。分布式账本、区块链技术的发展尚处于起步阶段，只在限定区域或机构内实施了小范围研发和应用，大规模应用、海量用户并发控制等效果还有待实践检验，要突破这些制约因素，仍然需要克服技术上的难题。

账本记录事实，从事实出发是人类理性行为的逻辑，资产交易、权益分配等是社会经济运作的基本原理。

记录在账本中的信息（数据）是证明事实的关键证据，是代表权益与债务的事实依据，其本质是法律意义上的权益证明。所以，账本的真实性是社会经济运作的基石，商业机构的行为依据记账信息的真实性而展开，账本的真实性是契约行为的前提之一。只有真实的信息才会促进价值交换，反过来，不真实的信息将会给交易造成极大的风险。

传统记账与分布式记账都属于记账，其目的是相同的。但从功能、形式、内涵等方面进行比较，传统记账与分布式记账具有本质上的区别，如表2-2所示。

表2-2　传统记账与分布式记账比较一览表

属　　性	传　统　记　账	分布式记账
记账符号	图文符号	数字化
可篡改	可以篡改	难以篡改
记账主体	中心化	全体参与
保存形式	中心化	分布式
安全性	可以毁灭	难以毁灭
效率	效率高	低

分布式记账的影响如下。

1. 分布式记账对交易成本的影响

在传统的中心化记账模式中，交易中心（如交易所）以专业化的中介功能去审查信息的真实性、有效性，从而判断交易的价值，此种模式交易成本高、审查时间长。而在去中介化（或"弱中心化"）的交易模式中，则完全依赖于交易对手的信息，交易者承诺信息的准确与真实是交易的前提，所以对信息的真实性提出了更高的要求。确认分布式记账后，信息的存储、传播过程就都实现了保真，后期无须再次确认信息的真实性，节省了大量的信息审查成本，代替了中心化机构的审查功能。分布式记账通过加密算法、共识机制、时间戳等技术，实现不依赖于某个信用中心的点对点交易，规避中心化模式普遍存在的数据安全，解决协同效率和风险控制等问题。

客观世界中的人与人的关系是依赖法律、社会文化（如契约精神、道德）、习惯等来实现的。在社会组织中，企业、学校、机关等单一化的组织内部多依赖行政管理权力来处理各类利益关系。行政管理权力主导组织中所有节点的行为管理，对所有决策（包括利益分配）具有裁决功能，属于完全行政化的组织。这类组织的内部管理没有必要采用分布式记账来作为治理工具，因为系统内的节点并不是可以谈判的交易关系，而是权力主导组织内部的秩序。

分布式记账的信息保真功能是基础功能，也是核心功能之一，信息不易伪造、难以篡改是提升效率、实现可追溯、简化审计的基础。在技术上，分布式记账通过哈希函数、时间戳、默克尔树等巧妙的技术组合、数据结构设计，并结合密码学和共识算法，保证区块记录的难以篡改和不易伪造；通过交易签名、共识算法和跨链技术保障分布式账本的一致性，自动完成账证相符、账账相符、账实相符。

2. 对于信用的影响

信用是交易的保证。相对于中心化模式，分布式记账首先要保证信息的真实性，才能彻底改变生产者（交易者）之间的交易关系，即真实性使得具有互不信任的交易关系的交易者更容易达成交易，抑制了参与人作假的冲动，尽量保证记账信息的高质量，进而降低交易成本并提高协作效率。

分布式记账下的商业模式创新，本质上是建立在参与人之间的信任机制之上的，让参与人既能享受到互联网模式的高效和快捷，又能将人和人之间的信任关系建立在信息的真实基础之上。信任关系的改变将极大促进交易效率的提高。

3．对于协作的影响

分布式记账改变了基于信息不对称的博弈规则，让交易者从完全竞争关系、零和博弈机制转换为有限竞争和适度合作关系。信息对称是对中心化交易模式的改进，使得合作、协作成为去中心化交易的最优选择。分布式记账成为线上化交易、虚拟经济发展的重要协作工具，从交易的不对等关系转移为以对等的方式把参与方连接起来，共同维护交易系统，从而实现责权明确，无须向第三方机构让渡权力，有利于提高协作效率。

4．对于创新的影响

互联网较好地解决了信息传递的问题，但不能确保传播过程中的信息保真，大大制约了人们基于互联网的交易和协作。分布式账本解决了传递可信信息的问题，基于分布式账本来建立交易网络，是对现有互联网结构的颠覆式创新。世界经济论坛执行主席 Klaus Schwab 甚至认为，区块链是（继蒸汽机、电气化、计算机之后）第四次工业革命的核心，必将在全球范围内产生深远的影响。

5．对于治理的影响

传统的治理是依赖人且以权力为中心的思路。在去中心化、自信任和共识机制下，参与者不需要了解其他参与者的信息，也不需要中心化的机构提供信用担保，而是以区块链中的代码自动执行来代替，这是一种"机器信用"，或者自信任，即"无须信任的信任"，建立信任关系的成本趋近于零。分布式记账依靠自信任进行自动化网络的自治，实现从信任制度到信任机器的转变。信用是主体的特征、属性，信任是主体之间的行为，是信用的结果。

从治理的角度看，弱化中心的功能给参与者提供了一个更自由、更透明、更公平的交易环境。而维护交易秩序主要依靠共识机制：记账需要在整个网络中达成共识，每个节点基于契约精神，结合自身利益最大化，自发地、诚实地遵守预先设定的交易规则，对每一笔交易的真实性做出正确的判断，并把真实交易的信息记录在区块链中。目前，区块链的共识机制有工作量证明、股份授权证明等模式。

案例分析

浙商银行的分布式账本应用

2017年8月，浙商银行采用分布式账本来实现移动数字汇票平台方案，以公共账本平台实现公开、实时、安全地记账。该方案有效降低了与汇票相关的交易审查时间成本和业务成本，实现了多边信任、资金实时清算，解决了传统对账的第三方信用难题，达到了较高的清算效率。分布式账本技术所构建的信任关系联结了银行、客户，实现了去中心化的信任机制，以技术的刚性控制创造了多边信任关系。

移动数字汇票平台由客户保管私钥，客户发起任何一笔交易都需要客户私钥签名并进行验证，从而有效防止虚假交易，确保主体的真实性、合法性，也让银行失去了单方随意控制银行账户金额变化的权力，使客户对银行的信任度增加，这是银行向客户的权力让渡。

另外，浙商银行还推出分布式账本"应收账款链平台"帮助公司解决应收账款的盘活问题，加快资金周转。应收账款在财务管理中具有坏账率高、单据审查难度高、管理成本高、欺诈风险高等财务难题。利用分布式账本可以记录付款人和收款人，完成应收账款的发生和财务管理处理的全过程，可以在平台上直接支付，用于商品采购。还可以执行转让融资等方式转让或质押应收账款，盘活资金，解决公司的应收账款管理问题。应收账款的交易信息应可跟踪、不可篡改，最大程度保证应收账款信息的安全和业务的真实性。

平台还设计了多个合作模式的算法治理，包括"单一公司、产业联盟、区域联盟"三种，帮助公司建设自己的应收账款管理自金融商圈。

（1）单一公司的分布式账本应收账款链平台"自金融商圈"由信用水平较高的集团公司建立，集团公司、子公司、成员公司和自金融商圈的上下游公司共同参与（有融资需求），通过分布式账本应收账款链平台，将应收账款转让至圈外机构，增强资金的流动性。

（2）产业联盟的分布式账本应收账款链平台"自金融商圈"由核心公司建立，核心公司、自金融商圈的上下游公司、其他联盟成员共同参与。交易发生后，客户签发应收账款，在分布式账本应收账款链平台上，物流中无缝嵌入资金流，实现货物与资金的同步结算，并可在平台内外转移，减少联盟成员的外部融资和资金沉淀。

（3）区域联盟的分布式账本应收账款链平台"自金融商圈"由区域内龙头公司发起，由龙头公司、其他加盟公司、各加盟公司的供应链上下游客户等本区域内的公司自愿加入并形成协议群体。在分布式账本应收账款链平台根据真实交易和商业信用签发应收账款，款项在联盟内根据智能合约的协定进行转让、融资等。

本案例解决了两大问题，一是减少了因对企业的不信任带来的对企业相关材料和资质的费时费力的审核。二是解决交易的真实性问题，由于供应链越长，交易涉及的范围越广、供应链越细碎，交易信息失真情况就会越严重。分布式记账可记录真实的信息，在参与成员的共同见证下，作假行为将受到约束。分布式账本技术的运用保证了财务记录的可靠性，除非掌握整个分布式账本网络中超过半数的节点，否则难以篡改分布式账本中已有的任何数据，这进一步保证了分布式账本内数据的使用主体获取财务记录的可靠性。

2.5　小结

本章首先分析中心化理论的特点和多中心治理的机制，再对区块链技术的自治体系进行内在结构分析，认为分布式账本是技术自治的基础设施。

（1）在社会经济中，科层制是"命令—服从"模式，是典型的"中心化治理"。

（2）多中心治理以治理权力的分散化为特点，跳出了单一化的中心化治理模式，是自治的开始，产生自治的基础是信任和合作。

（3）数字经济的治理要体现平等化、透明化、分权化，在全员共治的基础上达成共识。

（4）信息真实性是虚拟世界治理的逻辑起点。信息保真机制以加密（不可篡改）、时间戳（时序性）的机制来保证虚拟世界中的信息真实性，在信息的传播与存储过程中保证信息不产生变化是治理创新的基础。

（5）区块链是"一个去中心化的分布式账本"。区块链技术的自治模式实质上是用"技术性自治"代替"中心化机构"的监管功能，采用"少数服从多数"的原则，是典型的私法构造过程。

第 3 章 技术治理的核心——算法治理

技术治理是科学技术快速发展、现代社会高速运转的必然产物,以算法为核心的智能治理正在快速渗入社会经济的多个领域。算法是主体设计的利益治理规则,算法代表主体的利益治理意志,即算法是一种权力。算法治理模拟的是司法程序,甚至具有代替司法的作用。在现实中,需要对算法权力进行约束,特别是在公共服务领域。区块链存证具有"证据自证"的特性,是对现行证据法体系的一次重要创新。

3.1 技术治理的发展

可以依据科技和理性来治理国家及处理公共事务,早在古希腊时期,柏拉图和亚里士多德就提出了类似的思想,提出了"科学城邦"的理念,主张社会动作的理性化及政治活动的科学化;其后,培根、圣西门等主张依靠科学家和技术家来改造社会。人类的工业革命都是技术大爆发所推动的,技术治理思想在西方逐渐演变成为著名的"技术治理运动"。虽然该运动并未取得成功,但推动技术治理思想受到了全球性关注。

针对社会治理的技术以追求治理效率为核心,其实现方法是可以有效计算、复制推广并考核验证的治理流程。可见，技术治理在一定程度上可以排除人为因素的干扰，遵循理性化的就事论事的处理规则。技术治理可以提高治理绩效，治理的设计者可以超越基层治理中具体而琐碎的细节，以标准化流程来推进治理项目，直观、有效地监督下级的措施落实情况，减少信息不对称的情况。在近代西方公共管理中，技术理性具有代表性，是政府改革的重要方向，法制化、规范化、标准化等技术化原则成为行政改革的关键原则。

技术治理是当今科学技术快速发展、现代社会高速运转的必然产物，技术对于公共治理的影响是深远的。首先，技术是人类运用理性来认识事物的工具和手段，事务只有被认识和理解后，人们才能抓住事务的真相，寻找解决方法的思路才会更合理；其次，技术是工具和方法，具有专业化的特征，对于行政机构中的技术官僚推行技术治理会进一步提高其权力；而从权力的视角看，信息技术的广泛使用大大强化了行政力量监控社会的能力。国家的治理是用技术构成框架而塑造人的行为，其原理是将一整套制度、程序、计算、分析组装起来，以政治经济学为知识、以安全配置为工具的一系列复杂的权力运作[①]。现代社会管理具有复杂性、专业性，因此需要消耗大量资源，技术成为弥补治理能力缺口和解决复杂问题的重要工具。

"技术乌托邦"是对技术的过度崇拜，以为凭借技术就能实现理想社会。在实际中，技术工具是中性的，而技术工具又是由人使用和执行的，工具的理性难以克服执行者的非理性，仍然会产生大量的功利主义、形式主义、教条主义，试图依据技术将复杂问题简化是难以成功的。另外，技术治理的前提至少包括制度供给，缺少相应的制度和组织条件会对技术治理的效果造成很大的影响，甚至产生阻碍作用。

网络的技术性和专业性使得网络社会治理变得更为复杂。一方面，网络空间形成了一套以技术编码和自治为主的技术治理方式；另一方面，网络空间也绝非网络主权主义者所宣称的"法外之地"，因此，在网络空间技术治理中，需要充分发挥法

---

① 彭亚平. 技术治理的悖论：一项民意调查的政治过程及其结果[J]. 社会，2018（3）.

律治理与技术治理的互补作用。

网络社会的技术治理以内嵌于"代码"的网络技术规则为核心，人们要进入网络社会就必须接受和服从技术设置的各项条件。技术归化是指将技术产品融入应用环境，使其成为用户所处的实践与文化网络的一部分的过程。技术归化是一个学习与赋予意义的过程，正是通过技术归化，技术产品的社会文化价值才得以形成。同时，技术归化是社会治理的必有环节，法律作为人类制度生活的载体，对技术治理有较好的引领和归化作用。弱化政府管控、强化权力保障的法律治理思想与技术治理的分权思想存在契合之处，是技术治理与法律治理的二元共治奠定了话语共识基础[①]。

3.2 算法治理的内涵与算法经济

3.2.1 算法治理概述

自 20 世纪中叶计算机出现并得到广泛应用以来，计算机的核心功能是采用算法来提高管理效率。如今，大规模的社会管理平台、商业平台以算法管理着我们的世界，金融系统、交通系统、社交网络、购物平台、军事系统等都依赖于算法的智能性和高效性。算法是计算机科学中思考和处理问题的一种方法，具有抽象化和程式化的特点，人工智能、大数据技术、区块链等都依赖各种高阶算法和强大算力，将其作为实现条件。人类社会已经进入人工智能时代，智能算法超越了以计算机程序为主的形式，随着大数据和机器深度学习等新一代信息技术不断发展，算法具备越来越强的自主学习与决策功能。

人工智能革命的本质是以算法为中心的革命，智能治理的本质就是算法治理。图灵奖获得者、Pascal 之父——Nicklaus Wirth 提出了著名公式：程序=算法+数据结构，深刻地揭示了程序的本质。将"问题"表达为"算法+数据结构=程序"，通过执行"程序"解决"问题"。云计算、大数据、人工智能、分布式账本技术等，本质上

[①] 郑智航. 网络社会法律治理与技术治理的二元共治[J]. 中国法学，2018（4）.

都是"算法+数据结构"的体现,区别在于不同的技术对于"算法""数据结构"的侧重点不同。

按上述定义,我们所称的算法治理就是"算法治理=人工智能算法+大数据"的结构。人工智能模拟人脑智能的算法,在赋予一定规则的前提下,以一定的流程运用算力求解问题。大数据技术必须结合算法,大数据技术的核心功能是收集、存储数据,以及处理、分析数据,并从中提炼出用于决策的信息。海量的数据本身并无意义,其背后所蕴含的难以被人直接觉察的信息,是大数据技术的价值所在,通过算法可以将海量数据中的有用信息挖掘出来。

3.2.2 算法经济

对于具体业务,算法就是资源的分配或处理规则,是一种相对固定不变的逻辑。从经济的角度看,人类的所有经济行为是"价值创造—价值分配"的过程,其中,算法主要进行"价值分配",经济学上称之为"配置"。云计算、大数据、人工智能、分布式账本技术等,在本质上都是算法对数据的处理,即智能的资源配置过程,但其侧重点各有不同。

算法经济是技术治理的效应。从治理的角度看,算法经济的核心是利益分配机制,算法的确立依据的是分配规则,而分配规则是由经济系统的制度来确定的。所以,算法并不是一种独立自主的规则,算法是拥有治理权的主导者所制定的利益分配规则,所谓的智能只不过是在效率方面的体现。算法经济并不是独立的经济形态,并不能取代市场经济或计划经济模式本身,反而算法是经济模式的执行机制。

在数字经济时代,算法的功能不仅直接决定决策效率、决策质量,还日益对社会主体和经济主体产生直接和间接的多维度影响。算法经济是指人们将生产经验、逻辑和规则总结提炼后"固化"在代码上,使生产经营活动无须人工干预而自动执行的经济模式。算法经济的意义在于,传统上的市场供需匹配依靠市场的自发力量实现,而随着现代信息技术的发展和应用,市场供需匹配在自发力量的基础上,通过算法的应用大幅改善了匹配效率和交易成本。

3.3 区块链技术中的算法治理

区块链技术是一种技术治理系统、算法治理系统，是对数字资产进行定义、确权、交换的治理规则系统和执行系统。

区块链技术通过将多种已有技术巧妙组合建立一种激励约束机制，依赖分布式账本具有分布式、防篡改、高度透明和可追溯的应用特性，在数字化环境中、陌生关系之间构造信任关系、协作关系、分配关系。以区块串联而构建的分布式账本是加密区块通过多节点共识机制实现"完整、不可篡改"地记录价值转移（交易）的全过程。这种去中心化（"弱中心化""多中心化"）的治理逻辑最终体现为交易关系的改善和交易成本的下降。

3.3.1 比特币实验中的算法治理

比特币是数字资产，是"利益"，比特币交易者构成了利益共同体，通过一套区块链技术来实现技术自治，表现出了很强的无政府主义或乌托邦信仰（去中心化）。算法的制定者建构基于工作量证明的共识规则，参与者必须同意这一共识规则，以算力竞争作为公平的交易规则，保证整个系统的一致性和安全性。参与者要获得"利益"，必须进行"挖矿"，各个节点（矿工）共同竞争，解决一个求解过程复杂但很容易验证的 SHA256 数学难题。在技术治理机制中，PoW 机制结合比特币的发行、交易和验证可以抵御部分节点的恶意破坏，通过算力竞争来保证系统可靠运行。

挖矿机制会造成大量的算力浪费，难以适用于大规模的商业应用，其利益治理机制不够合理，需要进行改进。可以基于授权股权证明（Delegated Proof of Stake，DPoS）的共识机制，授予不同节点不同的投票权力，按投票权力选出节点，并由这些节点进行一致性验证，其治理效率可以得到大幅提升，且没有算力上的巨大浪费。Ripple Lab 提出了共识机制（Ripple Protocol Consensus Algorithm，RPCA），共识机制结合拜占庭将军问题，适合联盟链的发展和区块链技术的商业化，以账本管理为中心解决跨地域交易的问题。可见，算法是区块链技术系统实现治理功能的核心。实践中要解决区块链技术治理中的算法可行性、算力成本、交易效率等问题。

3.3.2 共享账本机制

虽然现有研究者对区块链的理解侧重点不一，但是区块链至少包含以下三个基本特点。

第一，区块链本质上是一种新的数据库存储形式。

第二，区块链的目的是用"权力分享"代替"中介"功能（第三方信用机构），以建立信任关系。在互联网环境下，节点之间多为陌生关系，即信息不对称的不信任关系，但对于持有共享账本的理性人（节点），区块链记账足以值得信任，使得节点足以"按常理出牌"，即产生交易的信任机制。

第三，区块链是不同层面技术的组合。

越来越多的区块链技术应用出现后，人们对区块链本质的认识逐步转移到"分布式账本"。区块链本质上是一个去中心化的分布式账本数据库，通过运用时间戳、Meride 树形结构、不对称密钥加密算法、共识算法和奖励机制等技术，实现基于对等网络（或称 P2P 网络）的去中心化信用交易。区块链不是单一的某种数字技术的创新，而是由分布式系统、共识算法、密码学、网络、数据结构和编译原理等多种技术深度整合后实现的分布式账本技术。

目前，金融、供应链、医疗、安全等领域基于分布式账本技术的应用方案已有不少落地应用。但对于理论与实践领域，分布式账本仍然处在发展初期，分布式账本的复杂功能仍然存在技术上的问题，包括权限管理、隐私保护、性能优化和互操作性等方面，只有解决这些问题，分布式账本才能适应大规模应用场景。

3.3.3 分布式架构

Baran（1964）将通信网络的三种配置区分开来，即集中式、分散式和分布式。

区块链具有自组织、去中介、去中心化、弱中心化等特点，在本质上，区块链是分布式架构。区块链技术是众多技术与机制的组合，包括分布式架构、共识机制、加密技术、共享账本、账本可追索/穿透、开源等。由于这些技术与机制的组合，产生了一种治理结构，使得区块链应用系统内部产生了交易秩序。

分布式架构是区块链的治理结构，区块链将治理权由中心式架构向分布式架构转换，分布式架构是区块链产生"去中介"交易秩序（价值交换）的本质原因。区块链建立在分布式网络的基础之上，分布式网络是点对点对等网络，其核心功能和特点是点对点传输，体现在交易中就是不需要传统的中介（中心）就可以达成交易（价值交换），这与传统交易模式中需要强中介（如交易所）的特点截然不同。

区块链一般用于不安全环境，即互不信任的节点之间的交易记账。反之，在安全环境下的相互信任的节点之间，无须将区块链作为解决方案。本质上，区块链就是一种创造信用的机制。认可、承认已经共同确认的交易是人的理性行为底线。所以，无论何种规则，都是以人的理性为前提和底线，理性之下没有规则可言，"自觉自治"是信用的前提。

随着分布式技术与分布式架构的出现，产生了相应的治理结构和治理机构，可称之为分布式治理。人类社会经济大量数字化迁徙到虚拟世界中，当点对点之间的联系越来越紧密、程度越来越深的时候，原有的中心化架构已难以满足这类需求，网络世界需要创新的治理模式，需要解决信息真实性、快速交易、频繁交易等基础性问题。

分布式架构是分布式治理机制的外在体现，与中心式架构存在本质上的不同。分布式架构的本质在于将治理权力分散到各节点，因为节点在功能、地位、谈判力等方面本身就是不可或缺、不可替代的，节点在网络中需要对等的地位和权力，需要分享治理的权力（如分布式存储、分布式账本）。边缘计算（也叫分布式计算）体现了节点在物联网模式下的重要价值，终端节点的传感器、芯片等具备计算能力，节点处理数据不需要通过路由传到中心节点进行计算（再反馈到终端节点），这使得终端节点的重要性、地位得到大幅提升。目前，分布式架构的商业模式正在不断增加（如滴滴打车），分布式组织（如社区自治）也大量涌现，分布式治理创新对于现代社会经济具有十分重要的应用价值。

3.3.4 多边平台治理

平台是网络组织的一种形态，提供双边或多边市场的交易途径和方法。具有双边市场特征的网络型平台是一种中间型商业组织形态，科斯定理失效是双边市场存在的必要前提，其产生的根源在于无法通过市场交易方式或一体化组织来消除网络外部性。

双边市场存在的必要前提是一方用户（如卖方）能够通过在网络型平台上与另一方用户（如买方）互动而受益。平台是一种虚拟或真实的交易场所，平台本身不一定生产产品，但可以促成双方或多方客户之间的交易，平台的赢利模式为收取一定的交易费用或赚取差价。平台式商业模式成功的核心是构建规模足够大的平台，使产品更为多元化和多样化，更加重视用户体验和产品的闭环设计。

平台治理是平台所有者对参与平台生态系统的应用程序开发者施加影响的机制。可以将平台比作公共监管机构，平台通常是为了通过控制平台上的价格、访问和交互来实现利润最大化而进行监管的，而且平台通常在技术设计、系统架构和技术关系领域表现出监管行为。可以将平台治理理解为一套关于谁可以参与生态系统、如何划分价值及如何解决冲突的规则。平台治理的目标是传递交易信息和监督参与人的违约行为，最终促进平台交易效率和绩效的提高。

平台治理机制主要包括两大机能：一是巩固、强化参与人之间的信任关系，通过"信号机制"和"声誉机制"遏制买卖双方的机会主义倾向；二是以定价机制吸引多边群体，扩大参与人的数量与交易规模，以增强网络效应。平台建立运营的规则秩序，交易双方在遵循规则的前提下行动，这种规则的关键是对市场交易中的"逆向选择"和"道德风险"行为进行监控并给以奖惩，并确定各种商品或服务的价格合理。

区块链技术是一种由构成同等权力的对等网络组成的网络，可以实现以完全分散的方式共同维护和编辑数据库，不需要任何中介机制的单边控制功能，创建了一种具有分布式治理功能的新型多边平台体系结构。这种新型平台对传统的平台垄断式定价结构提出了挑战，因为分布式治理可以更平均地分享价值，且不需要一个单一的中介机构来构建和管理平台，可以利用内部联合收益模式来激励参与者。这种新型平台属于数字平台服务系统。可见，平台治理具有三个维度：决策权、控制和定价政策。

区块链应用系统具有明显的多边平台的特点，主要依赖内部治理结构和机制来形成多边平台，具体分析如下。

1. 网络效应

用户从系统中获得的价值取决于系统有多少其他参与者，这种依赖性可以是正的，也可以是负的。同样，网络效应对基于区块链的分布式平台具有非常大的影响。以比特币系统为例，比特币算法是开源的，利用源代码创造一种新的 P2P 代币并不困难，但新的系统很脆弱，极易遭到 51% 攻击；而比特币系统已经足够健壮，想要控制比特币网络 51% 的运算力，需要的 CPU 数量将是天文数字。可见，培育平台的网络效应非常重要，因为平台的安全性和功效在很大程度上依赖于网络效应。

2. 多边市场

两组参与者需要通过中间层或平台进行交易，而且一组参与者加入平台的收益取决于加入该平台的另一组参与者的数量，这样的市场被称为双边市场。近期的经济研究表明，很多重要的产业都是基于双边市场的平台运行的。双边市场并非新生事物，但将双边市场作为一种独立的市场实体进行研究是近几年才发展起来的一个新领域。

在比特币平台中，可以区分五个市场方：用户、应用提供商、矿工、节点和平台开发者。用户是参与者，其参与分布式平台的主要动机是利用其实际功能，如通过互联网转移资金。矿工对网络的运作至关重要，可以处理平台用户之间的数据输入和交易。矿工被激励采矿的机制为将加密货币作为采矿奖励，并向用户收取交易费用。平台开发人员致力于比特币协议的技术设计。这些市场方并非相互排斥，矿工和应用程序提供商可以运行节点以增强网络的健壮性，平台开发人员可以兼任投资者和用户的角色。任何个人都可以自由加入任何数量的市场方，只要他们遵守预定的协议即可。

3. 互补性

互补性是多边平台的一个关键特征。如果一方提供的效用在很大程度上取决于另一方的消费，则货物和服务被称为是相互补充的。这些资产在一起使用时比单独使用时可以提供更高的效用。基于区块链的分布式平台，其互补性不仅体现在平台的外部商品和服务上，而且体现在平台的内部。区块链的分布式平台没有明确的平台所有者，以不同市场方的合作来提供功能。

4. 内部治理机制

内部治理机制主要有三种。

（1）决策权。决策权分为两个维度，每个维度分为两类：一类为平台决策权与应用决策权；另一类为战略决策权与实施决策权。平台决策权涉及与平台相关的决策，而应用决策权则涉及与平台补充资产相关的决策。战略决策权是指确定平台或补充资产应能实现哪些目标的权力，而实施决策权则与确定这些目标应如何实现有关。因此，不同的市场方必须相互沟通，对战略决策及其实施进行谈判。

（2）控制。产出控制，即根据参与者的绩效，平台按照一些预先定义的目标绩效指标对其进行奖励或处罚的机制。比特币输出控制主要由用户和平台开发人员执行。支持区块链的分布式平台依赖于开源代码的运行，平台开发人员不能强迫任何人运行其软件，但平台开发人员可以为新的源代码提出建议。开发人员社区对于修改源代码、平台的性能指标、奖励方案有较大的控制权，进而影响挖矿公司的产出。节点运行程序同样受到输出控制。

（3）定价政策。分布式平台不存在集中的平台提供商，因此在定价策略上不容易出现垄断行为，而集中式平台的价格垄断是常见现象。比特币使用收入分成方案来激励平台提供商之间进行合作。在区块链架构中，共识需要矿工出示工作证明，矿工获得记账权通常被称为挖矿奖励。挖矿奖励是区块链架构中最突出的收入分割形式，通过系统铸造新的加密货币来发放。代币的总供应量增加会降低每个代币的价值，因此，挖矿奖励在某种程度上类似于算法铸币税，即一种从所有平台参与者那里征收的通货膨胀税，用于补贴公共产品的生产。

3.4 算法权力及其规制

3.4.1 算法权力概述

以算法为中心的人工智能广泛应用于社会生活的各个领域，创造了一种全新的社会图景。数据是智能化技术治理的依据和基础，而算法则是智能治理的核心。云计算、大数据、人工智能深度学习算法等技术的重大突破，推动着人工智能在国家治理和商业模式中的应用场景不断拓展，且应用程度日渐加深。算法正逐渐演进为一种新的权力形态，从而对公众利益产生一种新的权力机制和治理模式。

算法通过不断接管人类决策，已经成为实质意义上社会秩序中权力部署的一部分。"算法经济"和"算法社会"的兴起，使得执行算法的中心拥有"权力"，算法的研发、投资和应用成为科技领域的新增长点。但在算法应用快速发展的过程中，算法治理本身的逻辑和体系问题一直没有得到很好的解决。

在算法治理中，算法是利益分配的裁决者，算法既是规则，也是执行，具有双重意义。对算法本身的治理可以保证算法的公平性和透明性，这一问题的争议要点是算法解释权，不仅在工具层面具有必要性，还在规则层面具有正当性，是技术时代仍然以人为本的基本要求。

算法解释权可以让人们增加对算法的信任，进而提升个体接受算法决策的意愿。算法解释权包括主体在算法决策全过程的获得知情权、参与权和异议权，是切实赋予主体知晓并理解算法运行逻辑的权力，进而为公众践行正当程序权力提供基础。

可见，理解算法运作的机理是监督"算法"的重要前提，是对"算法治理"的治理，只有理解算法才能针对算法治理的不足提出建议，应合理限制算法权力的运行并引入监督机制。

算法权力本质上是服从于规则的制定者。韦伯对"权力"的定义中指出，权力即便受到反对也具有贯彻权力意志的机会，不管这种机会是建立在什么基础上。算法权力主要体现在以下两个方面。

第一，算法包括搜索算法、分类算法、排序算法、优化算法、推荐算法等。

第二，算法的自动化决策是科学的、理性的、有效的和可信赖的。

算法权力具有以下特征。

1. 隐蔽性

算法权力在运行过程中没有传统的主体形态，只有执行的结果，甚至其运行过程对公众来说也是难以观察的，所以人难以察觉到权力的存在。在美国总统选举中，社交媒体针对选民的日常生活习惯、分析选民的浏览记录等就可以分析出选民的政治倾向，从而精准地投放有关的选举视频，以最优策略来攻击选举对手，或以选民不可觉察的方式慢慢改变选民的最初想法，从而控制公众的意识形态。这种权力控制方式与效果比传统的权力形态更为隐蔽。

2. 隔离性

算法权力借由技术壁垒形成隔离性的特征，从物理时空中将算法权力的技术统治与普通公众隔离，也包括算法权力与现有法律的隔离。首先，算法本身对于一般公众是不可知、不可理解的技术，即"算法黑箱"，普通公众无法深入了解、准确理解算法的规则、运行逻辑及通过算法所产生的决策结果，不能获得全面信息。其次，算法治理作为技术治理，其治理主体究竟是编写算法的设计者还是使用算法的单位，抑或是算法本身，在概念上至今仍模糊不清。

现有的法律制度和经济规则是依托现有的经济、政治权力结构建立起来的，而当前的权力结构逐步受到算法权力的替代、冲击，现有法律制度将出现种种不适用之处。例如，自动驾驶中交通事故的责任划分、产品质量责任划分等诸多制度将受到挑战。所以，必须针对新的权力形态进行法律责任界定并重新立法，厘清算法权力与法律制度间的隔离性，要以算法的特征和内涵作为立法的出发点。

目前，广泛应用的算法权力使掌握算法技术的个人和企业利用自身的技术优势和行业便利性成为规则的制定者，进而把控社会资源及信息，或者引导政府做出对其有利的决策。

算法权力是一种技术优势，可以控制和操控社会所产生的数据，从而形成一种"准公权力"，在公共服务领域得到了广泛的使用。

3.4.2 算法权力的运行逻辑及风险

人工智能是在计算机软件的基础上，进一步将模仿人脑智能的逻辑、学习方法和处理规则融为一体，形成一种全新的计算机程序，从而具有类似人类智能的解决问题的策略机制。在许多领域的人工智能应用中，用算法取代或增强人类的某些决策任务和能力，效果十分显著，大有取代人类现有的多数职业的潜力。这一可以取代人类大部分工作的巨大效力，一方面会带来生产力的巨大进步，也会引起学者的担忧。

重点值得关注的是公众的利益及信息相关权益受到了极大的挑战。目前，算法被广泛应用于多个涉及公众权益的领域，算法新闻、算法经济、算法伦理、算法权威等新概念不断被提出。在大数据时代，个人的私有信息及数据已经成为被处理的大数据，几乎难有隐私可言。公众的出行记录、消费记录、网络社交、互联网浏览记录、平台登录等信息都会被当成数据记录下来，算法再根据这类海量的数据对个人进行"画像"分析，得到针对个人的、清晰的图画，机构和平台即可掌握个体的生活方式、行为特点。算法与大数据技术和云计算的关系是，大数据技术通过多种渠道（也包括不合法的方式）收集数据，再以云计算的"超级计算能力"对数据按照算法既定的规则进行清洗、过滤、分类、统计分析，最终得出结论，供算法的主人（决策主体）利用。

法律的基本精神是公平、公正、公开，而算法因其自身的特性与法律的基本精神具有一定的背离性。由于计算机程序本身的机械化、刻板化，一旦运行出现偏见，这种偏见就会一直循环下去，如果没有人为干预，那么对某个群体的利益伤害就会不断进行。

另外，算法的研发及平台的构造者是具有垄断性的商业资本，资本不会主动公开算法的运行细节，商业平台也具有强烈的利益最大化的意愿，这对于广大用户则可能形成"信息茧房"效应，使得用户主动或被动放弃选择的思维、意识、能力，而被算法的价值取向控制，从根本上损害公众利益。这说明，算法权力一方面遵循偏好原则，另一方面限制公众的选择，算法权力将失去技术治理的公平精神。

算法是一种技术，其体现的权力属性在理论上应该是中性的。但是经验告诉我们，任何技术与算法都不可能达到完美的程度，且技术中性说明技术是工具，应用不当的工具本身就具有极大的风险。算法治理具有治理成本、治理能力和治理绩效等多方面的巨大优势，但同时，经验告诉人们，任何技术与算法都不可能达到完美的程度，且技术本身是中性的，而使用技术的主体、制定制度的主体仍然没有改变，技术中性和技术的不完备性造成的算法黑箱、算法歧视、算法独裁、算法战争等问题是现实的隐患。

算法权力借助公权力体系，在公共服务中形成风险，却缺乏相应的机制与救济路径，从而产生权力异化的风险，具体体现在以下几方面。

（1）传统的限制公权力的正当程序制度对算法权力无效。算法在实际运用中缺少传统的程序正当性。例如，由算法来执行的犯罪预测系统，算法对公民进行挑选、甄别与行为预测，却没有遵循正当程序原则，即算法没有通过任何程序，实际上已经对公民任意行使了调查和监视的权力，即使算法的犯罪预测结果未被最终采纳，但同样对公众构成了一种不利对待，违反传统的正当程序原则。

（2）算法权力隐含于公权力的运行中，极度缺乏透明性。算法本身不能被观察，公众也无从对其错误提出质疑。由于算法做出决策的理由与程序并不需要对相关公众公开，且目前为止尚无法律层面的救济渠道，传统的行政复议、行政诉讼或申请政府公开信息等规则不能在算法决策中起到相关的保护作用。在实践中，算法涉及国家秘密、商业秘密、个人隐私，或者属于内部信息，因此可能拒绝被公开。

3.4.3 算法权力规制

2016年，在美国总统大选和英国全民公投决定脱欧等一系列政治事件中，竞选组织利用算法干预竞选活动，算法从数字技术变成一种政治和社会操纵手段，已经具备成为新权力形态的特性，且这一权力形态比过去的权力形式更为隐蔽。

公共服务领域的算法权力通过构建"信息茧房"来实施对公众决策的强大影响。个体所处空间由算法设计者和建构者或明或隐地控制，用户接收的信息及做出的选择深深地受到算法推送的信息的影响，公众的认知框架和价值选择已经处于受控状态。最近，美国大型社交平台的账户禁用事件引发了公众对于平台权力过大等问题的担忧。

算法变成新型的技术权力，已经不再是权力的"工具"，而成为"权力"本身。有学者提出"算法即权力"的概念，数据和算法的影响力极大，塑造和控制着社会治理和公众行为，算法成为一种独立的权力。算法权力对公众的影响在于存在权力滥用和权力异化的巨大风险。

公共服务中的算法权力必须受到合理规制（政府出台规定进行限制），应对算法权力的含义、特征、运行逻辑进行剖析，进而提出有针对性的规制路径和方法。算法权力的治理涉及政府、司法、企业、社会等多个层面，在技术层面需要具有传统信息技术的安全性，在商业平台中要降低对资本作为算法控制者的依赖性，在立法、司法层面要构建多层面的算法治理体系，以维护公众利益、保护公民权力、维护智能社会的公平正义。

现有的对算法权力的法律规制存在严重的不足。针对算法权力带来的法律挑战，目前有三种方式可以加以应对。

一是算法公开,其针对的是算法本身的不透明性,应公开运行逻辑、处理规则、决策机理。但算法对于非专业人员具有难以理解的特点,公开了也不能被公众理解,特别是复杂的科学原理和运作机制。复杂的算法是由几百甚至上千名工程师共同编写而成的,理解这类算法具有极高的门槛。所以,从技术层面来看,公开算法的传统法律规制难以对算法权力起到相应的规制作用。

二是个人数据赋权,通过赋予个体以相关数据权力来规制算法。制定相关法律,首先赋予个体一系列的数据权力,主要强化个人对个人数据的知情权与控制力,再在应用中要求数据控制者与处理者满足个人的一系列数据权力,并承担维护个人数据安全与数据质量等法律责任。但在实践中,执行这一规则并不容易,公众在个人数据案例保护方面不具有技术能力,也难以承担自我保护的高昂成本,而平台和隐私政策往往非常复杂且难以理解,往往只有"同意"而无法拒绝。因此,虽然目前针对数据隐私的立法赋予个体知情选择权,但人们几乎难以受到此类条款的保护,个体对于个人数据在何时被收集、在何地被收集、怎么被收集等,仍然没有知情权和选择权,即便正当权益被侵犯也很难获得司法救济。

三是反算法歧视。算法中常隐含对个体的身份性歧视,从而实施对不同个体的权力侵害,包括在种族、信仰、性别等属性方面加以区别对待,最常见的是商业平台中的"大数据杀熟"现象。

算法权力异化的风险来源于算法权力的运行逻辑和技术的内生缺陷,因此对于算法权力进行规制具有必要性。一方面基于算法权力运行的偏好性原则,提出对算法的运行进行合理的限制;另一方面,基于算法权力异化的原因,个人对数据保护的权力不够,通过提出"数字人权"配置个人权力以对抗算法权力。

(1)对算法权力运行的合理限制。算法权力运行的偏好性将导致算法黑箱、算法歧视等问题出现,加深对公众利益的损害。合理限制算法权力,需要从权力范围、正当程序、问责机制等方面进行多方面的约束。算法决策的适用领域需要明确规定,不能超限制使用;算法决策在公共领域不能充当决策主体,应该是技术辅助性的角色，是决策支持角色，而不能承担决策功能或作为决策责任的主体。

（2）建立算法权力运行的正当程序制度。正当程序制度是司法制度获得公平、正义的重要保证。目前，智能法院、智能法官已经出现并得到初步应用，这对算法权力运行的正当程序制度是一个挑战，相关的法律并不适用，因此建立适用于算法权力的正当程序制度尤为重要，要提高算法本身的可见性和算法权力运行的公开程度，对算法进行充分的解释，提高算法的可读性。当算法决策的审判结果出现偏差时，当事人有权在正当程序制度中申请进一步的陈述申辩和寻求司法救济。另外，应该对算法权力的运行方式给出明确的规定，对于不规范使用行为要有一套完整的问责体系，包括问责标准，以追究涉事主体相应的法律责任。

（3）配置个人权力以对抗算法权力。仅对算法权力运行进行合理限制，仍不足以规避算法权力异化的风险问题，还应该配置个人权力，以对抗算法权力的滥用。数据是算法的根本，算法权力是通过操控数据而产生的。通过增加个人权力来对抗算法权力的异化非常有必要。

（4）建立监督机制与引入第三方治理机制。算法权力异化的原因之一是缺少监督机制，缺少监督就容易出现权力滥用。应建立集事前、事中、事后为一体的监管机制。例如，可以由政府牵头将高校、社会力量组成多主体算法审查机构，对涉及公众利益的算法进行全流程监管，包括：事前，要求算法设计者对数据的采集、分析、整理，以及算法技术运行逻辑、规则、方式、目的、意义等给出明确说明，严格审查算法设计人员在研发过程中是否符合相关规定，是否夹杂偏见，以保证算法设计完全合规、合法、合理；事中，要求算法使用者对算法运行过程中出现的失灵、崩溃等情况给出应急预案，并随时接受公众的质疑；事后，构建算法问责追溯机制，并为公众建立算法决策的申诉、救济渠道。

目前，我国正在大力发展和推动人工智能在经济与社会中的广泛应用，在应用算法治理并获得初步成效的同时，类似算法权力不公和缺少算法治理等问题开始大量出现。针对这类问题，不能简单地将其当作"技术失误"来进行处理，而需要从法律治理的角度，从保护广大群众基本利益的角度，积极思考问题并提出解决问题的思路。其中，立法是解决这类问题的基础和根本所在。完善算法治理机制，达到维护公众利益、保护公民权力的目标，是维护智能化时代下社会公平正义的基本措施，也是新时期国家治理的新方向。

3.5 算法与智能司法

人工智能与法学的结合日益紧密，从司法活动的信息化、司法裁判的智能辅助，最终到依赖人工智能的裁判，是智能司法模式的形成路径。现阶段，司法裁判的智能辅助是理论研究和司法实践的基础。人工智能在司法方面的参与具有丰富的内涵，数字案件、在线审判、模拟裁判、同问题同判、虚拟法院、极速司法、法官中心等都可能是未来智能司法的创新。

司法的信息化是管理层次上的应用，是智能司法模式的初级形态。以"智慧法院"为例，智慧法院实现了全业务网上办理、全流程依法公开、全方位智能服务，这是智慧化的内涵。而网上立案、在线调解、远程提讯、视频开庭、远程接访等实际上的司法行为本身并没有实质的改变，信息化主要是对场所和流程进行改造，由线下场景转换为线上场景。有的地方开发出智慧执行系统，具备了网络查控、远程指挥、节点控制、信息公开、信用惩戒、监督管理和决策分析几大功能。公开性、效率性与科学性是智慧法院的优势。

可见，信息化本身并未参加司法裁决这个核心问题，信息化主要处理与裁判无直接关系的行为。我国成立了全球首家"线上法院"，即杭州互联网法院，其中的起诉、立案、送达、举证、开庭、裁判等环节全流程在线，当事人足不出户就可以完成一场诉讼。

司法裁决中的智能辅助则是指计算机程序直接参与案件的审判阶段，它与法律工作的计算机化有本质上的不同，转而针对如何将法官从案多人少、司法责任、法律适用、事实认定等难题中解放出来，减少法官的简单劳动和重复劳动。其中，人工智能对于相近案例的精准查找、法律文件自动生成、裁判结果的预测等，可以大量减少法官的事务性和文书工作量。

强人工智能参与司法具有革命性作用,算法裁判通过"图灵测试"或将成为法律的终极形态。人工智能裁判的标志是通过计算机获得与法官裁判相同的庭审效果和裁判结论。强人工智能包括可以模拟法官的裁判思维和法律推理的法律专家系统,以及可以感知、识别、分析当事人的庭上言行的智能行为识别系统。要支撑强人工智能,必须具备三项基本条件,即完备的司法大数据库、处理自然语言的算法、算法实现对法官裁判思维的模拟。

目前,我国的司法人工智能实践正从"事务处理"向"案件审理"迈进。人工智能裁判对于纠纷的裁决具有瞬时性,可以随时、即时获得裁决结果,这种具有预测裁决结果的功能缩短了诉讼双方的博弈过程,促进了案件的诉前解决率。当事人完全可以根据"模拟裁决"进行预判,较为精确地计算诉讼的获胜概率和获利数额,从而调整诉讼策略,最重要的是可以大量减少不必要的上诉、抗诉和申诉。未来,基于人工智能裁判的"法官中心"将对传统的"侦查中心""庭审中心""审判中心"等概念有实质性推进作用,高度发达的人工智能将使法院内部的行政色彩降到最低,法院对内职能从对案件和司法人员的"管理"转变为"服务",加强裁判的中立性,减少感情对法官独立裁判的不利影响,促进司法的公正、公平[①]。

人工智能对于数据的处理相当结构化,与人脑处理数据的非结构化形式具有很大的差距。所谓的人工智能裁判仍然具有符号式、封闭式和归纳式等特点[②],其技术要求和前提是案件的数字化。其关键在于"案件—符号"的转化,即将案件的关键部分转换成计算机程序可以处理的变量。

现代治理的根本特征是以制度供给——规则为基础,以法治为核心。对于人工智能,只有在制度供给是"善治"的情况下,才能实现"善智",人工智能的本质是对规则的执行,人工智能并不能独立进行规则的制定,人工智能并不拥有"治理权"。即便在"强人工智能"和"超人工智能"模式下,智能机器在一定程度上超过人类

---

① 高学强. 人工智能时代的算法裁判及其规制[J]. 陕西师范大学学报(哲学社会科学版),2019(3).
② 罗维鹏. 人工智能裁判的问题归纳与前瞻[J]. 国家检察官学院学报,2018(5).

的自主意识，也只是对于规则的理解与执行，仍然不能改变规则本身。

人工智能最终能否完全取代法官和司法决策？这一问题至少目前缺少明确的答案，但对于实现结构化、数字化程度较高的"智能裁决"，目前的人工智能技术已经具备了较好的基础。

3.6 区块链存证的司法创新

电子数据是数字化时代中证据的主要形式。作为一种法定证据种类，电子数据在司法实践中常常面临真实性、完整性不被认可的尴尬处境，原因在于电子数据对科技的依赖程度高、篡改不易被发现，从而导致法院不易认定其真实性。

区块链存证，即"区块链+证据"，其对于证据资格认定、原件理论和证明范式等具有重要的影响，"区块链+证据"的法治意义绝不仅限于"新兴电子证据"这一定位，将其与"去中心化"的治理理念结合，是对现行证据法体系的一次重要创新。

1. 证据自证

区块链存证对于传统司法的影响在于证据本身的"信用增强"，即证据基于自身的存证和传播技术特征实现了自我信用背书，即证据自证。这意味着区块链存证无须过多的鉴证就能被采纳，这对于司法实践的意义非常巨大，大大提升了司法裁决的效率，并降低了诉讼成本。区块链存证是对传统证据、电子证据的颠覆式创新。

依据事实逻辑，区块链存证不需要通过各类证据的组合及链式论证来验证自身的真实性，它本身就能够完成自身的真实性检验。即具有"结构化"内涵的区块链存证本身就是"证据链"。传统电子证据多为独立的电子证据集合，由于缺少分布式记账的自证结构，传统电子证据无法做到自证。传统电子证据要形成"证据链"，需要依托电子证据鉴证和人工处理。

区块链存证的证据自证需要完成以下三个步骤。

（1）区块链证据的技术生成。保证证据的真实性和有效性，证据源应是真实有效的，如果来源不真实或具有可疑性，那么区块链存证并不会增加证据的信用。所以，在技术上，如何从源头取证在一定程度上决定着证据的效力。区块链存证至少可以保证从源头获取的证据在存储及传播过程中不被篡改，这要求在获取证据时，要实现数据内容的完整性、可靠性。

（2）区块链证据的司法审查。在司法实践中，需要对区块链证据的法律性质、证据源的资格与合法性、取证手段的可信度、证据的完整性进行审查。

（3）区块链证据的效力确认。在满足前两项要求的基础上，可以判定区块链证据对于事实的证明。

2. 区块链存证的重要意义

在民事诉讼中，当事人获取证据的成本较高，一方面需要获取证据，另一方面还需要通过私力取证的方式来印证电子证据的真实性、关联性及合法性。而在科技快速发展的情况下，当事人私力取证的难度越来越大，证据的效力反而越来越低（难以鉴证或证明），现实中电子证据的证明种类繁多、证明力却极低[①]。区块链存证作为新型电子证据，不仅保留了传统电子证据的全部特征，同时实现了传统电子证据实践难题的重大突破：一方面，弥补了传统电子证据易更改的缺陷；另一方面，其高证明力改变了传统电子证据采信率低的问题。

需要对证据的真实性、合法性及与待证事实的关联性进行质证，能够反映案件真实情况、与待证事实相关联、来源和形式符合法律规定的证据，才能作为认定案件事实的根据。所以，区块链存证至少应当接受真实性理论、关联性理论和合法性理论的检验。

区块链存证是原件还是复制件，对于事实认定具有重要意义。在杭州互联网法院的实践中，将区块链证据视为原件证据；对于区块链证据究竟依赖技术自证还是国家公证问题，《最高人民法院关于互联网法院审理案件若干问题的规定》区别对待区块链证据与其他电子证据的证明力，意在强调区块链证据的普遍可接受性，表明我国的电子证据证明模式正在从"国家公证"向"技术自证"转变，这是应对数字

---

① 张玉洁. 区块链技术的司法适用、体系难题与证据法革新[J]. 东方法学, 2019（01）.

化时代特点的司法变革。

区块链存证对于证据法学和司法实践的重要影响,不是司法机关的看法与态度,而是区块链存证在事实上改变证据法的证据结构这一关键问题。技术对于证据法变革,其对象并不限定在区块链证据本身,而是需要研究以"区块链存证"为核心来构建全部的电子证据体系,即基于区块链技术的取证、存证、证明等要成为电子证据的标准模式。这对于司法适应时代的发展具有重要意义。区块链技术具有保全与验证当事人身份的作用,"时间戳"技术增强了电子证据的证明力(时序关系),分布式记账具有记录事实的内在结构关系的作用等,应将电子证据视为一种新形态证据,但仍然缺少统一的电子证据规则,缺少电子证据的采纳标准和采信标准对于司法实践是一个难题。因此推进区块链存证的立法非常紧迫。

3. 区块链存证的证据学创新

证据法领域现有三种代表性学说,即复式原件说、原始载体说和认证说。相对于传统的电子证据,区块链存证对于这三种代表性理论的创新分析如下。

(1)复式原件说。区块链存证符合原件的标准,虽然其以电子的方式存在,但不同传统电子证据难以判断原始出处(可篡改),分布式记账采用点对点实时通信技术,不再经过中央服务器及其他不可信任的中心,保证了账本的唯一性,各个节点对账本进行实时同步更新,账本上记录的电子证据都是原件,也可视此为"唯一性",或者可以理解为不存在"复印件"这一现实世界的概念。另外,复式原件说针对于文书一式两份、多份的情形,多份文书具有相同的法律效力。分布式账本符合复式原件说的形式与内涵要求。

(2)原始载体说。《最高人民法院关于民事诉讼证据的若干规定》第二十二条规定,调查人员调查收集计算机数据或录音、录像等视听资料时,应当要求被调查人提供有关资料的原始载体。区块链存证本身具有原件属性,由于分布式账本即便在部分计算机存储设备出现损坏、断电的情况下,也不会对其他节点的运行产生影响。

(3)认证说。电子数据能否作为证据,最关键的是要通过认证才能获得原件价值;不能通过认证,即使是原件也不具备原件价值。认证即鉴证,包括对证据内容的认证,对证据内容的逻辑进行判断,对制作时间的证明等。认证的实质是对证据能否反映事实进行初步的判断,具有较强的逻辑性。认证可以是自证,也可以是第三方认证。区块链存证的形成机制保证了证据的自证性。

要使区块链存证具有法律效力,需要具有证据的"三性",即真实性、合法性与关联性。证据的真实性指证据内容服务于事实的证明,不以人的主观意志为转移,以真实、客观的面目出现于客观世界中,且能够为人所认识和理解。证据的合法性指符合法定的存在形式,并且其获得、提供、审查、保全、认证、质证等证据的适用过程和程序也必须是合乎法律规定的。证据的关联性指证据必须与待证明的事实存在逻辑关系。区块链存证需要满足真实性与合法性的要求,关联性则在具体案件中进行判断。

区块链存证的真实性,主要依赖区块链的时间戳属性,即电子记录在形成时所具有的可信的时间证明,并且在证据存在的整个过程中排除人为干涉的可能,即区块链天然具有证明时间的属性。以密码学为基础的时间证明在现有科技的条件下无法对时间证明进行修改,区块链存证在时间维度上的法律效力是充足的。

区块链存证的合法性,要求通过区块链技术所取得的存证不能以违反法律规定的窃听、偷拍、胁迫或其他违法方式取得。另外,对于证据的保存,区块链技术具有天然的优势,采用分布式账本技术,在网络节点的同步过程中,无须专门的流程就能完成证据保存工作,即所有参与节点都可以提供完全相同的存证记录。

3.7 小结

本章在综述技术治理的内涵的基础上分析区块链技术的算法治理机制;分析算法权力的内涵和特征,提出算法权力的运行逻辑及由算法权力异化所引发的风险。智能司法对于分布式治理的实践和应用具有重要意义,其中区块链存证已经得到较为广泛的应用,具有较强的创新价值。

(1) 社会治理技术以追求治理效率为核心,技术治理是当今科学技术快速发展、现代社会高速运转的必然产物，技术治理的前提至少包括有效的制度供给。弱化政府管控、强化权力保障的法律治理思想与技术治理的分权思想存在契合之处，技术治理与法律治理的二元共治奠定了分布式治理的基础。

（2）人类社会正逐步进入以算法为核心的智能治理时代。数据是智能化技术治理的依据和基础，算法是智能治理的核心。算法经济的核心是利益分配机制，算法的确立依据的是分配规则，而分配规则是由经济系统的制度来确定的。在数字经济时代，算法的功能直接决定着决策效率和决策质量。

（3）对于公共服务领域中的算法权力，必须完善算法治理机制，以维护公众利益、保护公民权力，这是维护智能化时代下社会公平正义的基本措施，也是新时期国家治理的新方向。

（4）区块链存证对于证据资格认定、原件理论和证明范式等具有重要的影响，"区块链+证据"的法治意义不限于"新兴电子证据"这一定位，而是结合"去中心化"治理的理念，是对现行证据法体系的一次重要创新。

第 4 章

利益共同体视角下的分布式治理

治理是对共同体的利益和利益关系的处理，需要分析如何实现利益分配从"真实"到"虚拟"的转换。治理以算法作为序参量，需要分析利益共同体的形成机制，以及智能技术和自觉自治如何构建分布式治理的治理结构和治理机制。理论研究需要深入分析如何将"真实价值"表达为"虚拟价值"，分析"算法执行"机制。

4.1 利益共同体原理与利益治理

4.1.1 利益、利益共同体的概念

一、利益

"利益"与利润、财富、金钱等概念有一定的联系和区别。利益是从个体或主体的主观角度看，对其有利的一切事实，包括应得的物质利益、货币、荣誉、奖励、债权、福利、政治权力、各类有价证券、数字资产等，也包括减少对主体不利的责任、避免可能的风险等。

趋利避害是人的天性，在规则合适的情况下，主体的逐利行为多数是合理合法的。现代社会个体生存所依赖的基本生活物质已经得到基本满足，个体更重要的是

追求发展,所以内涵更广泛的社会财富是个体追求的利益主体,如在发达国家的个人财富中股票价值占比较大就是有价证券成为个体利益的主体部分。

二、利益共同体

存在紧密利益联系的共同体可形成结构稳定、存在时间较长的共同体,称为"利益共同体"。利益共同体的特点就是"利益"是明确的、显著的,对所有成员都具有较大影响。

人具有高度的社会性,人与人之间存在宽泛的、密切的联系。在商业社会中,人与人之间的联系主要是经济关系,本质是利益关系,即创造利益和分配利益的关系。人类社会高度分工协作,经济组织(如公司)通过协作创造利益,进而分配利益。在现实中,在几乎所有类型的共同体内部,人与人之间都存在利益关系,只是利益联系有强、弱之分和松散、紧密之分。

三、个体利益与共同利益的关系

利益分为个体利益和共同利益,个体利益之和为共同利益。利益共同体是创造共同利益的共同体,共同利益是利益共同体存在的唯一必要条件。对于共同体中的个体利益的诉求,很大一部分来自共同体中的共同利益,而共同利益的产生、形成是维系个体之间利益关系的基础,即不存在没有共同利益的共同体。

个体利益是个体决定是否参与利益个体组织化的原始动力,个体因为个体利益聚合行为形成共同利益的逻辑出发点。个体利益是利益共同体的基础,是利益共同体中个体利益的来源主体和共同利益的形成基础,没有单个利益个体的聚合,就不能形成个体之间的利益关系,即基于个体利益而产生共同利益,没有利益联系的共同体就是一盘散沙。

四、利益分配

利益分配对利益共同体的形成与发展同样具有决定性的作用。

个体因利益加入共同体,其最重要、最关心的问题必然包括利益分配。个体在实现利益最大化过程中的行为属于理性行为。治理就是处理利益关系、建立利益分配机制并实施利益分配。只有当"利益"是明确的、特定的、可以量化时，才会产生清晰的分配规则，治理才是有意义的。

利益共同体是个人利益和共同利益对立统一发展的结果，建立在共同利益基础上的利益共同体是实现个人利益的有效机制。利益共同体是构建和谐社会的基石，建立完善科学的利益保障机制是充分发挥利益共同体作用的有效途径，即科学的利益共同体治理机制是基础。

利益、利益共同体、治理、自治体，这些概念之间具有内在的逻辑关系，是构成分布式治理的概念和内涵的基础。本书主要研究经济领域，具有紧密经济利益联系的"利益共同体"是分布式治理理论的研究对象。

4.1.2 共同体——治理的对象

治理的对象不是单个的个体。治理的对象是个体的集合，即"共同体"。治理的核心内容是利益分配，或者说，利益是治理的焦点。

共同体理论最早出现在社会学领域的研究中，德国社会学家滕尼斯在其《共同体与社会》一书中提出，"共同体"是一种基于化缘关系或情感关系而自然形成的社会有机体，并提出血缘共同体、地缘共同体和精神共同体三种基本形式。滕尼斯认为，共同体与社会的区别不在于外部形式，而在于内部联系的有机性，共同体是一种生机勃勃的有机体，而社会应该被理解为一种机械的聚合和人工制品。

滕尼斯界定的共同体的特征如下。

第一，共同体具有一种非常特殊的生存方式，通过人们之间的自愿结合而形成。

第二，这些特定的群体拥有高度统一的意识形态、价值信仰等，并且共享这种状态。

第三，共同体中的成员通过互信、互助、共享来满足本身所追求的安全感和归属感。

共同体是在行动上、思想上遵照一定的道德标准而聚合在一起的团体，即为了特定目的而聚合在一起的群体或组织。自我的主体性不能脱离共同体，个人的认同和属性是由共同体决定的，因此个人不能自发地选择自我，而只能发现自我，是共同体决定了"我是谁"，而不是"我选择为谁"。

共同体的存在决定了成员的存在，也决定了成员的身份、成员之间的关系。共同体是人们基于某种密切联系而结合起来的，这种内部联系决定了共同体的构成与发展。人类存在两种不能相互代替的基本生活，即物质生活和精神生活；个人既是物质人，更是精神人；既是自然人，更是社会人；既是经济人，更是道德人。可见，人类在社会发展进程中，为了基本的生存需要和发展，从寻找安全感到确定性、从工作到投资、从家庭到国家等，维系着多种紧密的关系，以达到依存和信任的目的。

所以，多种紧密的关系必然形成多种共同体，包括基于物质利益的、基于血缘关系的、基于经济利益的、基于文化关系的、基于政治关系的共同体。共同体的多样性决定了共同体的概念不只属于社会学的研究范畴，也是政治学、经济学、管理学、文化等领域的研究对象。不同角度、不同学科对共同体内涵的解释也是多种多样的。家庭、社区、企业、协会、微信群，甚至国家，都是共同体。

4.1.3 利益共同体的治理内涵

利益共同体随着社会经济形态的变化而不断丰富，相应地，针对利益共同体的治理内涵也在不断丰富和多样化，具体体现在以下几方面。

1. 利益共同体的普遍性和重要性

社会性是人的根本属性，人不能与社会系统独立开来而单独存在，人与人之间会结成一定的关系，这类关系普遍具有利益性。在人类社会的发展进程中，出现了各种各样的利益群体，如阶级、阶层、民族、国家等，这是人们自觉、自愿为了实现自己的利益和相互之间的共同利益而组建起来的。利益群体具有黏合作用，本质上是人们为了获得共同利益而聚合，因为只有在共同利益目标的指引下才能凝聚人心和个体的行动力，共同利益激励群体里的人们为之奋斗。

在市场经济中，交易者（买、卖双方）是基本的构成单元。作为市场中的交易双方，每个人的决策都从个人利益出发，在商品交换中实现的是自私的利益，虽然个人利益之间有矛盾，一个人的个人利益同别人的个人利益甚至是相对立的，但整个交换过程却是共同利益的实现过程。交易使每个人变得更好，所以共同利益就是个人利益的交换。可见，每个交易者的个人利益中都蕴涵着共同利益，而共同利益存在于个人利益之中，这是形成经济利益共同体的前提条件。但交易者之间必然存在利益冲突（如价格难以达成，承诺难以实现），随着利益冲突不断增多、强化，可能使交易最终难以达成，共同利益无法实现。这时，需要建立一种中心化的治理机构，作为共同利益的代表来保障共同利益，如果缺少这一机构，则难以实现共同利益。

中心化机构是为保证共同利益的实现而存在的，这类机构的职能就是治理。依据共同利益的不同，家庭、企业、地区、国家，甚至整个人类社会都可以分别结成层次不同、大小不一的利益共同体，体现共同体内部绝大多数成员或所有成员的利益诉求。

科学的治理机制是发挥利益共同体作用的有效途径。利益冲突具有普遍性，因此需要建立一种合理、科学的利益治理机制，以形成结构稳定的利益共同体。利益治理机制通过合理的利益分配，使每个利益主体在利益共同体内都能分享利益并能更好地实现自身的特殊利益。

2. 共同利益是推动共同体发展的内驱力

利益是社会中的现实要素。理性的经济人具有趋利避害和追求利益最大化的本性，是自身利益的密切关注者和利益最大化的实现者。

共同体存在共同利益和共同认同。共同利益产生并不断扩大，从而惠及每个成员，这是推动共同体成员获利增长、关系更为牢固、成员规模不断扩大的最直接的因素，是推动共同体发展的内驱力。以企业为例，企业利益共同体通过各种契约、制度、企业文化等，使股东、企业经营者、员工形成共担风险、共享利益的紧密关系；采用员工股权激励的作用在于，员工（股东）通过企业形成共同利益（股票分红），且可以预期共同利益，那么员工在利益的驱使下将努力工作，以实现共同利益，这样，共同利益就成为企业不断发展的强大内在动力。

利益共同体的规模大小取决于共同利益的覆盖范围，共同利益的覆盖范围越广，利益的结构层次越复杂，利益共同体的规模越大。利益共同体包括政治利益共同体、经济利益共同体、文化利益共同体、安全利益共同体等。

3．经济利益共同体

经济利益共同体是利益共同体中最容易形成的、最常见的共同体，是各种利益共同体形成的基础。社会分工的专业化和资源的差异性是经济利益共同体形成的基础。传统市场交易、经贸交往（不同区域、不同国家之间）、电子商务、数字资产交易等领域出现的组织形态多属于经济利益共同体。

经济、管理领域常见的组织在本质上多属于经济利益共同体。经济组织是人们因为共同的经济利益而组成的，经济利益共同体是商业社会基本的、底层的构成形式，是形成其他更高级的共同体的基础。在商业社会中，经济利益是人与人之间的关系纽带，是经济组织发展的内在动力。

亚当·斯密提出的绝对成本理论表示，经济利益共同体存在的理由是不同国家和地区的生产成本的差异。科斯的交易成本理论较好地解释了企业作为经济利益共同体的存在理由。企业、供应链、产业链、行业协会、产业集群等经济现象在本质上都属于由于共同的需求或利益聚集而成的有形或无形的群体。

经济利益的主要体现为以货币计量、可以定量化的物质利益，是构建数字治理、算法治理的重要技术基础。

4．利益相关者

利益共同体的发展与利益相关者密切相关。利益相关者是指其存在对组织的生存和发展至关重要的个体或团体，利益相关者的范围是有限的；而利益相关者依靠组织（如企业）来实现特定的目标，同样，组织的生存也需要利益相关者来维持。

在经济领域，利益相关者是在企业中投入了一定的实物资本、人力资本、财务资本或其他有价值的东西，并由此而承担风险的个体或群体。这一概念给出了明确的边界、内涵和目标，完全适用于网络化时代的经济组织。例如，"供应链"就是一种典型的经济组织，是由众多的企业（核心企业及上下游供应商）构建在数字化基础之上的经济利益共同体。

对于具有"公共性"的非营利组织，因存在天然的"所有者缺位"而更加需要利益相关者参与组织行为和决策，对于组织的运作起着至关重要的作用。良好的治理结构是保障非营利组织公信力和组织健康成长的源泉。非营利组织中的利益相关者各自代表不同的利益，必然存在利益矛盾和冲突，很可能会出现成员的对立和摩擦，决策不当会造成资源浪费。因此需要法定治理机构主动调节各种利益冲突，使得共同利益达到最大化，将对立和摩擦等降到最低水平。

5. 共识与共赢：利益共同体的形成机制

共同利益的分配包括共同体的预期收益、收益核算、分配模式和规则，是多数成员共同知晓、确认的规则。

共识和共赢是构成经济利益共同体的前提条件。共赢状态是指"帕累托最优"，帕累托最优是指在没有使任何人的境况变坏的前提下，至少使得一个人变得更好。

共识不会自然而然地产生，也不会由某一角色来制定规则（独裁），而是由共识机制产生的。共识机制是一套利益博弈机制，是所有个体利用其权力或组织规则，试图使自己的利益最大化而采取的行动。个体在利益分配中的期望值，上限是获得主观上的个体利益最大化，下限是达到自己所能接受的最低利益分配量。成员各方通过相互沟通、谈判、博弈，最终达到平衡的状态，即"纳什均衡"，这是一种非合作博弈均衡。

利益博弈的结果会让个体产生确定的策略。在博弈过程中，无论对方的策略如何，当事人一方都会选择某个确定的策略，则该策略被称作支配性策略。如果两个博弈的当事人的策略组合分别构成各自的支配性策略，那么这个组合就被定义为纳什平衡。

共赢和共识形成利益共同体的条件如下。

（1）纳什均衡下的共识是利益共同体形成的必要条件和前提条件。

（2）帕累托最优的共赢是构成利益共同体的必要条件。

（3）当且仅当共赢和共识这两个条件同时满足时，才能构成利益共同体，这两个条件缺一不可。

（4）如果没有帕累托改进，就没有必要构建利益共同体。

（5）成员在追求利益的过程中，如果对共同体的预期收益、分配模式和规则及最终所获得的利益没有形成纳什均衡，即使这种状态是由帕累托最优形成的，最终也难以构成利益共同体。

按以上原理来设计治理机制是获得治理有效性的基础。在实践中，凡是不符合帕累托最优和纳什均衡的治理机制最终都将面临失败的风险。

有效的治理机制如下。

（1）发现共同体中的成员之间的利益重叠部分，并通过沟通达成利益共识，通过建立信任机制（如制度、规定）形成初步的信任和基本的共同利益，经济利益共同体得以产生。

（2）通过扩大利益范围、提高共识度进一步解决分歧或敌对问题，并不断加强信任关系，使得利益共同体的范畴不断扩大。

（3）随着共同利益不断增强，成员之间的相互依赖、协作、合作等越来越深入，形成协作与共同利益提高的良性循环。

利益共同体是市场和社会竞争的主要形式。利益共同体的出现意味着成员之间已经解决了利益分配的主要矛盾，利益共同体是解决分配偏差的有效组织形式。

4.1.4 利益运行机制

有人参与的系统都是复杂系统。在利益共同体中，利益不会自然而然地产生，利益也不会基于简单的机制而产生。利益共同体作为系统，由利益关系与要素形成系统结构。

利益共同体是治理机制下的利益运行系统，具有较为复杂的利益运行机制，产生最大化的利益必须依赖对利益关系和要素的系统化运作，利益运行系统示意图如图 4-1 所示。

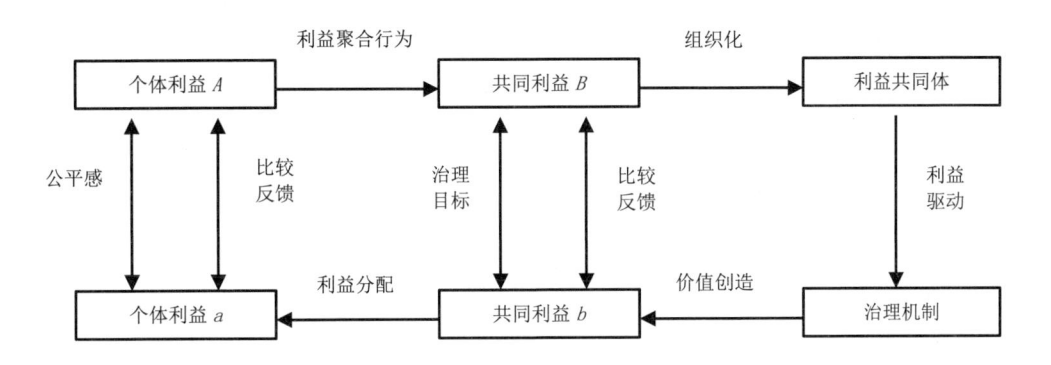

第4章 利益共同体视角下的分布式治理

图 4-1 利益运行系统示意图

在图 4-1 中，构成要素包括个体利益、共同利益、利益共同体、治理机制，将利益运行系统视为利益的"创造—分配"系统，其本质是以"利益"为中心的利益的"创造—分配"演化系统。

一般情况下，利益运行系统的运行逻辑如下。

（1）个体基于个体利益 A，经利益聚合行为形成共同利益 B，在共同利益 B 的推动下，不同的个体经组织化形成具有一定结构的利益共同体，即组织化的利益共同体。

（2）利益共同体基于个体的利益诉求而制定行动策略，建构动力机制（以价值创造为目标），并最终获得共同利益 b。

（3）治理机制针对共同利益 b，参照分配规则制定利益分配方案，并执行分配，使得个体最终得到个体利益 a。

（4）但个体利益 A（期望值）与个体利益 a（实际值）的差距构成了个体是否继续参与利益共同体的动力和理由。当差异为负时，实际利益少于期望利益，可能形成个体的不公平感，产生负的激励效应；当差异为正时，实际利益大于期望利益，将产生正的激励效应。

利益共同体是建立在个体利益和共同利益的基础之上,由利益机制驱动而形成的中心化治理机制。共同利益是共同体作为组织所要达到的目标,是共同体的集体行动所产生的价值(如企业的利润)。如果共同利益 b 远低于共同利益 B,即组织的目标远没有达到期望值(或设计值),组织存在的理由就会受到所有个体的怀疑,引发对利益共同体的信任危机。因为共同体在成立初期,其本身的群体基础或认同效应并不强,信任危机将弱化组织存在的理由(如企业连续多年亏损,会使得企业的所有利益相关者失去信心,从而导致企业关停),从而弱化个体继续参与利益共同体的情感基础,甚至最终导致利益共同体解体。

如果共同利益 b 大于共同利益 B,高于期望的利益会使利益共同体的凝聚力和认同度进一步增加,甚至会形成紧密利益共同体,即共同体内部存在重大、密切的利益关系,形成稳定、牢固的结构。例如,企业连续多年获得超额利润,使得企业利益相关者与企业形成牢固的、忠诚的关系。

个体利益与共同利益间是对立统一关系。利益共同体在整个利益运行过程中执行利益"创造—分配",共同利益、个体利益、利益分配3个要素在利益运行过程中产生了重要作用。个体利益诉求是整个利益运行系统的逻辑起点,个体利益是推动整个利益运行系统运行的原始动力,也是利益运行系统中共同利益运行的来源,基于个体利益而形成的共同利益是形成利益共同体的道德理由,同时是分配规则制定的法理逻辑和伦理基础。但同时,利益共同体是组织化的共同体,并不是简单的个体利益的聚合体,在个体利益之外,要形成达到预期或设计的共同利益。可见,缺少足够的共同利益,利益共同体同样是难以长久存在的。

治理机构具有分配权。治理机构可以产生于共同体内部,也可以是共同体之外的主体机构(如劳动仲裁就是企业之外的治理主体行为,治理主体是劳动仲裁机构)。治理机构对于利益分配规则的制定,首先要有利于共同利益的实现,个体通过价值创造行动向共同体组织和利益分配者(治理机构)施加影响与压力,以实现自身利益的最大化。

在利益"创造—分配"循环的多次博弈过程中,在各方的利益博弈下,利益分配规则被不断修订,通过利益分配规则的调整建构新的利益分配秩序,在一定条件下实现博弈的均衡,从而形成稳定的利益共同体。

4.1.5 紧密利益共同体

利益,存在利益的大小(利益量)和利益关系(利益联系)两个维度,对共同体的结构起关键作用。依据"利益量—利益联系",以四象限来表示利益量与利益联系的组合,如图 4-2 所示。

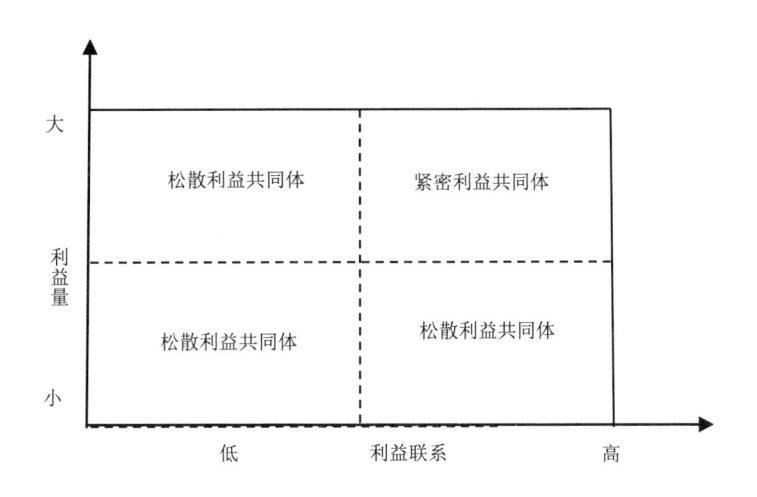

图 4-2 利益量与利益联系的组合示意图

在图 4-2 中,利益量大、利益联系度高的组合为"紧密利益共同体"。这一划分符合个体利益是利益共同体的逻辑起点。从利益量的角度来衡量利益,个体对于利益的衡量可分为轻微(可忽略不计的)、一般、较大、重大、极大(生命攸关的)等级别,可以把较大、重大、极大等程度理解为"大"。个体衡量利益大小,从而决定其参与共同体的程度和投入资源的动力,这是影响利益共同体存在与发展的关系因素,也对利益共同体的治理模式产生了重要影响。

个体利益的重要程度对于利益共同体的影响是通过影响利益关系而影响共同体的结构的。只有当个体利益重大,且与其他个体成员的利益(同样重大)密切相关时,才会形成典型的紧密利益共同体。否则,缺少利益联系,即便个体利益重大,也会因为与其他个体没有多少联系而难以形成紧密利益共同体。但"紧密"本身没有客观的标准,是将同类型的利益共同体区分开来的一种标准,在很大程度上取决于个体对所涉利益的重要程度的感受、对集体行动成本与收益的权衡利弊等。

紧密利益共同体对于治理模式的影响是有利于在紧密利益共同体中构成"自治"模式[1]。另外,在利益共同体中,一部分个体之间存在紧密的、重大的利益联系,也可以形成"微自治"模式,因为"微自治"存在自治单元小、共识程度高、利益联系紧密、激励有选择等特点,符合集体行动理论中的"小团体理论"和"选择性激励理论"。微信群等极容易构成虚拟社区,是为个体互动、利益分配提供方便的平台。

紧密的、重要的利益联系是形成自治模式的最根本的因素。缺少足够紧密的、重要的利益联系,空间关系再相近、文化再同质、集体行动成本再低,也不足以驱动人们参与共同体事务。利益联系是个体参与治理、形成自治模式的重要内驱力,利益联系的紧密度决定了个体介入事务治理和采取治理行动的程度,以利益相关度为核心的利益共同体决定了成员的自治程度。

基于利益联系,个体通过不断增强个体间的横向协作(沟通、交流),催生互信合作关系和社会资本的建立(如信誉),增强对价值创造的认同、对组织的归属感,进而建立非正式的行为规范,并基于信任互惠的原则就共同利益开展集体的价值创造行为,甚至获得内在选择性激励而产生公民行为。利益联系紧密的群体自行摸索和决定适宜的组织规模、行动与决策方式,确定集体行动的规范,塑造共同的文化,相对于"他治",这种自治正是分布式治理得以发展的基础。

紧密利益共同体与松散利益共同体的区别主要在于,前者始终与共同体成员的利益高度一致,因为利益对于所有成员都非常重要,所以可以更有效地避免中心化治理中的低效化。由于利益关系到每一个个体的重要切身利益,使得共同体容易形成较大的共同利益诉求,进而形成了紧密利益共同体。个体在这种共同体中,不仅可以获得重要的利益,也通过共同体大大降低了获得重大利益的投入成本。

---

[1] 卢宪英.紧密利益共同体自治:基层社区治理的另一种思路——来自H省移民新村社会治理机制创新效果的启示[J].中国农村观察,2018(11).

可见，没有足够紧密的共同利益，再相近的地域、再相同的文化、再简单的集体行动都难以促使人们参与治理。在共同体中，缺少自治的关键在于缺少共同利益。利益联系是利益相关者参与治理的关键内驱力，利益联系的紧密程度决定了自治的程度与模式。

相反，"紧密共同利益"的丧失将导致共同体松散化和自治无效。在经济领域，紧密程度的标准比较容易衡量。例如，A企业的订单能够让B企业的年利益增长30%，A、B企业之间就有非常紧密的利益联系。紧密程度可以代表重要性，是成本与利益的利弊权衡，在财务上可以量化。

在经济领域中，"紧密"的利益联系有明确的标准，使得经济领域的共同体具有明显的群体边界、利益边界、责任边界及治理边界，边界的存在也决定了共同体的封闭性，使得理论研究的对象十分明确，且可以建立相应的结构和模型。

4.1.6　网络共同体

"网络共同体"是网络时代中共同体存在的主要方式之一。网络共同体是指以网络、在线的方式，由网民结合而成的产物，是一种"团体"或"组织"。网民是组成网络共同体的单元，网民之间的有机联系是共同的观点、爱好等主观或客观上的共同特征。"虚拟社区"和"虚拟社群"的内涵较为相似，是足够多的人在网络空间里聚集，进行足够长时间的公众讨论，体现大多数人的志趣，从而形成的人际关系。网络共同体通过网络媒介形成，具有共同利益，以及相同或相近的目的性。

以智能手机为主的移动终端的普遍，使得大多数人都有机会成为互联网中的一员，极低的上网成本和实时在线（如微信）使个人交往、工作等群体互动过程得以普及。网红、直播、短视频等使得网络共同体和网络生活成为我国广大群众的主要生活场景。将个人作为节点，如果脱离了网络，在某种程度上，甚至意味着个人社会性的"消亡"。

同时，由于信息在网络上传播具有极快的速度，网络共同体已经成为新型的政治参与主体和商业主体。"自愿""非盈利""民间"是民间组织的显著特征，多数网络共同体属于松散的、非组织化的群体，但其在社会政治生活中的作用是不可低估的。网络共同体以网络为联结渠道，相对传统的共同体具有更快的增长速度和成长空间，"长尾效应"可将分散在各地的个体聚集起来，看似非流行的群体累加起来就会形成数量巨大的共同体。在网络空间中，主体及其行动具有"缺场""脱域""匿名"等特征，同时，网络共同体缺少社会契约，使得网络共同体面临的解体危机远超现实中的共同体。

可见，网络共同体的本质依然是利益机制，网络只是形成共同体的形式与工具，决定网络共同体的存在与发展的依然是利益。当网络共同体存在紧密的经济联系时，即为"利益共同体"，利益诉求成为网络共同体的凝聚力和向心力。在数字经济时代，分布式治理对这类网络共同体的影响具有重要的研究价值。

随着现代通信技术和互联网的广泛普及，以虚拟形式建立的共同体开始成为主要模式，人们的沟通、交流、交易、合作、决策等转换成以网络为主的模式。虚拟化共同体作为一种实际形态不可见的共同体，虽然没有实物共同体的形态特点，但是其具备传统共同体的结构和功能特征，且破除了时间、地域和空间的物理障碍，成为对传统共同体的概念和内涵的突破和发展。

互联网从产生到发展，经历了从以数据为核心的 Web 1.0 时代到以人际关系为核心的 Web 2.0 时代，而区块链技术所展示的功能预示着互联网可能向以价值交换为核心的 Web 3.0 时代发展，技术驱动下的人际关系由弱中心化向多中心化的趋势发展。在早期以信息传递功能为主的互联网中，网络中的人际关系缺少紧密的利益联系，在结构上较为松散；在网络社会中，网络用户可以频繁、密切交流，从而基于网络需求建立相应的网络组织。这类虚拟化的共同体是具有"去中心化""弱中心化""多中心化"等特点的网络结构，人们的自主性越来越强，人们自主参与形成的共同体的关系更为紧密和稳固。

网络经济的发展，对于网络共同体形成紧密利益共同体开辟了新的空间。传统的地域或物理空间作为产生自治的基础单元，具有很大的局限性，因为紧密的共同利益并不是因为地域或物理空间而存在的。随着经济利益的数字化、虚拟化，利益联系可以建立在跨越时间、空间的网络世界中，通过商业模式的创新，网络化的紧密利益共同体成为今天商业模式创新和社会治理创新的新方向。

虚拟化通过技术赋能使得共同体的结构产生变化，对于企业也是一种新的挑战和发展契机，关系和互动的增强使得企业组织的科层式架构难以适应发展，而中心化、扁平化的结构更适用于网络化的利益相关者以平等的身份参与互动，当数量众多的上下游企业、广大的消费者开始不再局限于单向的信息传递时，企业的边界在虚拟形式下快速扩展，全链节点的参与、广泛的互动成为可能，节点、个体的参与和互动都是其需求和利益趋向的表现，一个能够集合企业内外部信息和资源、满足利益相关者的不同需求的共同体成为治理创新研究的对象。

基于网络化、虚拟化的利益共同体的特点如下。

1. 关系紧密化

网络化、虚拟化是在技术环境和市场环境下由多方利益相关者共同驱使而形成的。例如，供应链需要与上下游供应商、消费者建立关系并维护关系，核心企业需要与供应商建立长期稳定的伙伴关系，需要信息共享、资源共享、密切互动，在满足各自利益需求的同时增强共同体之间的联系。

2. 自觉性

共同的利益形成共同的自愿意识，这是利益共同体稳固和维持长期性的基础。如果利益个体自觉、自愿执行或遵守预先设定的规则，则该利益共同体具有很强的经济性（低成本）。自觉性能产生经济效应，有效缩减企业维护各项关系的投入和成本。

3. 自治性

紧密的利益联系、更大的共同利益是促进共同体自治发展的动因。紧密的利益联系使得参与者不再局限于维护自身利益的最大化，而是通过互利合作、重复博弈的方式解决自身与其他利益相关者之间的利益冲突问题，在多重目标中寻求一致性、最优解，有效化解和其他利益相关者之间的利益冲突、矛盾，减少恶性竞争和资源浪费。内部合作应注意长期性、战略性和伦理性，这也有助于促进成员之间的信任关系。

4.2 利益共同体的自治模式

治理必须依据"规则"（共识）来进行，规则可以由内部产生，也可以来自外部的制度供给。因此，如何产生共识，是治理模式形成的依据。

利益共同体可以是自治的或他治的，可以是自主的或不自主的。他治意味着由他人来制定和执行利益分配的规则、团队的章程，自治意味着由成员自己来制定章程并执行利益的分配。实行治理，则参与者最终会形成自主自治的网络，同时，自组织意味着一种自助和自我管理的网络[①]。

现代社会中的组织自治并不是自由的"王国"，组织自治首先要遵守国家和地区的法律、制度和伦理道德等，在法制的基础上进行有限的利益自治。法制是指具有外部强制性的正式行为规则，包括宪法、法律、规定、条例、章程、政策等，其中，宪法是根本大法，提供基本秩序环境。

4.2.1 治理模式的形成路径

治理权力（制定和执行治理规则）来自外部或内部，借助技术来执行治理规则是利益共同体治理模式的形成路径。依据法治精神，共识规则以正式的、书面化的方式形成契约之后，利益分配关系符合法制的理念。治理模式的形成路径如图 4-3 所示。

在图 4-3 中，利益共同体的他治模式依据的是外部的制度供给（包括组织章程、组织行为规则、利益分配规则等），利益分配规则由外部制定，具有强制性，利益共同体被动接受外部制度的规则；自治模式是指由内部成员制定分配规则，即共识，经济共同体多以契约的方式正式化。

确定治理规则后，技术对于规则执行、产生预期的治理效果起到关键的作用；契约化是法制社会和契约精神的体现，契约化为规则的执行提供了明确的依据。可

[①] 俞可平. 治理与善治[M]. 北京：社会科学文献出版社，2000：5.

以认为，经济共同体的最优治理模式就是"契约化+技术"，从而形成技术治理、技术自治。

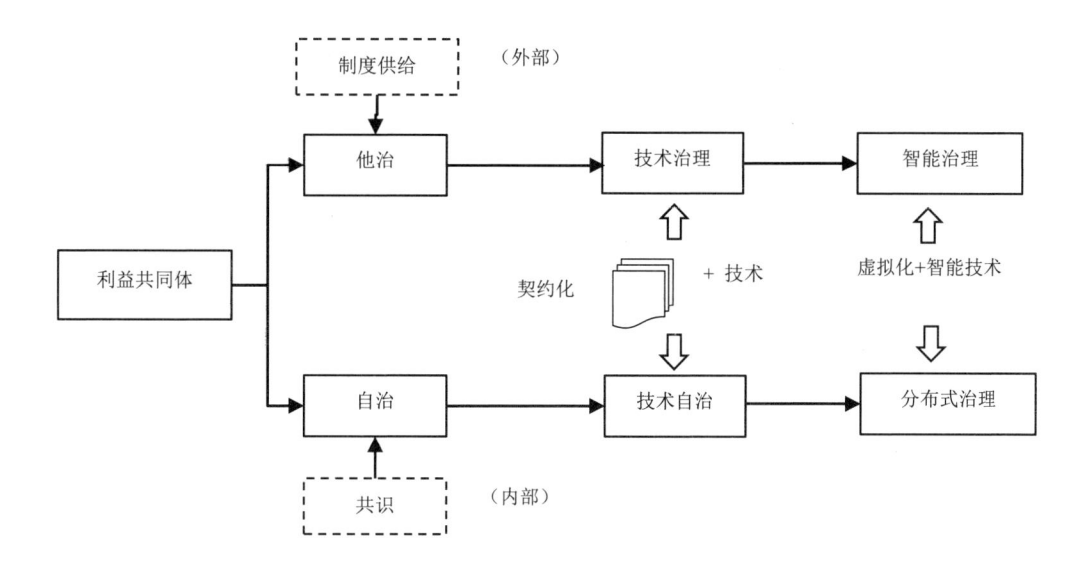

图 4-3 治理模式的形成路径

在数字化时代，智能治理对于技术治理具有关键作用，"虚拟化+智能技术"是技术治理的进化。分布式治理是在技术自治中，利用"虚拟价值""算法执行"等机制，形成高度自治、智能化、高效化的治理模式。

4.2.2 自治体的内涵

"自治"，即"自组织治理"，自治是指治理的主体存在于共同体的内部，形成自我治理或自我做主的状态，在共同体内部，使相互冲突的或不同的利益得以调和。与自治相对应的是"他治"，"他治"意味着共同体受他人的控制、制约而不自主。"自治"意味着较少受外界制约，具有独立性，但同时要求主体有自律性。

采用自治模式的共同体是自治体，自治体是"自觉自治"的共同体，自治的目的是在实现共同体利益最大化的同时，实现个体自身利益的最大化，"双赢"是共同体发展"自治"的内在动力。自觉性越高，共同体的边界越明晰，则共同体的稳定性越强[①]。紧密利益共同体中的自治需要依赖个体参与的自主性和自治能力，引导紧密利益共同体形成自治单元和机制。利益相关者通过不断增强节点、个体间横向的平等对话交流，促进组织内的互信合作、互惠等"善治"行为，建立自觉的、更低治理成本的非正式行为规范，自行摸索和决定适宜的组织规模、价值交换模式、行动与决策方式，甚至塑造共同的组织文化。

可见，在一定条件下，共同体具有"自组织"的特征，当自治达到一定的稳定状态时，即可形成自组织系统[②]。自组织，是指系统在演化过程中，在没有外部力量强行驱使的情况下，系统内部各要素主动协调达成一致性，无须外界的特定指令而自发或自主地从无序走向有序并形成结构性系统的过程，使得各组织成员在时间上、空间上或功能上执行一致性行动，出现有序结构。

自组织需要满足系统开放、系统远离平衡（开放与流动）、系统非线性3个条件。自组织系统是指一个系统接受外界输入的"序参量"，而不是具体指令，而让组织内部自发或自主走向有序的过程[③]。

4.2.3 共识——自治的规则

自治，意味着治理的依据，即规则产生于共同体的内部，而非外部的、强制性的规则。而产生于共同体内部的规则基于多数个体对规则的认同，达成对规则认同的机制，就是共识机制。

"共识"（consensus）一词最早见于17世纪的拉丁文中，指群体成员普遍同意的观点或决定，译为"普遍合意"或"一致意见"。虽然"共识"属于"舶来品"，但中国传统文化注重"中庸之道"，追求天人、人际、个人身心方面的和谐，蕴含求同存异、和而不同、和谐兼容的共识思想。"共识"是人文社会科学研究领域的重要议题，但在政治学、社会学、经济学、管理学、伦理学和法学等学科中，共识的内涵

---

① 白雪娇. 规则自觉：探索村民自治基本单元的制度基础[J]. 山东社会科学，2016（07）.
② 在《失控》一书中，凯文·凯利把信息社会的进化论总结为基于生物逻辑的进化论，概括为3个词：分布式、去中心、自组织。
③ 王春业. 自组织理论视角下的区域立法协作[J]. 法商研究，2015（6）：3.

和研究范式存在较大区别[①]。不同领域的共识研究模式如表 4-1 所示。

表 4-1 不同领域的共识研究模式

学科领域	目标	核心理念	价值导向
政治学	统治秩序	包容	重叠共识
社会学	和谐与稳定	公平	共同意识
经济学	均衡与发展	平等互利	合作共识
管理学	利益最大化	协作协同	价值创造与分享
伦理学	利益	道德	底线共识
法学	程序与制度	公正	规则共识

在表 4-1 中，对于共识的内涵研究具有差异性，具体分析如下。

（1）政治学研究统治秩序，认为共识的构建要以"包容"为原则，实现不同政治阶层、政治主体的重叠共识，即最大公约数，强调重叠共识是保障基本权利和义务的公平模式；由于社会政治主体多种多样，普遍存在政治利益与诉求的差异，必然存在政治冲突，只有依赖最大化的共识才能包容这类差异，才能稳定政治秩序，在社会稳定的基础上谋求发展。

（2）社会学研究社会的和谐与稳定，需要社会成员具有"集体意识"（或称之为"共同意识"），将社会成员有机团结起来，使得"一群人组成一个社会"，需要行动者"各为其用，各尽所能"的协作共识[②]。

（3）经济学强调社会经济的均衡与发展，对共识的讨论坚持"平等互利"性原则，以期在相互合作的基础上推动发展与进步。经济活动正是建立在社会习惯和道德体系所形成的共识的基础之上的，即亚当·斯密所言的人类社会关怀他人的"共同情感"或"道德哲学"，其促使人性中既有自私，又有关怀他人利益、与他人合作的本能。正是社会成员在同情、仁慈、慷慨等共识的基础上形成的合宜性、合作性行为，实现了公共秩序的安宁、纪律作风的优良及整体国家的繁荣发展。

（4）管理学强调经济主体之间的利益最大化，对共识的讨论坚持"协作协同"

[①] 赵文龙，贾洛雅. 社会共识机制与共识凝聚途径探析[J]. 福建论坛，2020（02）.
[②] 埃米尔·涂尔干. 渠东译. 社会分工论[M]. 三联书店，2008 年.

性原则，各成员在价值创造上是合作者，而在分配上，实行"风险共担、利益共享"的原则，使合作实现良性循环。

（5）伦理学关注利益与价值的共存问题，对共识的讨论坚持"道德"性原则，体现了人类在差异中寻求共识的艰苦探索。

（6）法学侧重于程序正义与法律制度的建设，共识要以"公正"性为原则，是"最低限度的社会共识"，担当调整和规范人性冲突的重任。国家的建设依赖的并不是一种客观的统治规则或强大的法律制度本身，而是全体社会成员在价值文化和规则制度的基础上形成的社会共识[①]。

现实中的"共识"问题可能同时涉及多个领域，如一个交易市场的治理需要解决的"共识问题"可能涉及经济、社会和管理等多个领域，共同体成员需要在追求地区经济发展、尊重社会价值、重视价值创造的协同及遵守法纪法规等基础上形成共识，以规范利益相关者的行为，以此实现真正的和谐与自治。

人类具有相互沟通和共同协作的愿望和能力，能够在一定程序和水平上处理利益相关者（个体与个体、群体与群体）之间的矛盾和冲突，通过平等对话、互相妥协，最终求同存异、消解分歧，形成合理的协作共识，从而推动社会经济的进步与组织的发展。

可见，无论是哪种共同体，共同体当中的共同价值或社会共识都是治理的基础。但共识不仅仅是一个看法或观点，而是一种治理的逻辑，具有一定的内在结构，具体包括以下三个层次。

一是价值层次，即共同的利益，共同的利益是共识的基础，是利益相关者（不同利益取向）愿意通过协作来实现的价值。一般情况下，共同价值的实现对所有利益相关者都是有利的，即"共赢"，具有"帕累托最优"效应。反之，如果协作对于某些利益相关者具有负面价值，那么协作不可能自发产生。价值决定了共同体的基本状况，共同体的自治与发展动力正是来自价值；对"共同价值体系"的内化增进

[①] 顾培东. 当代中国法治共识的形成及法治再启蒙[J]. 法学研究, 2017（1）.

了行动者之间的依赖与合作，决定了成员的行为和共同体的秩序[①]。

二是规则层次，现代社会的协作具有分工细化、流程严格的特点，特别是在专业化的制造领域。成员需要理解、认可协作的程序、规范、制度、法律。哈贝马斯主张沟通行动，人与人之间应进行自由、平等的交流和对话，达成理解与宽容，以解决"主体哲学"缺乏对话所引发的"价值共识"困境。

三是行动层次，协作最终体现为所有成员的行动，且这类行动既符合"规则"，又要真正践行与其他成员的价值创造。

共识机制在本质上是构建共识的三个层次，以确保共识的最终执行并创造价值。社会经济的各个方面实际上就是各类共识在经济、政治、文化、社会、技术等领域的构造和实践。共识机制的内在结构及核心功能围绕扩大共同利益、促进分配公正、激励价值创造、加强信任构建来展开，如图4-4所示。

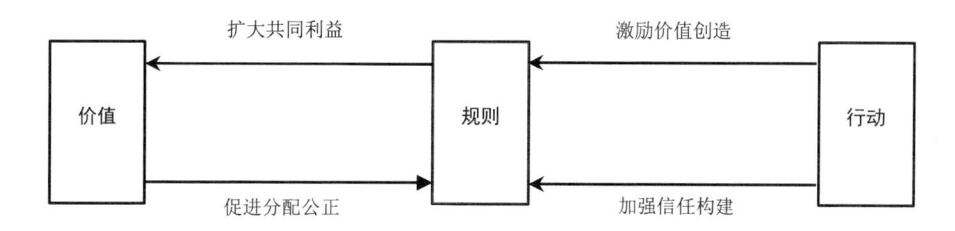

图4-4 共识机制的结构示意图

信任关系对于建构共识具有重要作用。共识的达成不在理念层次，而是依据规则形成成员的权利和义务，以协作行动而产生价值和利益，即行动在先，利益分配在后，共同体之间的信任关系对于协作过程十分重要。缺少信任关系，会使协作行为被动化，甚至可能随时中止。我国社会在传统上是基于熟人关系网络而建立信任的，大家之所以有信任关系，是因为"大家都是熟人"；改革开放后，我国的社会结构发生巨大变化，工业化和城市化及社会迁移的快速变化使人与人之间的关系变得更为匿名性和异质性，陌生关系和基于制度的信任成为主流，即契约关系成为信任治理的核心机制。

[①] 塔尔科特·帕森斯. 社会行动的结构[M]. 南京：译林出版社，2008.

随着网络社会的形成和商业交易的网络化，依据网络来构造的利益群体的规模越来越大。例如，热门视频网站的用户高达数亿。在利益结构多元化、复杂化的趋势下，构建共同体需要更为广泛的共同性作为基础，可以通过扩大共同利益规模来降低差异性，通过强调利益的交集及更大范围的共同性来形成协作联盟。利益的大小成为形成契约、达成共识、寻求协作的基准点，因此，应先做大"蛋糕"，再分配"蛋糕"。

4.2.4 技术自治的基础——利益关系契约化

人类文明发展的历史就是一部契约发展的历史。

"契约"一词源于拉丁文，原意为交易。契约就是合同，符合当地法律，缔约双方就必须履行义务。契约精神产生的前提是法治，所有主体都必须遵守法律规定，契约精神才能够实现。而法律是国家与社会和公民之间签订的契约，契约精神是文明社会运作的基石。

利益关系契约化对于稳固个人利益关系和维持利益共同体的稳定十分重要。契约精神是技术自治的基础，也是分布式治理的前提条件之一。如果缺少契约精神，无论采用何种治理模式，个体利益的实现与共同体的发展始终会存在难以调和的矛盾。

紧密的利益联系并不只体现在客观的主体感受上。在商业社会中，构建紧密的利益联系需要采用现代化的治理工具，其中，利益关系契约化是构建紧密利益联系的主要方法。利益关系契约化在于从法治的高度明晰利益的边界，量化利益的大小，确定分配规则，并使之契约化。可见，从非正式自治到技术自治，本质上利用的是契约工具（方法）的法治化。

1. 契约化对于自治的作用

在契约化的利益关系中，主体对利益的追求得到了法律的保证，使得个体从各种信用违约的担忧中解放出来，以极大的专注力投入价值创造。契约作为主体经济活动的基本关系方式，以其开放性扩大了个体利益交换的范围，使得主体体验和感悟到了契约关系中的独立、平等。契约化使得个体能够将行为与利益直接联系起来，预期利益的实现可以给予个体极大的驱动力。法学的观念逻辑认为，社会需要法律，契约就是法律。利益关系契约化正是法治社会的理性抉择。例如，企业要创造价值，依赖于普遍劳动者（公司职员），普遍劳动者与用人单位（企业）建立劳动关系、达成劳动协议，从而形成明确的权利与义务关系。

2．自治条款与法律的联系与区别

法律是国家与社会和公民之间签订的契约。而构建自治模式的契约条款则是个体与自治体订立的私人契约，即"私法"。对于自治中构造的私法，在不违背现有法律的情况下，同样具有约束力，可以仿照法律来执行。自治条款与法律一样约束利益共同体，与法律一样具有稳定性，这是自治的法理基础。

但自治条款与法律毕竟是不同的，其主要区别如下。

第一，订立模式、效用范围、修改模式不同。立法的严肃性和成本显然高于所有自治条款。对于利益自治体的立约成本，在互联网模式下，可以低到忽略不计，修改成本也是如此。但从稳定性的角度看，法律比自治条款更为稳定。

第二，强制性、强制手段不同。法律以行政或司法强制力作为强制手段，而自治条款的强制手段主要是治理机制中对违约的惩罚手段与工具，而作为共同体，对于个体的利益的影响常常是有限的。但当自治的技术手段失去作用或个体严重违法时，自治体依然可以诉诸法律手段。区块链技术下的自治具有更强的强制性，具体在于将个体的利益在更大程度上转换为数字化的资产，仅采用技术手段就能对个体形成极大的强制力，从而具有"代码即法律"的可能性。

第三，程序性不同。法律的订立与修改需要经过严格的立法程序，而自治条款由自治体拟定，并无严格的程序要求。但要实现"最大公约数"，自治条款依然需要程序与工具的支持。

第四，执行的驱动力不同。法律执行的驱动力来自政府的治理。而自治条款并非"私法构造"：首先，自治条款的合法性和正当性内容必然符合法律的要求，自治条款要规避行政管制和法律风险，在此基础和大前提下才能追逐利益最大化；其次，自治条款是治理权力的具体体现，实质体现的是公权力（法律）、共同体、个体成员之间的三方博弈。

4.3 分布式治理机制

4.3.1 分布式治理的定义

分布式治理，是在利益共同体中，依据共识规则和区块链等智能技术，将"利益"转换为数字化的"虚拟价值"，由"算法"来执行对"虚拟价值"的直接分配。虚拟价值并非"虚构"的，由高信用机构或利益共同体的全体成员来保证"虚拟价值"与真实价值的严格对应。

分布式治理是利益共同体在数字化环境下的高度自治，以智能化的"算法"为中心，来实现真正意义上的"去中心化"（包括机构与功能）的自治模式。

分布式治理以"虚拟价值"构造和"算法执行"两大创新机制使得治理的核心功能（利益的分配）具有自觉性（共同确认、自我约束）、自动性（无须干预、自动执行）、强制性（对所有成员具有强制性），从而有利于构建更为稳定的利益共同体。

比特币是一个典型的分布式治理试验，其共识规则是要求参与者认同以"挖矿"的方式来获得利益（数字资产），以分布式账本作为确认、监督、裁决、分配数字资产的技术自治工具，并建立交易模式和平台（共同体），具有极强的稳定性。

在分布式治理中，"算法"掌握分配权力，具有自动执行、强制执行的特点，不以个体的意志为转移，具有类似司法的"裁决"与"执行"的双重功能。算法作为一种序参量，以技术治理代替中心化机构的治理职能，使得组织以低成本的方式来维持成员共同遵守已经达成的规则，从而更有利于创造经济价值。信任与合作关系的提升有利于价值创造。

4.3.2 分布式治理的前提条件

从传统的中心化治理模式到分布式治理模式并不是简单的转化过程。分布式治理模式的建立至少要具备以下前提条件。

（1）高度的自主性、自立性、知识性是建立自治体的前提条件，要求个体普遍具有相应的知识、思维方法等，因为解决利益问题本身就需要技能、知识和优秀的判断力；对于缺少知识、技能的共同体，难以取得预期的效果。

（2）共同体具有紧密的、重要的共同利益，对于松散利益共同体，难以取得预期的效果。

（3）共同体内部必须具有高水平的信用。分布式治理本质上是一种对信用水平要求很高的治理模式，即在没有外部制度供给的情况下，共同体内部必须具有高水平的信用，以保证创造利益和分配利益的有效实现。

可见，分布式治理是一种高级形态的治理模式，其适用条件对共同体本身提出了较高的要求。

4.3.3 分布式治理的内在逻辑

中心化治理的要义是中心化机构主导利益产生之后的分配，由机构掌握执行分配的权力，机构在理性人的假设下仍然有追求自身利益最大化的特点，当理性人在执行分配功能时（依据分配规则），有"人治"的隐患。

分布式治理基于契约关系、智能技术，以算法来执行"虚拟价值"产生之后的分配，制定分配规则为分权模式，多数节点享有投票权（共识规则），将执行分配的权力交给没有"自私性"的程序来执行，在本质上是实现"去中心化"，即以代码来替代"人治"的功能。

但代码可以对数字化形式的"虚拟价值"进行直接分配，而无法直接分配实物利益，所以实际应用需要将"实物价值"转换为"虚拟价值"，"算法执行"才具有现实意义。中心化治理转换为分布式治理的逻辑示意图如图4-5所示。

如图4-5所示，由中心化治理转换为分布式治理，主要有3个关键点。

（1）价值（实物价值）转换为"虚拟价值"（数字化形式），算法对"虚拟价值"进行分配。

（2）人治转换为"算法执行",排除"人治"在利益分配中的不良干扰。

（3）机构及机构的权力（影响分配规则的权力）转换为分布式账本,通过分布式账本建立共识。

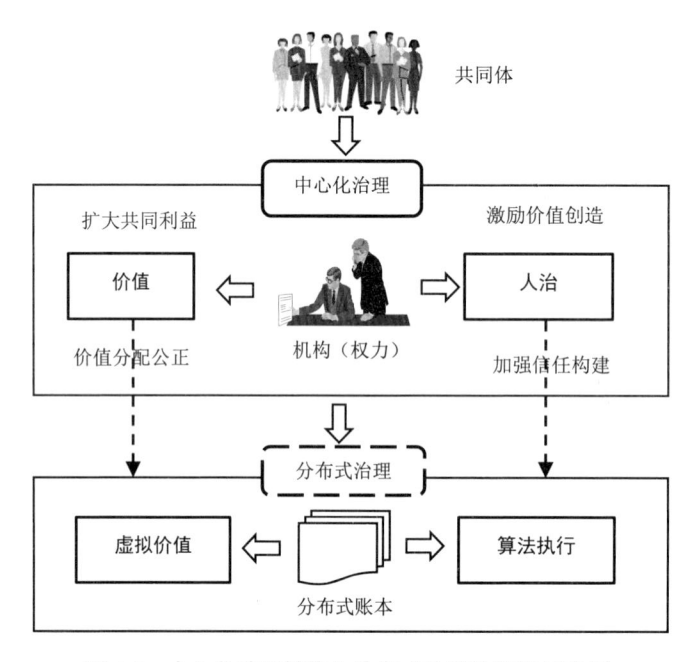

图 4-5　中心化治理转换为分布式治理的逻辑示意图

4.3.4　分布式治理的特点

要从多个角度来理解分布式治理的特点。

1. 非层级结构的自治体

自治体的成员具有非依附性,是相对独立的个体,具有发挥自主能动性、创造性等特点,不能被动地依从内部的控制者,否则,就失去了治理的意义。同时,针对共同体内部的利益关系处理,自治不能延伸到共同体的外部,对外部主体的自治行为是无效的。可见,分布式治理对于治理主体的要求是比较苛刻的。个体成员以非层次结构的方式存在,无论各个参与者的规模、实力如何,其在结构上都是平等、独立的,不存在依附关系、从属关系,即不是传统组织结构中的垂直等级关系。

这种相对独立的关系也决定了分布式治理不是长期的、固定的、法定的、行政性的协议，而是相对短期的、松散的、可协商的、可组合的关系系统。只有在网络环境下才能构建相对松散的合作关系和非层级组织结构，也只有网络化才能将松散的关系变成更为紧密的关系。

2. 分权治理

自治权力分散到多数个体，分权由算法来表达、由程序来执行。当然，并不是所有的节点都是绝对平等的且具有完全相同的权力，而是相对平等的。例如，企业在市场中的地位本身就不是完全相同的，垄断地位的企业的谈判权力明显大于小微企业供应商，前者在规则的制定中具有更大的话语权，但垄断企业也没有绝对的定价权，小微企业供应商可以拒绝超低的出价。

分权就意味着不存在绝对权力节点。不存在绝对权力的强势节点（能主导分配规则制定的个体成员），参与自治的节点都具有平等的地位、制定规则的权力、利益的主张权力，且能影响对最终规则的确认。另外，所谓的"超级节点"，并不是拥有绝对权力的节点，"超级节点"是为了维持区块链平台运营的要求、增强平台的信用而加入的合作伙伴关系节点。例如，在区块链发票平台中，税务机关就具有"超级节点"的作用，其主要职责是为产生区块链发票提供真实性证明，经过税务机关确认的区块链发票，其信用和真实性将得到大幅提升。

3. 自动执行

制定规则后，如何有效执行规则并达到治理的目标，通常是治理中的难题。分布式治理具有很强的自动执行治理规则的特点，这是分布式治理重要的特点之一。将治理的权力进行分散并不是难点，但在系统缺少强制执行力量的情形下，分布式治理的实现要求必须有一种能够不受人为干扰、一旦确定就能够执行的、隐含的、默认的秩序，成员不但能自觉遵守该秩序，该秩序甚至具有强制性；否则，自治仍然是纸上谈兵。区块链智能合约是一种强制执行机制的实现。分布式治理是利益相关者的自主决定、共同确认和自我管理，外部机构、其他人不参与规则的制定与执行，在本质上这是一种对参与主体自身要求很高的治理结构。

自治并不能消除人的自私性，自觉也是有限度的。在将利益转换成"数字化"表达的前提下，需要依赖技术的力量将人的理性与自私严格隔离开来，理性达成共识，规则限制自私，"算法执行"按约定执行分配规则，排除人为干扰。在区块链技术中，以加密来防止对信息的恶意篡改，以共享账本来防止单个节点对账本的控制，以智能合约的强制执行来分配利益，达到对违约动机的抑制，理论上称之为"算法治理"和"机器信任"。

4. 依法自治

所有的自治行为与利益分配的规则都建立在现有的法律、道德之上，自治不是在独立王国中建立新的规则，而是在共同体内部发挥补充作用，用于弥补市场机制、现有法律体系中无法满足共同体的共同利益的那部分治理内容，是"善治"。例如，如果通过司法来解决合同争议，其成本非常高，会导致合约中的约束条款产生不了相应的约束作用，违约行为难以得到相应的惩罚；采用智能合约方式，机器能够自动执行相关约定，低成本的执行可以有效约束违约行为。

5. 自觉而治

分布式治理不是简单地、机械地将法律法规上链执行。在依据现有规则难以解决利益冲突、难以维持交易秩序的情况下，利益相关者的冲突与矛盾需要创造性的解决方案。分布式治理实际上是利益关系和利益分配的创新，是价值创造的创新。分布式治理创新的前提是利益相关者具有一定的自觉性，是"自觉而治"[①]。从价值链的角度看，节点都是价值创造的参与者，建立在高度专业化分工的基础之上，技术、知识的快速更新要求主体具有自觉性，即以积极的态度参与协作和治理过程，而不是被动应答。

6. 经济性、技术性

治理行为本身也是利益使然，当治理成本高于利益本身时，再好的治理结构也没有现实意义。分布式治理必须在经济指标上大幅优于传统治理模式，具有技术性

---

① 斐迪南·滕尼斯. 共同体与社会[M]. 北京：商务印书馆，1999：65.

和经济性。分布式治理是因实现组织的目标而产生的，自治组织存在的目的就是分布式治理的目的。协作、合作或降低交易成本等，通常是组织协作的目标。

分布式治理要获得低成本，关键在于治理结构的设计和治理机构的创新。在数字化环境中，治理成本的降低主要依据新技术的应用。分布式治理需要组织化，自觉并不一定就能成功，仍然需要领导的力量。在供应链中，核心企业可以凝聚供应链整体的力量，在激烈的竞争和不确定的市场环境中，核心企业作为强有力的依托和引领者，可以起到大幅降低治理成本、促进共识达成的作用。

总之，分布式治理是传统治理模式的转型与发展。分布式治理体现出治理主体由一元向多元的转变，治理方式由强制、他治向协商、自治转换是社会经济发展的必然要求。随着全球化的深入和技术的日新月异，经济组织的发展环境日益复杂化，与外部的联结纽带也在逐步走向多维化、数字化，单一的契约治理难以维系共同体的存续和发展。在数字经济模式下，企业和消费者向自觉治理转化是必然的趋势。同时，分布式治理并不是站在传统治理的对立面，而是传统治理在数字化时代中的转型和发展。

4.3.5 "去中心化"的内涵

"去中心化"的内涵至少包括：在形式上，不存在实体化的中心化机构；在功能上，不存在中心化的功能、机制。

但"去中心化"的目的不是从形式上消除中心化机构，而是以技术治理机制来代替中心化机构的治理机制。基于区块链技术的分布式账本是独立的技术治理系统，虽然具有"去中心化"的特征，但区块链应用系统不是"无政府主义"的，也不能是法外之地；相反地，已经证明区块链应用系统能在海量的陌生交易者之间长时间、稳定运行，产生超出政府治理水平的效果。

1. 技术代替中心化功能

技术治理的本质是以算法替代传统治理方法，即算治治理。区块链应用系统的治理创新是以技术代替中心化治理机制。

"去中心化"（针对中心化机构）或"去中介化"（针对中心化机构的功能），其本质是"用技术代替中心化"。技术构建"去中心化"的信任机制，无须第三方机构的交易背书或信用担保（违约保证），只需要信任算法即可建立信任关系并达成共识，执行交易契约。

2. 技术治理不能保证"绝对的公正"

技术治理主要依据由人构造出来的"算法"，而算法本身并不能保证"绝对的公正"，因为无论是人还是算法，对事实的认识和对规则的裁决永远会不可避免地产生争议，这类争议在转换为技术治理模式，即"链上裁决"时，依然存在，如合同的履行情况会因为实际情况产生千变万变的情况，在契约中难以预测，也难以穷举，所以以有限的条件来对无限的实际情况进行强制裁决并执行时，缔约者、参与人的有限理性、有限预见性、机会主义行为等因素使得算法治理的争议难以避免。

另外，设计者作为系统的隐形控制"中心"，在区块链应用系统的开发与实施过程中，也会出现软件错误、系统故障等，治理这类问题反而需要线下的法律介入，以解决争议。

3."逻辑中心"有且只能有一个

算法是具有分配权的工具，有且只能有一个或一套。算法本身就是集权的，如果存在多个具有相同分配权的算法，那么在逻辑上是无法成立的。因此，分配权的逻辑中心有且只能有一个。

算法是中心化的，算法不是分权的。算法的逻辑中心由谁来定义，谁就是实质意义上的算法权力拥有者。这一特点可能会给分布式治理带来隐患，即在形式上是分布式治理，但真正的算法权力又是独裁的。

"以太坊"创始人 Vitalik Buterin 将区块链应用系统分为架构层、政治层与逻辑层三个维度。

（1）架构层，根据系统载体的计算机能够容忍崩溃的数量，可分为架构中心化与架构去中心化。

第 4 章 利益共同体视角下的分布式治理

（2）政治层（权力），以系统拥有最终控制权的人或组织的数量为依据可分为中心化与去中心化的政治层。

（3）逻辑层，包括系统接口和数据结构，其表征是单一性的或集群性的，单一性是逻辑中心化的，集群性则是在逻辑上"去中心化"的。

去中心化内涵示意图如图 4-6 所示。

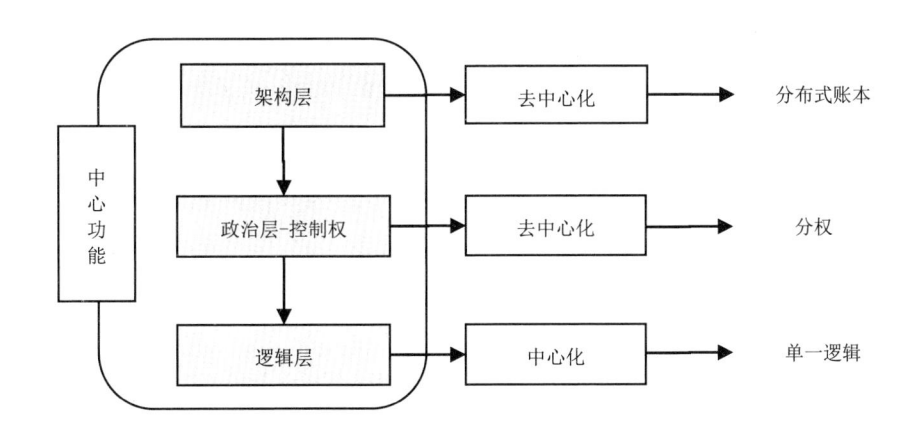

图 4-6　去中心化内涵示意图

在图 4-6 中，区块链的去中心化的实质是在架构层与政治层上去中心化，即非单一服务器（容易被攻击）、缺少控制系统的超级节点。但系统在逻辑层上仍然是中心化的，因为逻辑只有一个，规则也只有一套，共识也只能达成一种，区块链应用系统在整体行为上更像一个独立的处理器。

"逻辑层"是中心化的，是可以被控制的。如果逻辑中心化被控制之后，"共识"必须被"强制化"，那么区块链应用系统的信任机制被破坏，区块链应用系统会成为普通的程序，丧失技术治理的功能。所以，在实践中，如何设计逻辑层是区块链应用设计的关键。

中心化的"逻辑层"要求逻辑层必须遵守现实世界的法律规则与价值，通过逻辑层打通现实世界与区块链应用系统（虚拟世界），并构建牢固的联系，使得区块链应用系统变成法治的世界，实现"链上裁决"的可信任。

对于传统的"中心化"治理，其架构层、政治层与逻辑层三方面均由中心化机构控制，负责线下与线上规则的对接；中心化机构拥有控制权，也使得中心化机构需要承担重大责任，中心化机构是首要的责任主体。作为代理者的中心化机构通过账户注册、认证、信用评价、违约处分等执行治理机制。

4．技术治理以法治为基础

技术系统作为人造系统，其交易规则与设计理念仍然以现实的法律为基础和准绳，信任的产生仍然离不开法治的保证；区块链的设计、实施和使用都由人来完成，算法的选取、参数的设定等仍然是人治的。从这个角度看，"去中心化"并没有去掉"设计、实施、维持"这个系统化的"中心"（功能）。所以，区块链应用系统仍然是"逻辑中心化"的。

5．去中心化自治组织

目前，去中心化自治组织（Decentralized Autonomous Organization，DAO）这类创新的组织及其依赖的商业模式已经大量存在于商业领域，如采用区块链智能合约进行募资、投票、分红等。DAO 依据内部自治规范，成员有"立法权"，共同参与"价值"的定义和规则的制定。可见，DAO 具有典型的分布式治理特征。

4.4　分布式治理的功能

从"真实"到"虚拟"的切换是传统治理与分布式治理的分野。在数字化环境下，只有"数字化"的利益才能被"算法"直接分配，所以必须对现实世界的利益进行"虚拟化"，即转换成数字形式。

分布式治理的核心功能是将现实世界的利益转换为虚拟世界的利益，在数字化环境中进行"虚拟价值"的分配。如何将现实世界的利益转换为"虚拟价值"，以及算法如何实现"虚拟利益"的分配，是划分和理解分布式治理功能的关键。

4.4.1 "虚拟价值—算法执行"机制

结合现有的区块链应用 1.0/2.0/3.0 模式、通证（Token）机制、价值交换网等概念的内涵，可以勾勒出分布式治理机制的核心原理。

在数字化环境中，共同体节点之间直接交换的"标的物"在形式上只能是数字化的符号（网络无法直接交换真实价值与实物）。所以，必须将"价值"转换为"虚拟价值"，才能实现数字化环境下的"价值交易"。

"通证"作为"虚拟价值"的符号，表达"虚拟价值"，而虚拟价值正是利益共同体的利益，即个体利益和共同利益。

将"价值"转换为"虚拟价值"是一种高信用的行为。"通证"，采用类似"证券化"（高信用）的思路，将具有不同特点的价值（资产）转换为量化的、虚拟化的"证"（抽离了实物资产的特点），业界多以 Token 作为区块链架构应用的标志。例如，数字资产就是 Token，也就是利益共同体的利益。

分布式治理在形式上可以归结为一种"虚拟价值—算法执行"的技术治理结构。算法对"虚拟价值"的分配包括分割、交易、转移所有权等，可以实现"激励、裁决、监督"等典型的治理功能。

"虚拟价值—算法执行"的结构示意图如图 4-7 所示。

在图 4-7 中，利益的表达与分配是基于 Token 对"虚拟价值"的数字表达。

虚拟价值可以量化，并用数字资产来代替，可称之为"价值交易"，只有量化的利益才能实现普遍意义上的交换。其中，又可分为公开和非公开两种模式，公开模式是常见的数字代币。非公开模式将实物资产（票据、实物）转换为通证。

虚拟价值如果不能直接量化，则属于非标利益，可采用裁决的方式进行分配。例如，判定主体行为是否违约、主体是否能获得某一利益等。价值裁决主要依赖取证和证据两大要素来进行。

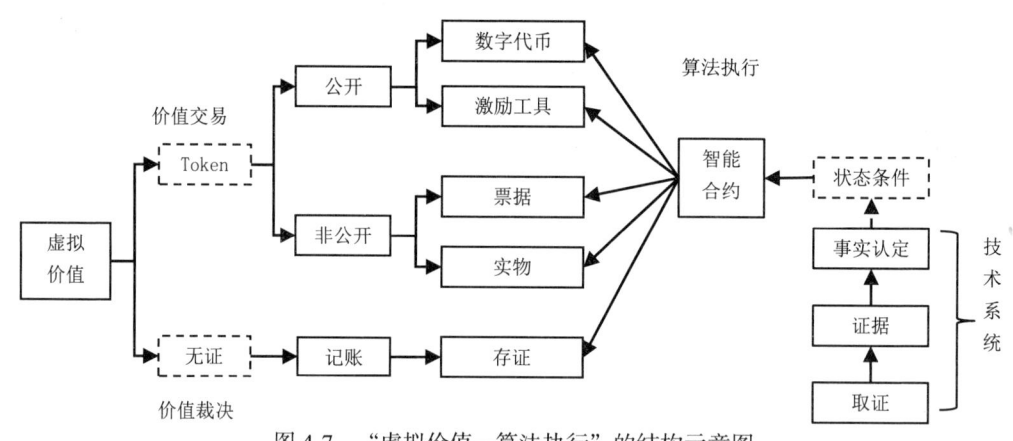

图 4-7 "虚拟价值—算法执行"的结构示意图

算法是执行价值分配的工具,称之为"算法执行",基于"虚拟价值—算法执行"的分布式治理分类一览表如表 4-2 所示。

表 4-2 基于"虚拟价值—算法执行"的分布式治理分类一览表

结　构	应 用 方 向	应 用 逻 辑	代表性应用
仅有"算法执行"	不发行 Token(无币区块链)	联盟链,不定义虚拟价值,不直接涉及资产、权益和风险的交易或转移,以记账为主	以存证为主的应用,如产品防伪溯源、电子合同、权益证明、诚信(慈善)
虚拟资产—算法执行	非公开发行 Token	Token 代表具有公允价值的资产或权力,以交易为主	资产通证化,如供应链金融票据、仓单
数字资产—算法执行	公开发行 Token 作为计价单位或标的资产	比特币期货、比特币 ETF	依赖区块链外的法律框架和资产交易平台
数字代币—算法执行	公开发行 Token 作为支付工具和激励手段	公有链,数字代币	去中心化交易、信任机制、智能合约

表 4-2 提出了四种结构,具体如下。

第一类,仅有"算法执行",不发行 Token,以存证结合法律治理为架构,来达到治理目标,如电子合同,用来防止假合同;慈善存证,用来防止骗捐、诈捐等。账本所记载的证据可用于证明事实,实现监督治理的目标。

第二类,"虚拟资产—算法执行",Token 代表现实世界中真实的资产或权力,其发布面对特定群体,即联盟链。资产上链后,可以改进资产或权力的登记和交易流程,提高交易效率。但价值交付仍然需要依托具有高信用的线下机构。仅有线上操作并不能实现"价值交换",治理需要结合线下机构来实现。

第三类,"数字资产—算法执行",公开发行 Token 作为计价单位或标的资产,但 Token 的价值却是由其他代币来计量的,所以 Token 不是数字代币,而是代表一定价值的资产。Token 代表的权益或资产的兑现需要依托现行法律框架和交易平台来实现。

第四类,"数字代币—算法执行",以构建去中心化自治组织(DAO)为目标,以激励工具来替代现实中的公司的功能,但目前的成功案例很少。

虚拟价值存在多种形式,虚拟价值与资产的对应关系如图 4-8 所示。

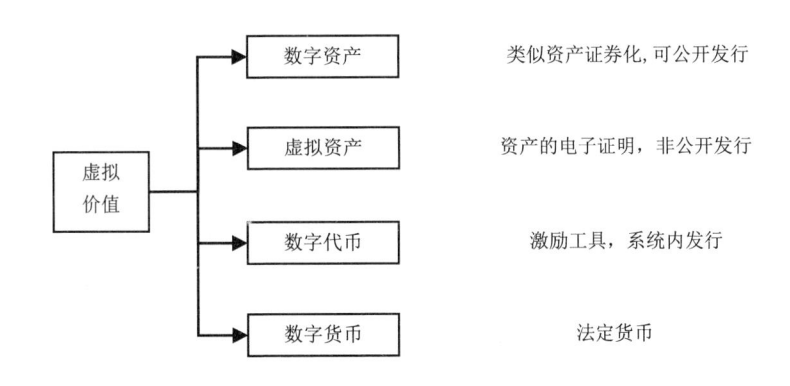

```
                ┌──→  数字资产      类似资产证券化,可公开发行
                │
                ├──→  虚拟资产      资产的电子证明,非公开发行
   虚拟价值 ────┤
                ├──→  数字代币      激励工具,系统内发行
                │
                └──→  数字货币      法定货币
```

图 4-8　虚拟价值与资产的对应关系

在图 4-8 中,价值对应真实的资产。"虚拟价值"以数字化形式来表达相应的资产。

(1)数字资产,是符合法律规定的、以数字化形式表达的资产,具有对应的真实资产,但必须由高信用的机构来发行或实现资产转换,类似目前的资产证券化原理,其主要目的是剥离资产中一些不利于交易的特性或瑕疵。

(2)虚拟资产,将真实的资产以电子证明的方式体现,在区块链技术中以加密和防篡改功能来实现其安全性。虚拟资产只是资产的电子表达方式,并没有获得发行机构的增信或担保。

（3）数字代币，是发行系统自定义的价值，缺少与实物资产的对应，其实际价值只是系统规定的功能，不具有兑换成货币的功能。

（4）数字货币，虽然与分布式治理存在一定的关系，但其原理已经超出了分布式治理的范围，因此本课题研究暂不涉及"数字货币"。

4.4.2 分布式治理的两种典型功能

"虚拟价值—算法执行"作为分布式治理的核心功能，是技术治理替代中心化机构的功能。从"算法执行"的功能视角看，分布式治理具有两大基本功能。

1. 分布式裁决功能

"算法"执行的是私法构造下的裁决功能。"算法"裁决显然不能与司法裁决相提并论，"算法"裁决的公正性、专业性不能达到法官的高度。但是，在私法构造下，"算法"裁决显然又具有私法构造的合法性，是契约的执行。可见，"算法"裁决具有类似于仲裁的功能。所以，区块链技术中的智能合约等类似的"算法治理"与"仲裁"的功能更为相似，"算法治理"与司法裁决仍然有较大的差距。

仲裁是司法权的有限让渡，仲裁法理论的核心是法院和仲裁机构的司法权划分问题，理论研究通常认为仲裁和其他替代性争端解决机制在本质上承担法院解决民商事纠纷的功能，具有一定的司法属性。仲裁长期以其保密性著称，相关的仲裁法律和仲裁规则都规定仲裁员及仲裁机构严格保守仲裁秘密，不得向外界透露任何有关案件实体和程序的情况。法院让渡司法权，仲裁才具有法律效力。但仲裁具有较强的私密性，仲裁在我国的实践中，依然不能替代法院裁决的强度。

法院对仲裁协议和裁决具有司法审查的法理逻辑在于仲裁自身的局限性和法律的公正性之间的冲突。封闭进行的仲裁是仲裁的主要形式，虽然不公开审理有利于保护当事人的商业秘密和商业信誉，但也容易引起对仲裁公正性的质疑；另一方面，关于仲裁人员的专业和职业素质问题，与法官相比，仲裁人员明显在专业优势上弱于法官。正是这类原因的存在，使得法院对仲裁的司法监督成为理所当然。

分布式裁决治理相当于替代中心化的司法功能，其治理目标是实现利益共同体

第4章 利益共同体视角下的分布式治理

的公平机制（包括程序公平、结果公平、事实公平），本质是依据法治精神，以事实认定为根本，重视证据对事实认定的决定性作用，以技术治理机制实现获取证据、认定事实、依法裁决等过程，最终实现共同利益的裁决与分配等。

司法裁决的逻辑是"证据—事实认定—裁决—执行"；分布式裁决的治理逻辑大致可以表达为"事实—证据链—事实认定—智能合约—利益分配"，如图4-9所示。

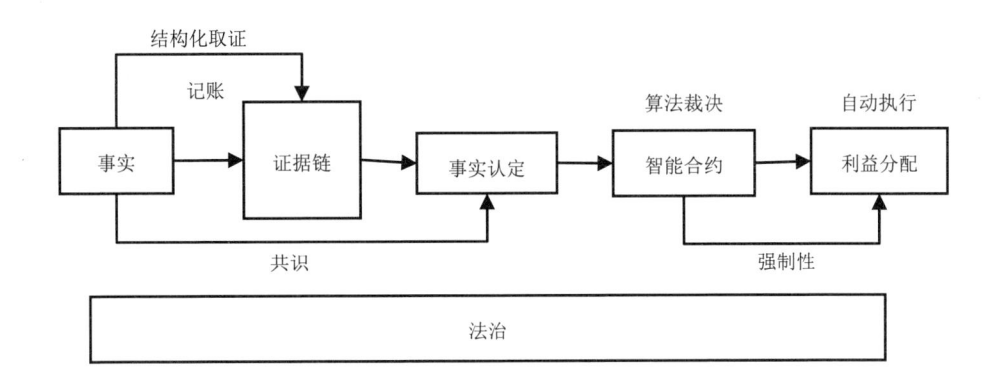

```
               结构化取证
                  │
         记账     ▼
事实 ──→ 证据链 ──→ 事实认定 ──→ 智能合约 ──→ 利益分配
                      ▲            算法裁决    自动执行
                      │                          ▲
                      共识                       强制性
                      
                         法治
```

图4-9 分布式裁决的治理逻辑示意图

在图4-9中，分布式裁决的关键在于形成证据链，依据智能合约的算法裁决来进行事实认定，算法裁决的结果是形成"条件"，由"条件"来触发合约的自动执行功能，由算法来代替传统的线下裁决和执行流程。同时，所有的分布式机制设计都必须以现有的法律为准绳，以法治为基础，违反相关法律的算法裁决与自动执行是无效行为。

区块链的分布式记账及智能合约技术可以很好地解决上述问题，任何相关方均可以进入系统查看信息，但不能进行篡改。对于需要保密的信息，也可以通过加密技术予以保护。这种自动快捷的信息存储及分享保证了裁决的透明度，同时提升了裁决效率，降低了裁决成本。

2. 分布式交易功能

分布式交易治理，主要用来替代传统的市场治理机制，其治理目标是构建"去中心化"交易系统，并形成信任机制，维持契约精神，惩罚交易参与方的不守信行为。以比特币交易平台为代表，实际上它包括了"算法治理"和"平台治理"两大功能。传统的交易治理功能大致可以简化为"价值—价值交易—监管—执行"。

分布式交易的治理逻辑大致可以表达为"价值—虚拟价值—虚拟价值交易—算法监管—虚拟价值分配"，如图 4-10 所示。

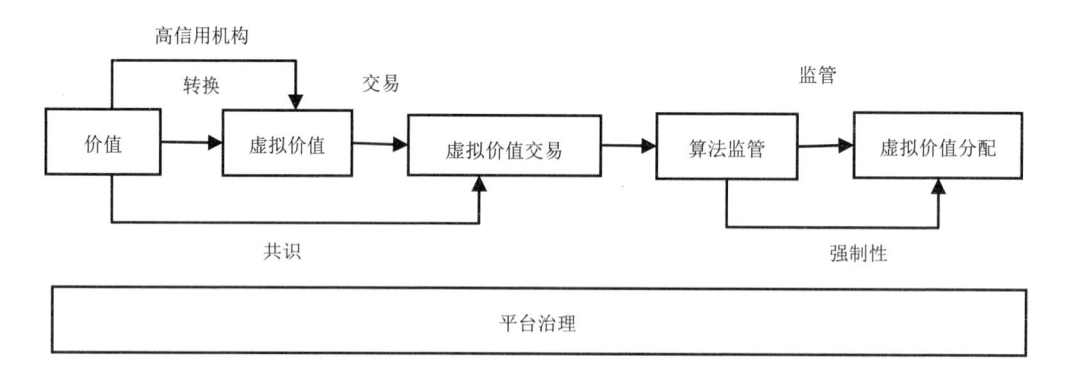

图 4-10 分布式交易的治理逻辑示意图

在图 4-10 中，分布式交易治理的关键在于依据价值转换和交易的相关规定（共识）来形成"虚拟价值"，同时将信任机制构造在智能合约中，由算法的自动执行来代替传统的交易治理功能。同时，交易的治理还必须与"平台治理"相结合。

当然，复杂的系统中会同时存在分布式仲裁治理和分布式交易治理两种结构，如先仲裁、再交易，还有先交易、再仲裁。

4.4.3 共识的重要性

"共识"是治理所遵循的协议，是治理逻辑和治理理念的表达，是紧密利益关系的具体化。共识由紧密利益相关者参与决策、共同维护，是"链上裁决"合法性成立的关键，是参与者以开放和民主化的协商机制形成的。协商的重心是以自身"合理性"与"利益性"自发激励约束，形成"自律性"，即"共识价值"，这既是对他人的要求，也是对自己的要求。

"共识"是自组织的重要功能特征，自律组织的意志、行政监管/司法执行的意志均主要通过共识协议的方式转化为算法来实现。

1. 共识的作用

共同体在内部具有"竞争+协同"机制，使得其作为自组织无须外部指令即可自行运作，并能自主地从无序状态走向有序状态[①]，可以将其机制理解为：在利益分配上具有竞争性，在价值创造中又需要协调性，两者需要互动，以达成良性循环。所以，在系统创造信任关系的基础上，实现"平等共享"的秩序结构，与"竞争+协同"机制相一致。

以比特币社区为例，具有竞争性的激励机制为"实现共享区块链账本的数据验证和记账工作"，使得分布式区块靠"挖矿"机制得以推进；而协同的共识层则更为关键，是区块链技术的核心机制，既要"在高度分权（决策权）的去中心化中使得各节点对区块链数据的有效性达成共识"，又要"抗勾结"（避免部分节点之间共谋、协调），其依据的就是用户是主体、方式是协议。

"共识"是协议，是自律秩序的保障。协议在本质上是一种具有弹性的软法规范，是系统生成自律秩序的基础。共识价值对所有参与者都具有约束性，是参与者自律的守则，这种自律型或自我监管就是"去中心化"的治理逻辑。如果参与者不能自律，也就是有规则都不遵守，那么在虚拟世界中根据不能创造共同价值。共识与自律，可实现治理成本的最优化。自律具有双重含义，一方面是对规则的自觉遵守，另一方面是在价值创造中具有自发的协同性。

协议能够被"共识"并遵从，还因为存在激励机制。在比特币系统中，矿工挖矿/成功验证区块从而获得比特币作为激励（奖励），且这一机制是透明的、公开的、公平的，由程序根据算法自动执行，这对于参与者具有巨大的激励效应。在传统的中心化模式下，也存在由中心化机构定义的奖励机制，但这种奖励机制可能并不能令系统中的多数参与者认同。而自治式的激励机制的最大优点在于基于共识来达成，一方面保证激励机制的运行不受控制（程序公平），另一方面符合大多数参与

---

① 宋毅，何国祥. 耗散结构论[M]. 北京：中国展望出版社，1986：56.

者的预期(结果公平),从而在整体上产生最大的激励效应,是构建有序结构的重要基础。

2. 基于集对分析的共识度评价

在共同体中,决策人(利益相关者)对规则(共识)的评价存在"主观随意性",属于"不确定性"的范畴。集对分析通过对不确定系统的定量刻画,能有效地处理确定与不确定关系,可应用于共识机制的结果评价。

集对分析(Set Pair Analysis,SPA)是我国学者赵克勤提出的一种系统分析理论。集对分析是一种处理模糊和不确定关系的数学工具,能有效地分析和处理不精确的、不一致的、不完整的等各种不确定信息,并从中发现隐含的知识,从而揭示潜在的规律。近年来,该理论日益受到学术界的重视,已经在决策、预测、数据融合、不确定性推理、产品设计、网络计划、综合评价等领域得到较为成功的应用。

(1)集对分析算法。

所谓"集对",是指由具有一定联系的两个集合组成的对子。从系统科学的角度看:在一定条件下,可以将系统内任意两个组成部分看作集对。集对分析的基本思路是在一定问题背景下,对一个集合对子的特性展开分析。两个集合在指定问题背景下的联系度表达式为

$$\mu = \frac{S}{N} + \frac{F}{N}i + \frac{P}{N}j \tag{4-1}$$

式中,N 为集对所具有的特性总数;S 为集对中两个集合共同具有的特性;P 为集对中两个集合相互对立的特征数。$F = N - S - P$ 是集对中的两个集合既不共同具有,又不相互对立的特征数。$\frac{S}{N}$、$\frac{F}{N}$、$\frac{P}{N}$ 分别称为两个集合在指定问题背景下的同一度、差异度、对立度。i 为差异度系数,$i \in [-1,1]$。j 为对立度系数,规定取值为-1。为便于计算和描述,可令 $\frac{S}{N} = a$,$\frac{F}{N} = b$,$\frac{P}{N} = c$,可得

$$\mu = a + bi + cj \tag{4-2}$$

上式的意义在于根据所分析的问题的需要,在一定认识层次上和某一问题背景

下，对集对中的两个集合的联系进行相对确定和相对不确定的辩证定量刻画。其中，a、c 为相对确定，b 为相对不确定，a、b、c 三者形成两个集合联系的整体，即

$$a+b+c=1$$

【算例】决策结果为 $x_2 > x_3 > x_1$，则方案 x_2 为最优方案。现让所有决策人对最优方案进行认可度评价，评语集合为 $V=\{$"认可"，"说不清楚"，"不认可"$\}$。经过统计后，表示"认可"的人数为 6，表示"说不清楚"的人数为 5，表示"不认可"的人数为 4，该决策的认可度评价记为

$$\mu_{(标准-实际)} = \frac{6}{15} + \frac{5}{15}i + \frac{4}{15}j \qquad (4\text{-}3)$$

上式表示认可度评价存在一个集合对子：其中，一个集合是标准集 A，表示"认可"的人数应为 15 人；另一个集合是该最优方案的实际评价集 B。式（4-3）可记为

$$\mu_{(标准-实际)} = 0.4 + 0.33i + 0.27j$$

若按比例取值法，$i=0.4$，即可把 $b=0.33$ 中的确定部分分离出来。

$$\mu_{(标准-实际)}|_{i=0.6} = 0.4 + 0.33 \times 0.4 = 0.53 \qquad (4\text{-}4)$$

0.53 是对最优方案评价的分值。假设评价等级的分值范围为 $\mu \geq 0.6$ 为"优"，$0.4 \leq \mu < 0.6$ 为"中"，$\mu < 0.4$ 为"差"。则当前最优方案的评价结果属于"中"。由于 $b=0.33$，说明最优方案还需要较大的改进；$c=0.27$，说明最优方案存在明显的不足。

（2）带权重的集对分析评价。

上例中所建立的评价模型较为简单。在实际中，一般会对决策结果设立多个评价指标或采用专家权重。

假设，有 $m(m>0)$ 个专家 $(e_1, e_2, \cdots, e_m)$ 对含有 n 个指标 $(h_1, h_2, \cdots, h_n)$ 的方案 H 进行评价，专家权重分别为 $(w_1, w_2, \cdots, w_k)$。

若第 k 个专家对方案 H 的 n 个指标有 s_k 个认为"好"，f_{1k} 个认为"较好"，f_{2k} 个认为"一般"，f_{3k} 个认为"较差"，$p_k = n - s_k - f_{1k} - f_{2k} - f_{3k}$ 个认为"差"，则第 k 个专家对方案 H 的同异反决策联系度为

$$\mu(k-H) = \frac{s_k}{n} + \frac{f_{1k}}{n}i_1 + \frac{f_{2k}}{n}i_2 + \frac{f_{3k}}{n}i_3 + \frac{p_k}{n}j \tag{4-5}$$

可简记为 $\mu(k-H) = a_k + b_{1k}i_1 + b_{2k}i_2 + b_{3k}i_3 + c_k j$。

从而，m 个专家对方案 H 的评价可以形成一个方案评价决策矩阵，即

$$\begin{bmatrix} a_1 & b_{11} & b_{21} & b_{31} & c_1 \\ \vdots & \vdots & \vdots & \vdots & \vdots \\ a_k & b_{1k} & b_{2k} & b_{3k} & c_k \\ \vdots & \vdots & \vdots & \vdots & \vdots \\ a_m & b_{1m} & b_{2m} & b_{3m} & c_m \end{bmatrix} \tag{4-6}$$

进一步考虑专家权重，可用加权平均法求解总的同一度 a，总的差异度为 b_1、b_2、b_3，总的对立度为 c，即

$$a_{总} = \frac{\sum_{k=1}^{m} w_k a_k}{\sum_{k=1}^{m} w_k} = a, b_{1总} = \frac{\sum_{k=1}^{m} w_k b_{1k}}{\sum_{k=1}^{m} w_k} = b_1, \cdots$$

从而得到其同异反联系度表达式为

$$\mu(k-H)_{总} = a + b_1 i_1 + b_2 i_2 + b_3 i_3 + c j \tag{4-7}$$

可按比例取值法将 $b_1 i_1 + b_2 i_2 + b_3 i_3$ 中的确定部分分离出来，即

$$\mu = a + \delta_1 b_1 + \delta_2 b_2 + \delta_3 b_3 \tag{4-8}$$

在上式中，μ 为方案 H 与理想方案的同一度，也为评价专家对方案 H 的共识程度，其中，δ_1、δ_2、δ_3 为常数，一般取 $0 \leqslant \delta_3 < \delta_2 < \delta_1 \leqslant a$。

4.4.4 通证的内涵与价值

人们对通证的最大误解是可以任意发行通证和通证可以自由流通。通证是可流通的加密数字权益证明，简称"通证"。就形式上看，通证是一串没有多大意义的字符串，在形式上不具有任何价值与意义。

"通证"是纯粹的数字形式，在技术上，产生通证是一件普遍的事实。但对通证赋予价值，即资产化，并进行发行和流通，则是严格的金融行为。金融行为必须严

格符合国家的各项金融法律并接受严格的金融监管。

所以通证系统的构建是一项高门槛的金融行为。通证并不是形成了加密数字权益证明就可以用于流通；而是只有通证所对应的真实资产达到足够高的信用标准时，才能达到可以自由流通的标准。在现实世界中，信用级别不高，不能被准确计价的商品，同样难以在区块链的网络中进行交易。区块链技术解决了"价值交换"中的信息保真/身份验证等问题，但没有解决资产信用增级问题，即"资产上链"不改变资产的信用。

在"虚拟价值—算法执行"结构中，通证被定义为代表一定的价值，可以对应实物资产或数字资产，从而具有了"虚拟价值"。但关键在于通证的定义人，必须由具有高信用的主体（出票人、债务人、发行人）对通证所声称的"特定价值"进行说明、量化、确认、承诺、保证、背书，通证持有人确保最终能由发行人兑付时，通证才具有价值。

通证发行要达到合规合法的标准，必须满足以下四个条件。

（1）发行人必须是特定的高信用主体，如行业龙头企业、银行、上市公司等。

（2）通证代表的价值必须明确化、可以被度量、合法合规。

（3）当通证代表实物资产时，只能在联盟链中进行流通、交易，且可以拆分。在联盟链之外，无法定义通证价值，且发行人无法保兑。

（4）通证的价值最终由发行人来兑付（如付现），若发行人主体资格消亡，则通证的价值可能随之消失。发行人的信用是通证价值的背书和兜底。

价值或资产不能凭空产生，凭概念创造并发行"虚拟价值"是违法行为。虚拟价值必须严格对应现实世界的价值客体而存在。可见，发行通证对于主体资格有极高的要求，且要求将通证的价值特定化（对应确定的实物资产）。若通证缺少特定化，其代表的数字资产就不存在相应的价值，可能成为类似"空气币"的道具。

从"资产证券化"的原理来看，通证已经被证券化，应该具有更好的流动性，但同样必须具有高信用，具有类似票据、债券的特性。通证持有人最终必须由发证人来进行兑付。所以，通证的流通必须有合格的主体为债务背书和承诺兑现，而不少人倡导所谓的"通证经济学"不能回避如何保证主体资格具有"高信用"这一关键点，从而无法避免走入创新的误区。

"通证经济"这一概念将"通证"的内涵扩大化，即提升了通证的适用范围。可将"通证"定义为"可流通的凭证或实物"，理论上，通证可以代表所有的实物资产，但不能改变实物资产的流动性，要想提升资产的流动性，必须要有高信用机构的保证，并不是简单转换为"加密数字资产"就能解决问题的。必须将实体中高信用的资产转换为"通证"，通证的成立逻辑在于高信用机构对于通证的兑付。资产的信用水平高低是由整个市场决定的，并不会随人们的"共识"程序的改变而改变，大家一致认为资产的信用高，但在市场的价值决定了资产的实际价值，不能因为认同而改变资产的价值。另外，"高信用"是基于主体能力来确定的，而不是无关的人们对于资产的评价。

案例

2020年4月24日，上海票据交易所供应链票据平台试运行。

为有效缓解中小企业融资难、融资贵等问题，支持供应链金融规范发展，经中国人民银行同意，上海票据交易所（以下简称票交所）积极推动应收账款票据化，供应链票据平台上线试运行。首批参与试运行的4家供应链金融平台中的企业覆盖制造业、软件和信息技术服务业、能源、批发和零售业等行业。试运行当日，共有17家企业签发票据17笔，金额为104.42万元，共有2家企业背书流转票据3笔，金额为5.1万元。

该平台依托电子商业汇票系统，与供应链金融平台对接，为企业提供电子商业汇票的签发、承兑、背书、到期处理、信息服务等功能，通过供应链票据平台签发的电子商业汇票称为供应链票据。供应链企业之间产生应收应付关系时，通过供应链票据平台直接签发供应链票据，供应链票据可以在企业间转让，实现贴现或标准化票据融资。供应链票据平台是推动应收账款票据化的重要措施之一，有利于企业间的应收账款的规范化和标准化，优化企业的应收账款结构，提高中小企业应收账款的周转率和融资可得性。

在以上案例中，供应链票据是"通证"，其代表的是真实的有价值的资产，即电子商业汇票系统中特定的应收账款资产，所以通证才能被特定化为"数字资产"，称之为供应链票据（数字票据）。可见，通证形式的票据交易必须支付相应的对价，持有人获得的数字票据是电子化形式的权益证明，具有真实的价值。即以"区块链+票据"结构转化为"数字票据"，需要具有以下三个基本特点。

1. 公允价值

数字票据与某项价值或权益严格对应，且具有客观性、唯一性、特定性。持有人的数字资产，其价值是客观存在的、真实的、公允且可计量的，且能被合法证明，受现行法律保护。案例中承诺兑付的应付账款是高信用的未来现金流，是准现金性质的资产，供应链票据则采用区块链的数字化形式来表达。

2. 无因化

资产一般具有一定的价值，代表一定的权益，但有价值并不一定代表有较高的流动性，因为资产本身还存在不明确的多种因素可以影响资产的交易（如所有权的完整性、来源的合法性、可交付性等）。只有由特定机构将资产实现无因化时，才可以用于交易，才具有高流动性，才能转换为"数字票据"。所以，无因化是数字票据的关键设计，使得数字票据能具有较高的流动性，实现与货币或与其他权益的自由交易。但无因化并不是一般的平台或企业可以实现的，而需要高信用机构构造完善的证券化交易系统才能实现。

3. 联盟链内流通

数字票据不能设计成为"公链"交易。联盟链是指由若干个机构共同参与记账的区块链应用系统。联盟链是具有"共识"的系统，数字资产的交易范围仅限于取得"共识"的范围，即联盟链之内。供应链票据系统就是典型的联盟链，作为支持数字票据交易的系统，供应链票据系统是数字资产的交易场所，交易成员必须接入这一系统，系统外不能进行数字资产的交易。联盟链作为目前区块链应用的主要场景，具有高性能，且可编程，适合设计商业化的数字票据交易市场。

所以，"通证经济学"倡导的数字资产交易理念必须严格符合以上数字票据交易的三个基本特点，将实物价值转化为数字票据。而可信的线上化数字交易具有更低的交易成本、可信任的交易机制、更高的安全性和便利性，因此其相对于传统票据交易具有更大的优势。

4.5 分布式治理的法治思想

法律是社会运作的基准，是维持社会信任机制最重要、最基础的方式。交易本身产生价值，不断增进社会总体福祉并维持社会秩序的稳定。信任是经济交易关系的基础，也是法治开展的着力点，法治一直在设计、执行和维持各种信任机制，使得人类商业交易范围的种类和空间不断扩大。我国数千年来以农耕文明产生基于熟人关系的社会信任机制；但改革开放以来，我国社会经济快速发展，进入市场化的商业社会和由陌生人关系组成的网络社会，中心化的信任机制一直是市场经济的主要信用供给者、重要的治理载体，对应的法治结构是中心化的，功能的载体是各类中心化机构，交易所、证监会、工商税务等具有中心化形态。

分布式治理以技术性自治来替代中心化机制的法治功能，需要结合线上、线下系统来获取证据、形成证据链，如采用密码学、大数据、物联网等技术来解决身份真实、信息源真实、信息传播保真、电子证据保存等问题。对于区块链存证、共识机制、智能合约等的研究，主要以计算机算法为中心，也有学者结合法学从法理角度进行原理比较研究，研究视角仍然侧重技术原理，还未上升到系统化整合的视角，需对证据法学与技术性自治进行系统化的机制研究，需要对适合分布式治理机制的取证、存证和证明逻辑等功能单元进行系统化整合研究。

4.5.1 分布式治理的法治逻辑

结合证据法学理论，依据"证据、事实认定、裁决、执行"的法治逻辑，分布式治理遵循证据法学，结合区块链技术方法，在"取证/存证"的基础上，以技术方法进行"事实认定"，再以"事实认定"作为状态条件，以智能合约的强制执行功能（具有强制性）来最终实现公正公平的治理目标。

分布式治理的法治逻辑为"取证/存证—事实认定—强制执行"，如图 4-11 所示。

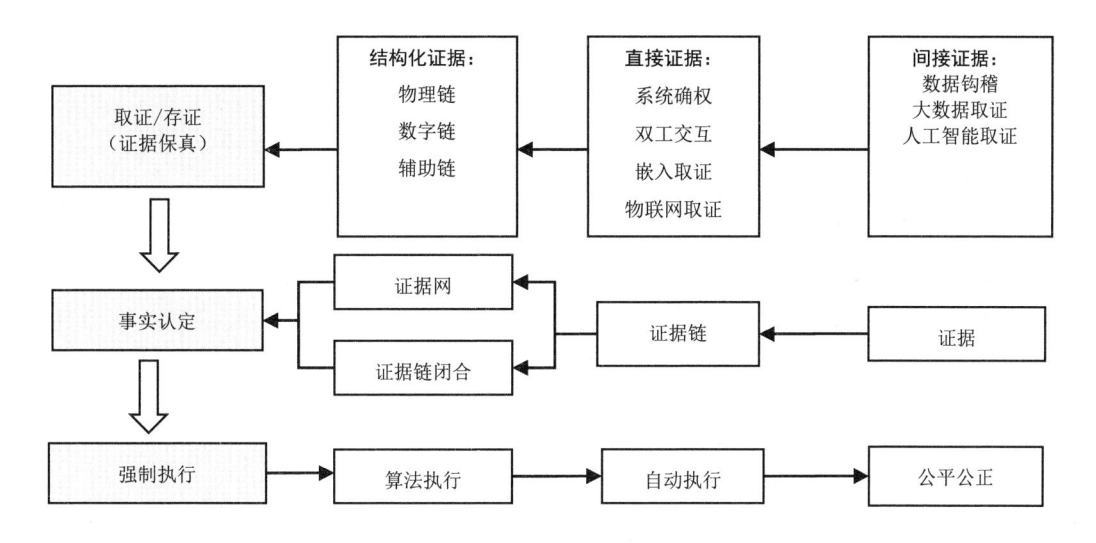

图 4-11 分布式治理的法治逻辑示意图

在图 4-11 中，分布式治理的法治思想是从证据真实性（或信息真实性）出发，从"事实结构"中获得有效的证据并形成证据链（证据网），再结合事实认定机制和强制执行机制等，构成分布式治理系统，分布式治理系统属于复杂系统。

1. 取证/存证

虚拟世界的痛点问题之一是信息（证据）的真实性，商业机构为此付出了巨大的交易成本（如审查、调查证据的真实性）。为获得足够的真实证据，交易主体需要在现实世界和虚拟世界（线上运营）同时进行事前、事中、事后的取证，需要依据事实结构（交易结构）来设计取证的方法、模型和机制，物理链（如供应链、物流链）是现实世界的真实结构，是有形、可见的结构；数字链（如数字供应链）是虚拟世界的结构，辅助链是伴生于物理链的服务链结构（如出口贸易的报关）。这些链式结构互相依赖，从结构中获得的证据具有极高的真实性，在逻辑上不容易被篡改。

直接证据的来源及获得方法较多，直接证据多为原始的照片、未加工处理的数据、原始单证等电子证据。常见的直接证据获取方法如下。

（1）系统确权，计算机确认某项与资产权益相关的事实发生（如转账），并生成电子证明单据。

（2）双工交互，线上系统与线下系统交互形成证据，如入库后生成入库单据，线下由人工参与交互。

（3）嵌入取证，在计算机系统的功能模块中，取证程序自动运行并获取证据，无须人工参与取证过程，证据的真实性、可靠性高。

（4）物联网取证，利用物联网技术在物体移动过程中直接生成证据，证据具有实时性且可以避免人工干预。

对于间接证据，则多依据于人工设计的算法（逻辑）来获取间接证据。

（1）数据钩稽，对不同角度、维度的数据进行比较，以发现问题或事实，如进行库存盘点就会发现账本库存与真实库存的差距。

（2）大数据取证，从海量数据中来分析某种事实或趋势，如消费者行为的规律。

（3）人工智能取证，以类似人脑处理问题的方式（如自然语言处理）来获得某一事实的证据，如某一时间段用户最关心的问题。

取证/存证机制是分布式账本的基础功能，这与传统记账中必须依赖真实的记账凭证机制相类似。取证/存证机制的有效性的关键在于所设计的取证方法能否获得真实的数据、证据。反过来，如果获得的是不真实的数据、证据，则账本中永远记录的是不真实的信息，其后的事实证明也是错误的、无效的，所产生的治理作用也是无效的。

证据在传播过程中的保真也很重要。从另外一个角度来理解证据保真，它是参与节点对证据的进一步确认、认可。随着记账行为的不断延续，参与人越来越相信证据的真实性、有效性，这实际上是证据保真性的增强。但证据的真实性是需要通过系统化来保证和实现的，商业系统、金融环境、法律建制、公共平台等必须为获得真实性的结构、逻辑与证据提供严格的、良好的数据接口，为证据真实性提供验证模型与方法。可以说，证据真实性是分布式账本的基础，是依法治理的依据。

2．事实认定

证据充分、证据链闭合是事实认定的基本前提。事实认定实际上是利用已经获得的证据（取证/存证机制的结果），结合证据关联机制，从而确认事实本身。事实是被证明而存在的，如转账的事实是依据转账记录、到账记录来进行认定的。

证据链是判断事实成立的主要方法，而证据链闭合、证据网则是事实证明的强度。证据链闭合的作用在于所有的证据符合逻辑，没有矛盾且相互印证。证据网是事实发生所对应的各个维度、角度的构成要素都有所对应的证据，且使各要素形成互补互证、连接一体的证据网，使作为网络结点的各构成要素在证据网上得到固定、确证，即事实可以从多个角度进行反复验证。例如，结合海关、电商平台、物流系统、运输系统、行政（如工商、税务部分）等关键节点来构建"证据网"，可以从多个角度、维度来证明某公司的交易真实性。

在分布式账本的应用场景设计中，要注意将证据链与情景相结合，形成证据间的联系，处理不确定情景信息，在此基础上完成数据、情景和服务等要素的建模，即"证据—证据链—情景关联—事实认定"的逻辑架构。例如，在供应链金融的典型应用场景中，对于质押融资，需要结合物联网、出入库单据、物流园区控制、放款等建模，设计可全面观察、可主动控制、可精确预测的应用模式。

3．强制执行

事实认定是强制执行的前提、依据，智能合约是"强制执行"的实现方式。从"事实认定"到"强制执行"是分布式治理的法治理念。另外，分布式治理机制的最终实现将涉及线下的政府部门（如实物交割），需要设计推进构建具有社会化功能的证据网，并将其作为数字化转型的基础设施。

4.5.2 分布式裁决治理的法理逻辑

分布式裁决治理的法理逻辑是"取证/存证—证据链/证据网—事实认定—强制执行"，如图4-12所示。

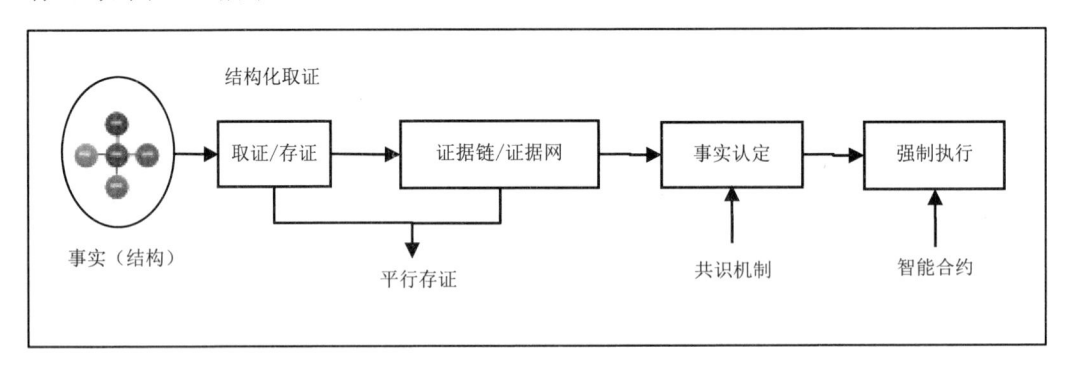

图4-12 分布式裁决治理的法理逻辑示意图

在图4-12中，证据来自事实的发生。存在"平行存证""共识机制""事实认定""智能合约"四个关键机制。取证/存证是基础，包括证据的有效性、及时性，证据传播过程中的保真（不可篡改）等；依据结构主义，结构化取证有利于形成证据链，证据链形成事实认知，结合共识机制达成事实认定，事实认定是启动智能合约自动执行的触发条件。

4.5.3 分布式交易治理的法理逻辑

交易是人类活动中的基础经济关系。契约精神是市场经济的核心价值，交易双方有选择的权力和自由，社会经济的发展也依此逻辑展开。市场经济的本质是实现公平交易、等价交换，而信任是公平交易的基础。

分布式交易治理的法理逻辑是"价值定义—虚拟价值构造—价值交易—算法执行—平台治理"，如图4-13所示。

在图 4-13 中，从价值到虚拟价值，是通过主体机构"构造"出来的；在数字化环境下，只有数字化的"虚拟价值"才能实现交换，这一过程的监督、监管可以由算法来执行（智能合约），而交易者之间的市场治理由平台治理功能来实现。

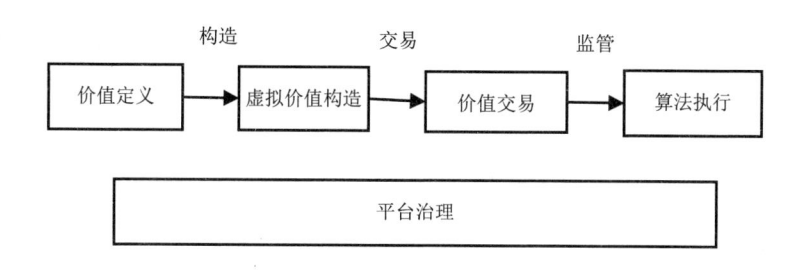

图 4-13　分布式交易治理的法理逻辑示意图

4.6　分布式治理的创新意义

4.6.1　治理创新的必要性

目前对于区块链技术的理论研究尚处在初期探索阶段，区块链应用本身所展示出来的创新效应对于开拓其他相关领域的创新思路具有极大的影响。人们已经注意到区块链技术因治理机制的创新而产生应用价值，开始考虑将区块链技术应用到政府治理与经济治理中。对于区块链分布式治理机制仍然缺少系统的、深入内部结构的研究，主要表现在以下几方面。

首先，技术治理研究明显滞后于区块链技术应用。各领域应用区块链技术的创新如同竞赛一样展开，但关于分布式账本、分布式治理机制的理论研究都处于概念传播阶段，其广泛应用及技术创新迫使理论研究必须及时跟上脚步。技术治理需要法治与技术相结合，是理论创新的难点。网络世界的治理问题主要是治理理论创新滞后于实践。

其次，分布式治理需要进行多学科交叉研究。在现有的与治理相关的理论研究中，研究者多针对具体应用场景和问题导向来分析如何应用区块链技术增强治理机制,而对于深层次的"利益分配"和"虚拟价值"治理问题,则缺乏理论化、系统化的考量。数字经济的产生和发展历史都相对较短,但技术创新、商业模式创新令人眼花缭乱,对相关治理理论创新的研究落后于实践。分布式治理理论研究需要基于法治层面,把握数字经济的发展和技术创新的规律,统筹治理理论创新的技术化、法治化和系统化,侧重于科学规律的把握,将治理创新面向治理未来、应对未来。

再次,中国本土的技术治理研究有待深化。互联网技术具有全球化的特点,但网络社会、网络空间处于不同国家的治理环境下,治理思路具有明显的区别。我国互联网技术、区块链技术的发展在一定程度上与西方比较更具有优势,如在网民数量、移动支付、电子商务、共享经济等领域都具有明显的优势,这是我国治理理论创新的重要基础和优势。网络世界的治理属于世界共同的难题,推进其在法治轨道上的有序健康的机制是基本的逻辑,也是必然的趋势,中外关于治理的理论创新都体现出这一特点,也都希望网络世界构建合理的秩序,但又不抑制创新发展,从而达到两个背反目标的平衡。

研究针对区块链技术的内在治理机制,以分布式治理原理为中心,旨在构建符合中国法治环境的分布式治理结构与治理机制的系统化、科学化理论。当研究中涉及法治时,不应违背中国的法治精神,当研究涉及科学时,不应违背世界的科学精神。

4.6.2 算法治理的创新价值

伴随着人类社会数字化程度的不断提升,算法已经成为影响世界运行的基础性规则,我们生活在一个"算法社会"之中。日常频繁使用的搜索引擎对于用户搜索内容的排序算法正是大数据和算法推荐的结果,商业银行对于贷款申请者的信用评价和风险管理依据的是算法,电商平台根据用户的偏好进行商品信息推送依据的也是算法,这些都是已经被普遍使用并左右我们日常生活的真实案例。

例如,共享打车平台,司机与共享平台之间没有固定的雇佣关系,司机可以较为自由地接入或退出平台,由于治理成本的可控性,以短期契约替代长期契约。因为平台的算法可以预测、计划、协调与控制传统企业的管理行为,平台与司机之间实现了足够低的管理费用（交易费用），大数据、云计算和人工智能等算法技术支持平台对海量司机和用户管理实现极低的短期契约成本，包括搜寻匹配的费用、谈判签约的费用、执行监督的费用，所以短期契约可以替代长期契约。

莱辛格提出"代码即法律"，算法可以塑造网络空间的运行规则。算法是机器处理的指令集，算法治理是"裁决""判定""分配"等指令对主体的某种执行。算法执行的是对关系的处理、对利益的分配，按共识规则来对主体行为进行约束或激励。执行算法时完全由机器控制，排除了人的干扰，作为治理工具，算法的机械化却具有特别的意义，相对于人（灵活执行）反而是优点。

虚拟世界的治理是通过算法来实现的。算法治理是将治理的规则、条件、逻辑提炼后"固化"在计算机程序代码上，在执行过程中仅接收数据并自动执行，人工完全不能在执行过程中干预。算法治理大幅提升了执行效率，排除干扰的执行可以获得更高的信任度，即所谓的"机器信任"。算法治理是由多种技术组合而形成的，如大数据、人工智能及物联网等分别针对不同的应用场景实现网络化、精准化、可控化，依赖在线互联、风险控制、产融结合模式形成商业生态系统。

智能合约是算法治理在分布式账本中的实现。智能合约以程序化和条件判断执行相关操作，可以处理权益交换、资产转移、债权关系等。智能合约在执行中没有艺术性、人性化的一面，其优点是保证执行程序的公正，但不利的是它不能处理复杂对象、复杂流程，难以适应现实世界的复杂性。创新最终体现在交易的便利性与交易成本的大幅下降，这是引发产业颠覆性创新的前提和目标。现代企业的信用成本远高于数据处理、流程再造等运营成本，算法治理可以有效破解因现代商业信用体系的不足而造成的交易成本高等问题，分布式账本技术将在未来的商业模式创新中发挥重要作用。

算法既是治理的形式，也是治理的内容。算法是设计出来的，所以对于"设计算法"也要进行治理，或者说"算法由谁说了算"也是算法治理的一部分。因为主体参与、影响算法的设计就相当于拥有了治理权，在实践中要求对算法的设计应具有透明度、正当性与可责性。所以，设计算法本身就是达成共识的重要前提，是协作的重要内容，是交易平台的一部分。

4.6.3 分布式治理的应用价值

分布式治理对于公共部门和经济系统的影响是深远的,具体体现在以下几方面。

1. 改变经济系统价值交换的逻辑

分布式治理革新了互联网底层的组织结构,形成了市场的"多中心"、自组织结构,逐步代替了政府对市场"中心化"的监控,有利于创新和社会价值的重构。分布式治理包含"共享、合作、众筹、自我组织化"的核心理念,形成新型的自治体组织结构,在自治机制下,创意、民主、参与等价值会被强化,强调保护交易和价值创造,保证交易公平性、程序正当性、安全性和隐私性等。传统互联网基于成本驱动,以信息中介角色来创造赢利模式;而分布式治理基于价值创造与价值分享驱动,以构建诚信和公平的交易秩序作为治理的目标。人们期望的"价值互联网"极有可能将分布式治理作为基本的系统架构之一。

2. 分布式治理有望解决"数据孤岛"效应

现代政府的公共部门属于典型的科层制,马克斯·韦伯认为,"从纯技术的角度看,官僚制是最高效的组织形式。"然而,在实际中,官僚制却容易异化,成为效率低下的代名词,官僚制出现的弊端包括条块分工壁垒、冗繁的规章、严格的程序等。20世纪80年代,组织流程再造运动兴起,信息技术的大规模和深度应用实现了跨部门、跨权限、跨层级的数据库系统,以信息共享和流程重组实现了大幅度的效率提升。拉塞尔·林登提出"无缝隙政府"的概念,认为利用信息技术可以将"串联式"业务流程变成"直接面向公众"的"并联式"业务流程,政府效率就会大大提升[①]。然而,组织流程再造在公共部门的进展并不顺利,在全球来看,其成功案例并不多,其主因在于存在"数据孤岛",特别是在层级式组织部门,因利益、资源竞争等原因难以在整体层面实现数据整合。

分布式治理针对"数据孤岛"效应,采用分布式、节点地位平等、点对点的结构,使得科层制从传统的以行政关系联结的业务流程转向将参与者(公众、机构)

---

① [美]拉塞尔·林登. 无缝隙政府—公共部门再造指南[M]. 北京:中国人民大学出版社,2002:18.

都以节点的方式联结在平等的网络结构上，点对点的方式真正实现了"面向公众"的"一站式服务"；而纵向的上下级关系被压缩后转变成为扁平组织，实现了弹性化和透明化的结构，使得服务机构的运作效率和响应公众需求的速度大幅提高。

3. 分布式治理创新社会治理价值体系

未来，网民、非正式组织、虚拟社群等基于虚拟化的多元化组织通过分布式治理架构更容易主动参与社会治理，在小群体自治的基础上，通过共同体、自组织方式实现在更大范围参与社会治理，而不仅作为被动的规则接受者、价值创造的旁观者；另一方面，通过分布式治理赋能，政府主导、多元主体参与、社会协商共治的智能化社会治理格局将会形成。德什·弗里德曼等人提出"规制私有化"的概念，即能理解和执行规章的往往不是法官或政界人士，而是企业家和软件工程师。

4.7 小结

本章首先对分布式治理的对象进行阐述，利益共同体是分布式治理的客体，治理模式与自治体密切相关，共识是自治的前提，利益关系转换为契约关系是技术自治的基础。本章提出了分布式治理的定义、内涵分析，以及中心化治理转换为分布式治理的逻辑等。本章依据"虚拟价值—算法执行"提出了两种分布式治理的典型功能，对共识及通证进行论述，最后分析了分布式治理的法理依据和应用价值。

（1）利益、利益共同体、治理、自治体等概念构成了分布式治理内涵的基础。利益共同体是构建和谐社会的基石，以算法作为序参量来形成共同体的秩序，将智能技术和自觉自治相结合构成分布式治理模式。经济利益共同体是利益共同体当中最容易形成的、最常见的共同体，是各种利益共同体形成的基础。

（2）共识是在利益共同体中，成员各方通过相互沟通、谈判、博弈，并在博弈的过程中最终达到平衡的状态，即"纳什均衡"。在实践中，凡是不符合帕累托最优和纳什均衡的治理机制设计最终都将面临失败。利益共同体是市场和社会竞争的主要形式。

（3）紧密利益共同体对于治理模式的影响是有利于在紧密利益共同体中构成"自治"模式。利益共同体的自治模式是指内部的成员达成分配的规则，即共识。自治意味着治理的依据产生于共同体的内部，而非外部的、强制性的规则。

（4）从非正式自治到技术性自治，本质上利用的是契约工具（方法）的法治化。将"利益"转换为数字化的"虚拟价值"，由"算法"来执行对"虚拟价值"的直接分配。

（5）"去中心化"在逻辑层上仍然是"中心化"的，区块链应用系统仍然是"逻辑中心化"的。只有"数字化"的利益能被"算法"直接分配，所以必须对现实世界的利益进行"虚拟化"，即转换成数字形式。利益的表达与分配是基于Token对"虚拟价值"的表达，结合"算法执行"，分布式治理有四种典型的分类。

（6）分布式治理具有两大基本功能，即分布式裁决功能、分布式交易功能。分布式治理以技术性自治来替代中心化机制的法治功能，分布式治理的法治逻辑为"取证/存证—事实认定—强制执行"，证据充分、证据链闭合是事实认定的基本前提。分布式裁决治理的法理逻辑是"取证/存证—证据链/证据网—事实认定—强制执行"，分布式交易治理的法理逻辑是"价值定义—虚拟价值构造—价值交易—算法执行—平台治理"。

第 5 章 分布式治理的关键机制

分布式治理功能的实现依赖于多种技术的组合，结构化取证、区块链存证、事实认定、智能合约等机制都是以智能技术和算法为核心的关键机制。

5.1 结构化取证机制

系统科学认为，系统存在稳定的结构，结构决定系统的功能。事实就是系统，同样具有结构，当人知道事实的结构时，就认清了事实的真相。认知事实的结构是将具有结构化的证据依据一定联系来形成对事实的认知，当证据足够、证据之间的联系合理时，这一事实就成立了，这也是证据法学的基本原理。

证明事实的证据链具有相互印证、环环相扣、结构完整、层级分明的结构，而这种证据之间的结构不是人为想象出来的，而主要依赖于从事实的系统结构中来获得具有结构化关系的证据，这就是本书提出的结构化取证机制。结构化取证是已经知道某一类事件的内在结构，当预计同样的事件要发生时，依据这类事件的内在结构进行取证，使得获得的证据能反映事件的内在结构，以结构化的证据来证明事实的发生。

算法治理的特点是针对紧密关系的利益共同体，经济人假设个体以追求利益为根本目标，共同体中的个体行为已经具有很强的可预测性，但关键是要影响利益治理的行为、事实发生，需要获得支撑这一行为、事实发生的证据。

算法治理与现有司法实践存在本质的区别，分布式治理获取证据的主要方式是在虚拟化的环境中以数字化方式获得。所以，设计有效的取证原则和方法，以获得足够的证据来证明事实，处理好证据在线上、线下的逻辑关系，是分布式治理的关键机制之一。

5.1.1 结构化取证的证据学原理

法治是国家治理的基本形式，其他所有领域的治理和治理创新都必须坚持法治精神。现代司法奉行证据裁判原则，即"认定案件事实，必须以证据为根据"[①]。事实是客观的，事实只能由证据来证明。如何证明事实，是司法的核心问题，取得充足的、有证明力的证据是证明事实的关键。

事实具有真实性、客观性、唯一性，客观性就是不以人的主观意志为转移。首先，任何事实都发生于一定的时空之中，事实必然发生在特定化的某时某刻和特定的某一具体地点。在时间维度上，事实一旦发生，就具有了客观性，是客观存在的。存在和事实具有可知和真知的区别，正是在这个层面，维特根斯坦说："世界是事实的总和，而不是存在的总和。"

只有具有足够的证据才能形成事实认知。人们只能通过有效的证据对事实进行认知和把握。证据的本质属性之一是相关性，即关联性，与事实有关的证据用以证明事实，与事实无关的证据无证明价值。除极少数直接证据外[②]，绝大多数证据不可能与事实直接关联，而需要对众多证据进行相互排列组合。当两个证据之间能够组合时，意味着两者达成了稳定牢固的"链接"关系，即形成了最基本的"证据链"，"证据链"比单个证据更有利于证明事实。若干证据相连接可形成"证据长链"，若干证据长链交织即可形成"证据网"，逐步提升对事实证明的可靠性。

[①] 最高人民法院《关于全面推进以审判为中心的刑事诉讼制度改革的实施意见》，2017.
[②] 纪格非，"直接证据"真的存在吗？对直接证据与间接证据分类标准的再思考[J]. 中外法学，2012（03）.

"证据链"就是结构化的证据,如何设计这种内在结构,并在这种结构下获得证据,是事实证明的关键所在。结构化取证所依赖的原理分析如下。

1. 没有单个"直接证据"能够"单独"证明事实

一个直接证据无须借助于其他证据的支持或协助就可以证明主要事实,或者单独用一个直接证据就可以证明事实的全部内容,这类命题在逻辑上是不成立的[①]。直接证据与事实联系存在单独性、直接性,但直接证据必须经过解释的过程而直接与案件事实发生联系,"案件事实"是主观状态,无法被证据直接、单独地证明。孤立的证据无法证明事实,不仅孤立证据无法证明事实,即使若干孤立的证据,也无法证明事实,因为若证据之间没有联系,就不能共同证明同一事实,这也说明了只有证据链才能证明事实。

证据就是"一种关系",关系只有在一个证据与其他证据之间的联系中才能得以体现,单独的证据无法产生联系,就不能体现证据的价值[②]。只有对众多证据进行通盘考虑,每个证据只有在与其他证据的关系中才能显示其证明力。因此,没有脱离具体的案件背景及证据关系的孤立的证据,必须结构化取证。即使是刑事案件中案发现场的监控设备录取的画面,也无法"直接"证明犯罪的动机、因果关系,对于类似的案件,检方为了证明录像带的事实,需要其他证人、证言、医学鉴定结论等证据。

2. "证据链"是结构化取证的理论依据

"证据链"既是证据相关性的具体化表达,也是验证最终事实是否成立的重要标准。为提升对事实的证明,取证机制应以形成证据链为原则进行设计。例如,为证明"发货"这一事实,可以采取对发货单、运单(由第三方物流公司开具)、收货单、验货证明等进行取证、存证,以形成对发货这一实事的充足证明。是否形成(完整、可靠、可追溯的)证据链作为判断证据与事实的基础性指标,是我国司法实践的主线。

---

① 何家弘,刘品新. 证据法学[M]. 北京:法律出版社,2008.
② 孙彩虹. 证据法学[M]. 北京:中国政法大学出版社,2008.

5.1.2 结构化取证方法：依据对象结构来获取"证据链"

从对象的结构中来获得具有结构化的"证据链"称为结构化取证。对象在系统观下具有一定的内在结构，依赖内在结构才能实现一定的功能。依据对象结构来构建"证据链"是形成事实认知的系统方法。

1. 结构化取证的方法论

"证据链"反映的是事实的内在联系，即结构或逻辑。反过来，在事实发生的过程中，依据事实的内在联系进行结构化取证，所获得的证据一定能够较好地形成"证据链"，以证明该事实。

结构化取证简化了事实内在的多重复杂联系，但在整体上仍然反映事实的内在结构，以取证"点"的聚合形成证据（点）间的组合排列关系，证据间的结构关系展示的是事实的结构，证据链是"证明"事实的结构，而不是事实的"证据"。这使得证明逻辑的科学性不会受到证据界定、特征、种类等证据自身的困扰与纠缠，由此将关注点落到证据所表达的结构和相互联系上。

证据间的相互关系的意义远大于证据本身，这是结构化取证的核心逻辑。每个证据的价值完全取决于它与其他证据的关联，在于其证明信息的传导性和增强事实的可能性。只有在证据的相互解释与相互界定的结构之中，证明才有价值。

结构化取证在于如何给出事实的"深层结构"，即需要解构事实，给出事实中产生证据的位置与关系，从而生成一种可视化结构——事实的"DNA 螺旋"。真相是由结构产生的，掌握了事实的结构，就等于掌握了认定事实的方法。

2. 证据链的"交叉验证"方法

关于某一证据是否真实有效，如果单独对这一证据进行鉴证，其成本相当高，也不符合"证据链"的思想。以证据之间的内在逻辑关联来检验证据的真实性是一种事半功倍的方法。

以采购交易为例，传统方法是对纸质单证进行人工单证审查，存在成本高、效率低等不足之处；但采购业务中的众多单证之间必然存在依据业务逻辑的内在联系，这种内在业务关联可以判断单证是否真实有效。所以，必须构建数字化环境来解决单证真实性查验这一基础性问题，通过间接证据对直接证据进行辅助验证，这种"交叉验证"可检验证据的真实性，进而形成"交易真实认定"。

信息交叉验证通过算法来遍历证据链/证据网的节点数据，包括对以下几方面数据（证据）的检验。

（1）数据的一致性检验，遍历证据链上的交易节点数据，并检验证据链数据的合理性，即检验证据链中前后节点数据的一致性。例如，入库单与库存的增加量具有一致性。

（2）数据的逻辑性检验，遍历证据网数据，包括物流、商流、信息流、资金流与证据流，验证数据的逻辑合理性，这是直接证据与直接证据之间的交叉验证。例如，一台汽车的行驶里程与油耗量属于直接证据，可以进行互相验证。

（3）间接证据对证据链的数据检验，包括空间关系（地理位置）、时序关系的数据遍历（历史、当前、未来），验证直接证据数据的逻辑合理性。例如，企业的用电量（间接证据）可以对生产量（直接证据）进行验证。

3. 技术系统的取证与证据确认

计算机系统外的观察者无法从外部获得系统内部的运作逻辑。系统的"输出"是证据，但是依据"证据"仍然不能确定系统运行的合理性和正确性。所以，要从系统的内部结构中抽取证据，这样具有更强的客观性、公正性，有利于验证系统功能。

系统取证在系统运行过程中不经过人的直接干预，实时抽取关键数据和证据，作为事实认定的证据。在系统取证的同时，以加密的方式向外部传送，以保证证据的原始性和不可篡改性。

例如，在食品安全溯源中，检验环节的数据和证据具有非常关键的作用，不能采用人工处理后的信息。在检验系统中，直接从系统中取得证据，不经过检验人员的确认，实时抽取产地信息、鉴定内容、关键数据等，以加密的方式记账，并提供给外部的利益相关者，以形成不可篡改和附加时间戳的证据，有效防止传统系统内部的道德风险。

在现实中，经过当事人处理的数据，存在当事人修改对自身不利的信息的风险，或者当事人隐藏不利的信息的风险，这在涉及责任划分的事件、财务系统中较为常见。

5.1.3 平行取证与存证

事实不是一瞬间的事件，而是一个连续的过程。当依据事实的结构获取一系列证据之后，要形成有效的"证据链"，还需要进行证据的保存，即存证，且存证需要反映和支持"证据链"的形成逻辑。所谓的证据链，是从观察者的视角，依赖逻辑思维才能得到的认识，证据链不是天然形成的链式结构。

例如，通过采购业务过程获得一系列供应商选择、签约、验货、收货、支付等过程单证，且这一过程中产生的证据都是电子证据。需要存储、记录这一过程中不断产生的电子证据，且存储之后的证据能直接反映证据"采购"这一实事成立的逻辑关系。

存证需要防止证据产生后被篡改，应及时存证，甚至同步存证（行为或事实发生即取证、存证），这将有效提高证据的真实性、证明力。另外，及时的证据也是算法治理的要求之一，因为及时的证据可以及时判断事件的走向及是否发生需要立即处理的风险事件。例如，仓库收货后就及时支付货款，减少了供应商的风险。

依据证据反映客观事实的原则以区块链技术进行存证的方法，本书称之为"平行取证"。所谓的"平行"，是指现实世界与虚拟世界的严格对应关系，且遵守结构化取证的思想，即依据事实的结构获取证据，同时以不可篡改的时序结构将证据保存在另一个系统中。

1. 平行记账原理

所谓的平行记账，是以分布式记账来记录证据，有利于形成完整的、系统的、全局化的证据链，在虚拟世界中构建事实结构的镜像，以达到事实认定的更高标准。

时间顺序不可逆。现实世界中采用的是时间永远向前的秩序，时间不可逆，事实发生就不可逆转，事实认定后就不可否认和抵赖，这也是法治精神的体现。以区块链技术记录结构化取证机制，实现对证据的分布式记账，所记录的信息具有不可篡改性，可以通过证据来支撑虚拟世界的构建，这也是现实世界的真实反映。

现实世界与虚拟世界两者之间具有平行性、同构性，虚拟世界是以现实世界取得的事实信息为单元而构成的系统，而事实信息就是证据和证据链。现实世界的事件发生后不能篡改，记录在虚拟世界中的证据同样不能篡改，因此两个世界具有一致性。现实世界中按时间序列不断发生且不可逆的事件序列，反映在区块链账本中，就是证据同样具有时序性，反映事件的不可逆性，即"同构性"。

虚拟世界与现实世界的平行、同构要求从现实世界获取真实信息来记录、存证（记账），使得虚拟世界以相同的秩序和规则运算、运作，以达到人工系统的目标。真实、可靠的证据是构建虚拟世界的基础。因为，获取证据后就不可更改，其反映的事实信息才能具有证明力，如果证据可以被篡改，虚拟世界就失去了反映现实世界的功能，变成一个没有逻辑、不能执行规则的混沌系统。

依据以上原理，对证据的记录需要实现分布式存储、时间序列记账，以达到事实认定的要求，且所有记账经过全网验证。平行记账原理如图5-1所示。

在图5-1中，时间是平行记账的坐标轴，时间具有两个基本特性。

（1）时间永远向前，坐标指向不变。现实世界的发展永远向前，不存在"穿越"的可能性。这是现实世界的基本秩序，在时间序列上，事实的发生顺序永远不会错乱。虚拟世界要构建与现实世界相同的秩序、结构。平行记账是一种以时间轴为坐标、按时序进行记账的机制。

（2）时间戳机制。反映事实的证据以"时间戳"来印记事实发生的时序性，证据必须附带事实发生的特定时间，这就是"时间戳"机制，保证虚拟世界与现实世界在结构上是相对应的。

2．平行记账应用

以采购为例，平行存证原理示意图如图5-2所示。

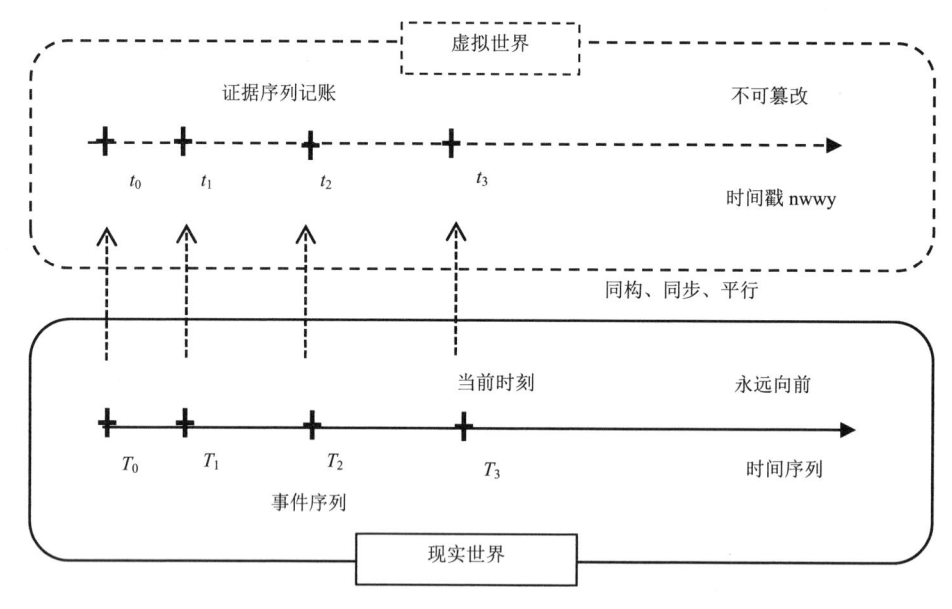

图 5-1　平行记账原理

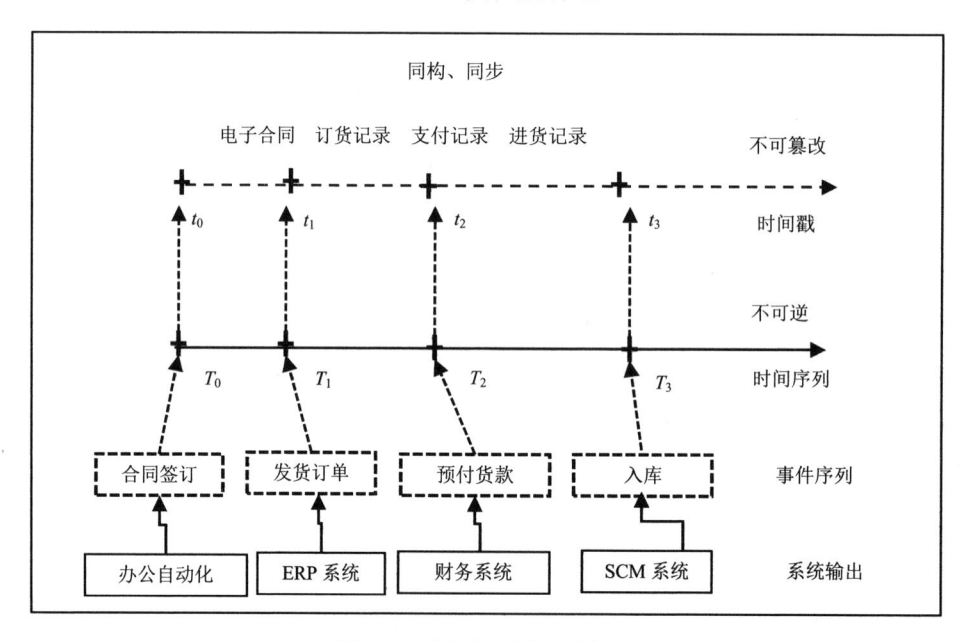

图 5-2　平行存证原理示意图

在图 5-2 中，以采购流程为例，将其流程简化为四个事件（合同签订、发货订单、预付货款、入库），从这四个节点获取证据，并形成交易的证据链，采购交易将产生按时序发生的四个事件，取证并存证，形成证据链。

（1）T_0 时刻利用办公自动化系统进行"合同签订"，表明双方债权关系的确立，法律关系成立，具有法律效力的"电子合同"形成区块链的 t_0 记录，不可篡改，且是下一事件"发货订单"的链接。

（2）T_1 时刻采购方从 ERP 系统发出"发货订单"，要求供应商按发货订单发货，债务关系成立，不可逆（假设订货不可撤销），"发货订单"形成区块链的 t_1 记录，不可篡改，且是下一事件"预付货款"的链接。

（3）T_2 时刻采购方从财务系统中进行"预付货款"，银行按约定放款，合约关系成立，不可逆（假设付款不可撤销），"支付记录"形成区块链的 t_2 记录，不可篡改，且是下一事件"入库"的链接。

（4）T_3 时刻采购方对供应商送的货进行验收，验收合格后入库，供应链管理系统立即自动生成"入库单"，"入库单"形成区块链的 t_3 记录，不可篡改，从而形成一个完整的采购证据链。

以上四个主要事件从不同的系统中生成，且由不同公司的参与人确认、签署，实时、同步记录事件，以加密和附加时间戳的方式记录，前后串联，形成不可篡改的证据链，将现实世界的时间秩序和真实性，以同步、同构的方式记录在虚拟世界中，形成事实认定。

可以基于区块链技术的平行记账跨系统获取直接证据，形成证明力很强的证据链，代替中心化机构的功能。平行存证实现了虚拟世界与现实世界的同构，符合人们在现实世界中观察与记录事件的方式。

5.1.4 结构化取证举例：采购的交易结构和取证

采购合同是常见的商业合同之一。签订合同的事实可以反映在具体的合同上，数字化管理采用电子签名的电子合同。有采购合同后，需要进一步确认"交易是否达成"这一事实,需要诸多的证据来证明交易达成,因为只有执行了完整的采购流程,包括"签订合同、下单、物流运输、交货、验货、开具发票、支付货款"等一系列行为,"依据采购合同的交易"才能被证明属实,即事实认定。

1. 采购交易结构

"依据采购合同的交易"具有复杂的结构。在制造与流通业中,交易双方是指上游、下游的节点企业,以"框架合同+订单"的方式,采购方支付货币,通过第三方物流最终实现交易的达成,即价值交换,也是货物产权的交换。采购交易结构包括"商流、资金流、物流、信息流",如图5-3所示。

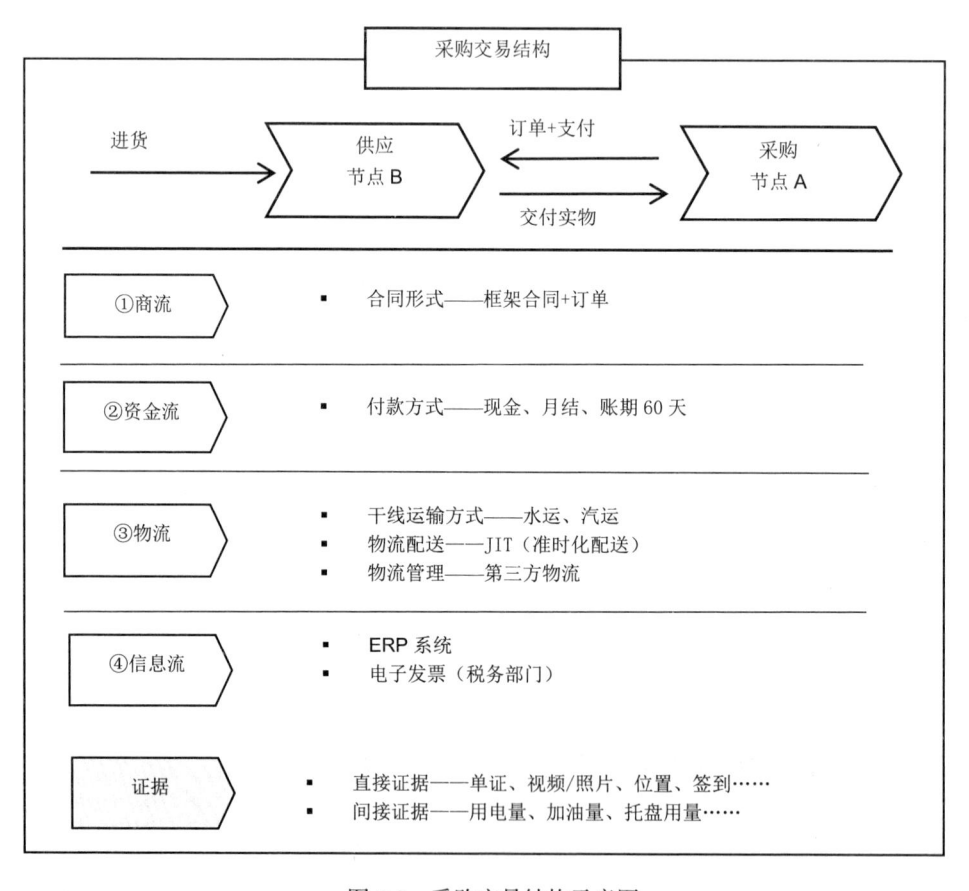

```
                     采购交易结构

  进货                          订单+支付
  ────▶   供应节点B   ◀────────────▶   采购节点A
                              交付实物

  ①商流      • 合同形式——框架合同+订单

  ②资金流    • 付款方式——现金、月结、账期60天

  ③物流      • 干线运输方式——水运、汽运
             • 物流配送——JIT（准时化配送）
             • 物流管理——第三方物流

  ④信息流    • ERP 系统
             • 电子发票（税务部门）

  证据      • 直接证据——单证、视频/照片、位置、签到……
             • 间接证据——用电量、加油量、托盘用量……
```

图5-3 采购交易结构示意图

在图 5-3 中，在采购交易结构中，可以依据四个流程分别取得证据链，每个证据链包括直接证据和间接证据。采购交易也是网状结构，从这一网状结构中可以获得多个证据链，由多个证据链组成证据网。

在数字化环境下，采购的各类单证信息由各业务环节产生，并以电子方式存在（也包括 ERP 中的信息）。大量的信息包含在单证中，如交易标的（货物）的介绍、支付方式及条件、交付条件（包装、发货运输方式、收货）、签章等。这类信息的质量、准确度、真实性取决于取证方法。

数字化环境是结构取证的基础。数字化使供应链上的成员企业成为统一的、协调的系统。节点企业能够实时获取、处理和分享市场、产品质量、库存分布、在途状态、行业等信息，从而增加整个供应链的可视度和决策的有效性。

（1）商流。

商流体现为不同合同形式的实现，主要合同形式包括框架合同、订单。节点之间形成稳定的供应关系，并签订框架合同（基础合同），可视为战略伙伴关系，规定特定时期合同的标准条款，不再采用竞争程序，供应商据此条件供货，具体的交易细节以订单的方式体现。

（2）资金流。

资金流体现为不同付款方式的实现。单次支付，可分为现金支付和其他方式支付（如电子支付）；定期支付结算为月结（如 1 个月结算一次）；延期支付则为一定账期（如 2 个月）的应收账款。

（3）物流。

物流主要包括干线运输、物流配送和物流管理。干线运输一般为公路、水运等；物流配送为 JIT 准时化配送；物流管理以第三方物流为主。

（4）信息流。

采购节点 A 的信息系统为 ERP 系统，下单方式为电子下单方式，发票开具方式为电子方式，因为电子方式的时效性更高。

2. 从证据到证据链

供应发生由交易来实现,供应这一事实具有明确的内在结构,即供应链结构。这类典型的链式关系由节点之间的关联性交易串联而成。且采购与供应属于严谨的订单驱动下的行为,订单根据产品结构(BOM)、生产计划、销售计划等逐步推进,不随人的主观随意性而临时改变,各个环节环环相扣,形成高速运转的共同体。

证据包括直接证据和间接证据。直接证据是与交易直接相关的证据,可以直接证明交易的真实性,如收货时的视频、库存照片、运输车辆的位置信息、司机的签到单等;间接证据是与交易间接相关的证据,可以间接证明交易的真实性,如企业加工的电费、货运车辆的用油量等。

由证据可形成证据链,如"框架合同—订单(双方签名)—支付记录(订金)—发货单—运输单—入库单—发票"。另外,间接证据可以增加单证的证明力,如"加油记录"(加油站提供)可以佐证"运输单";"电子监察录像"可以佐证"入库单"等。形成证据链可以较好地支持"交易达成"的事实认定。

在严谨的交易结构中,证据可以进行交叉验证,可形成交易信用自证模式。证据链的重要价值在于,交易结构本身可以证明交易的真实性(不可篡改、不可逆、造假不划算等),交易真实性的自证可以增加信用,这为第三方参与交易服务(如物流、担保、质押贷款等)提供了最有效、成本最低、甚至无须第三方信用机构介入的运营方法。

3. 交易网到证据网

每个交易都不是由交易双方就能独立完成的,实际上有许多类型的机构、企业参与了交易的完成,而从更宏观的角度看,每个城市、每个地区、每个国家,每时每刻都在进行巨量的交易,这些交易存在交叉关系,从而形成一条主链、多条辅链的网状结构。交易网中的证据网结构如图 5-4 所示。

在图 5-4 的网状结构中,多条平行、交叉的交易主链和辅链互相关联、交叉,最终形成交易网,而产生于交易网的证据链也互相关联、交叉,能够相互验证、相

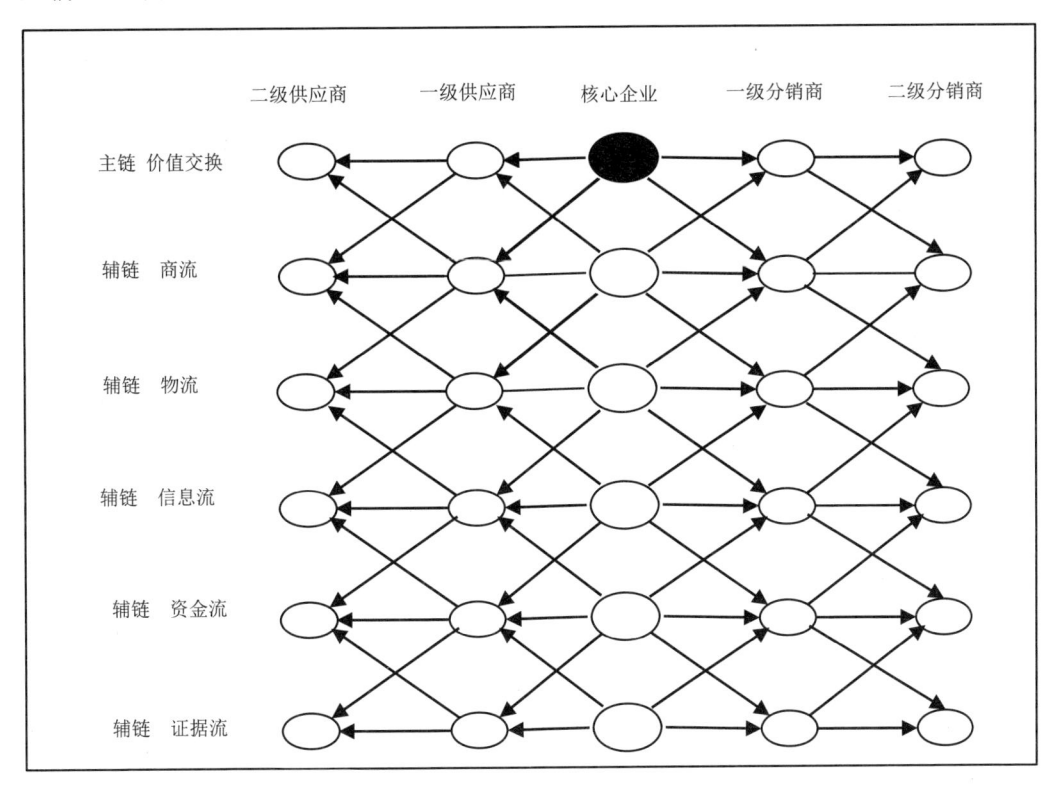

互辅证，形成证据网。证据网用于信用自证的解释如下。

图 5-4 交易网中的证据网结构

（1）交易网与证据网具有高度的同构性。交易网是产品结构下的交易网，其结构严谨，所产生的信息、证据都具有严格的逻辑关系，在很大程度上不能进行人为的改变，这使得获得网状结构的证据链具有很强的证明力。

（2）交易网中存在部分信用高的机构，使得证据作假的难度高、成本高。核心企业、国家行政机关、数字化服务平台等都缺少参与作假的动机，三个节点以上的合谋作假的难度极高。所以，依据交易链的内在联系，在互相验证的逻辑下，可以获得证明力极高的证据链。

（3）信用自证以算法来实现。以算法来处理证据，计算证据的证明力，结合区块链存证机制，以加密的方式来形成不可篡改的证据，以共识机制、身份验证来杜绝参与者的作假行为,这是算法治理的重要内容之一。

(4)基础单证的真实性是算法治理的关键。算法不能验证基础单证的真实性,因为原始单证、原始输入数据是业务逻辑的起点,算法对于这类原始证据缺少判断力。所以,需要结合物联网、GPS 等技术来增强原始证据的真实性、及时性、有效性,这是形成高信用基础数据的技术保证。

案例

链式票据"合同+单据+发票"。

在企业采购过程中,交易过程中会产生订单、关单、税单、运单、仓单、水单、发票等关键证据,将这类票据以交易逻辑的关系串联起来,可以展示出供应链数据的全景视图,从而以链式票据来实现对交易真实性的证明。

深圳大创科技基于区块链技术行业的"1+6+1"模式,实现了对数十亿条资产溯源上链数据的检验。"1+6+1"模式深入供应链流程,获取前中后关键节点凭证,来证明价值在供应链中的传输。区块链技术主要保证票据的不可篡改和实现分布式记账。"1"代表合同,即供应链业务上的框架合同,合同数据上链,即可实现合同条款不可篡改;"6"代表订单、关单、税单、运单、仓单、水单,这 6 种单据形成有逻辑关系的证据链,可全程跟踪供应链业务的完整流转链,同时实时采集和动态掌握节点信息,防止票证作假,识别虚假业务行为;最后的"1"代表发票,采用区块链专票电子化(数字票据),既保证开票信息的安全、防伪、可认证、可抵扣,又实现上链发票信息及发票状态等流转信息的可信任、可追溯,将现有纸质专票的邮寄、流转、接收和处理缩简为收票企业秒收。

从商机引进、风险控制、客户管理、服务协议等事前评估,到订单发起、报关报检、进出口税、物流运输、出入库等事中控制,再到资金结算、电子发票等事后分析,"1+6+1"模式将供应链环节的电子化数据、流转、状态等信息上链,实现对这些信息的锁定，获得资产形成的底层证据，大幅提升了资产的质量，实现了资产信息的可信、可验证、可追溯。

4．算法信用

交易网中的链式结构长，且交叉，因此其复杂度进一步提高，使得节点与环境处于高度的动态关联中。在这类动态关联、结构复杂的网络中，不守信用的行为、违法行为很容易通过算法验证出来，由于证据链交叉，多条证据链具有相同的证明力，使得事实证据极具有可信力。

交易网在充分获取证据的情况下，可通过算法获得节点信用的有效信息。这类证明力极强的证据链、证据网对于服务机构的信用业务的开展十分有利。例如，金融机构不能深度参与供应链的底层业务逻辑，也不能全面跟踪交易本身，但金融机构可以依据证据链、证据网来简化参与供应链的成本，从而可以支持对节点的信用评估和授信。

5.2 区块链存证机制

电子证据成为信息世界中名副其实的新的"证据之王"，其获得与审查成为司法实践面临的紧迫问题。但电子证据具有技术上的依赖性、精密性、脆弱性、易逝性等，无损取证原则（保证电子证据的客观、真实与完整）应该作为"黄金法则"。目前，电子证据的防伪、抗抵赖技术主要为电子签名、时间戳、第三方机构（公证处）存管等。

区块链技术的出现为解决传统的电子证据问题开辟了新思路。

5.2.1 电子证据的获取与保存

电子证据是人类社会经济信息化后，由计算机技术、现代通信技术及网络技术等产生的以电子信息符号为形式的证据，是数字化社会运作的基础。电子证据是指能够被法庭接受的、足够可靠、可用于证明事实的证据。

1. 电子证据的特点

学界认为电子证据所固有的依赖性、易被篡改性、专业性等特点长期以来都是电子证据保全中的痛点问题。与计算机密切关联的电子证据具有与其他实物证据完全不相同的特点。

（1）电子证据的脆弱性。电子证据以二进制数据、数字信号的方式存在，但容易对电子证据进行截取、监听、窃听、删节、剪接，且从技术上难以查清、追溯或反证；也可能因操作差错、硬件故障、通信错误等非人为的因素而使得电子证据无法反映真实的情况。电子证据的变更、毁灭极为方便，且不易被察觉，远程操纵计算机为破坏、修改电子证据提供了更便利的条件。电子证据的"原件"不能被肉眼所见，甚至没有原件的概念（可以无限次复制），这也会影响电子证据的证明力。

（2）多媒体性。电子证据以可视化的形式显示时，包括文本、图形、图像、动画、音频及视频等多种媒体信息，涉及文档文件、声音文件、图像文件、数据库文件、网页文件、视频文件、电子邮件、即时通信类文件等。

（3）隐蔽性。在存储、固定、鉴定、处理电子证据的过程中，必须用特定的二进制编码表示，由编码来表达信息，按照常规手段难以确定电子证据与特定主体、事实之间的关系，直接削弱了电子证据的证明力度，需要技术手段来增强其证明力。

（4）难以鉴定性。数据被人为篡改后，如果没有可以对照的"原件"，就难以查清、难以判断。纸质签署人的笔迹有各种特征，而且可以长久保存，对其进行修改的行为会留下"蛛丝马迹"，通过专家或司法鉴定等手段均不难识别。修改电子证据的数据很简单，而且不易留下痕迹，电子证据均有可能被轻易地盗取、修改，甚至全盘毁灭，而不留下痕迹。

（5）专业性。专业性表现在电子证据的收集、保存、认定等环节。电子证据的收集主体需具备一定的专业技术。在电子证据的保存上，需要借助专业的知识才能确保电子证据保存的完整性、可靠性。在解决纠纷时，法院对于电子证据真伪的审查认定需要结合鉴定机构出具的专门的审查意见来进行综合判定。否则法院很难仅凭借日常生活经验来对电子证据进行收集、保存和认定。

电子数据的取证、存证、证据保全及司法（专业）技术鉴定有着法律性与科学性的双重属性。电子证据必须严格遵循明确的、严格定义的方法和程序，否则电子数据的证明力不足。

2. 电子证据的关联性

电子证据的本质是关联性，关联性同样是电子证据运用的标准之一。关联性是电子证据在法庭上运用的关键性指标。证据的关联性指证据必须与案件的待证明的事实之间存在明确的逻辑上的联系。只有对事实的证明能产生一定的实质性影响，电子证据才被允许用于司法证明，这与传统证据法理论中的关联性标准是相同的，电子证据并无特殊之处[①]。

作为一种虚拟空间的证据，电子证据用于定案必须同时满足内容和载体上的关联性。前者是指其数据信息要同案件事实有关，后者表现为虚拟空间的身份、行为、介质、时间与地址要与物理空间的当事人或其他诉讼参与人相关联。由于电子证据以电磁信号的方式存在，与传统实物证据在形态上相差较远，电子证据的关联性受其特性的影响而面临多种因素的挑战，甚至比电子证据的真实性、合法性和证明力等因素更为显著。电子证据在仲裁中的价值主要在于关联性。

所以，在分布式治理的技术机制中，设计电子证据如何与事实关联，成为分布式治理中取证设计的关键。证据学中的结构主义思路则非常适合应用于电子证据的关联性设计。

3. 电子证据保全

电子证据保全分为固定和保管两个阶段，是指用一定的形式将电子证据固定下来，并加以妥善保管，以供事实认定时使用。司法实践中的电子证据保全包括诉讼保全、公证保全、自行保全。

在分布式治理的技术机制下，电子证据采用的是预先取证机制，采用加密和区块链记账等方式实现证据调查、证据固定两大功能。这种预先取证机制可以有

---

① 刘品新. 印证与概率：电子证据的客观化采信[J]. 环球法律评论，2017（4）：109～127.

效防止证据灭失，对易逝的电子证据进行及时固定，有利于获得对于事实的全面证据支持。

采用区块链技术存证，从证据的产生、保存、传递等方面有效防止了对证据的篡改或删除，这是区块链存证应用的独特优点。

5.2.2 区块链存证原理

区块链存证具有法律效力，需要证据具有真实性、合法性与关联性，即证据的"三性"。证据的真实性指以取证的内容作为证据事实，不应以任何人的主观意志为转移，它真实、客观（而非虚无、想象）地产生在数字化环境下，通过相关技术能将电子证据展示出来，且为人所认识和理解（如文字、图表等）。证据的合法性是指以符合法定的方式获得，由于在分布式治理中采用的取证是参与人都认可的程序与方式，所以其获得、提供、审查、保全、认证、质证等过程和程序也必须是合法的。

在区块链存证中，还附加了时间戳机制。使得电子证据（区块）对于事实证明具有时间属性，对信息的形成时间提供可信的证明，对于证据的真实性可以排除人为干涉的可能。对于"不可篡改"，区块链保存的电子证据的效力明显比传统证据更强。

在算法治理中，由于区块链技术对电子信息的存储、传播具有保真功能，在"链上裁决"中无须另外对电子证据进行真实性查验，依据逻辑、规则和系统原理就可以仲裁事实。目前，互联网法庭可以采用区块链存证的方式，节省了证据审查过程中的大量时间成本与经济成本，加快了审批流程。

一些典型的区块链存证应用的概述如下。

（1）主体身份的确认。个人签名、认证用户、数字证书、数字签名及验签使得电子证据具有明确的身份认证方式，如对接公安部的公民网络身份识别系统（eID）和权威 CA 机构。个人通过真实的手机号注册平台账号，通过身份证、银行卡和人脸识别等完成个人实名认证；企业通过营业执照、税务登记证、法人身份证、对公转账等完成企业实名认证。身份的确认使得主体对于事实抵赖的可能性几乎为零。

（2）电子签名/签章。对于线上化、按流程签署的文件，无论是双方签署、多方签署还是批量签署，监管节点的加入和邮件等多种辅助方式使得电子签名具有极强的真实性。

（3）证据链的形成。事实是在一定条件下产生的，绝非偶然的巧合。对于既定事实的证明，可设计证据链来完成，即通过生成、提取、保存一系列的证据（有关联性）来完成。例如，签署一个合同，那么合同的起草、管理、发起、签署、查看等由不同的人在一定条件下执行操作，且只有完成完整的流程，才能确认合同签署这一事实。那么，在这一过程中，可以保存数份电子证据以形成强有力的证据链。

（4）数字证书。数字证书是形成电子证据的数字化身份证明，由权威的 CA 机构为用户颁发临时性的或永久性的数字证书，保障签名者身份信息的真实性、唯一性、不可修改性。

区块链技术对于电子证据的防篡改核心机制是以每个区块的唯一 hash 值来串联区块的，任何参与人，甚至是获得电子证据的人，都不能在现有的科技水平下达到修改区块链中的内容的目的。因为私自修改会造成区块链 hash 值改变，从而被整个网络拒绝，而只有网络接受（共识），才能形成区块链，这使得基于区块链的电子证据本身具有安全特性，甚至可以永久保留。这一特性可用在未来的物联网世界中，区块链作为强大的公约系统，对于维护世界秩序具有非常重要的意义。

5.2.3 信息保真机制

平行存证是依据事实结构来安排证据的时间、空间关系的。而真正在物理上实现证据的保存（主要以电子形式保存）需要信息保真机制。在现有的网络世界中，主体对于信息（证据）的生成、编辑、传播、存储等都有极大的自由，虽然实现了信息传播的自由，且具有经济、高效的特点，但网络是虚拟世界，属于"人造系统"，信息的形成与传播存在天然的、根本性的不足，即高度自由的信息传播机制使得散布虚假信息、利用网络行骗成为目前网络上难以治理的顽疾之一，其本质是缺少确保信息真实地发布与传播的机制，难以保证信息的真实性成为网络经济、公共治理中的痛点问题。

区块链技术并不能直接保证"信息的真实性",即存储在区块链中的信息就是真实的这一说法不成立。因为区块链技术只能保证加密、记账后、传播中的证据不能被篡改,而不能保证存储之前的证据质量与证据的真实性。所以,如果证据在进入区块链之前已经存在"错误、不真实"的情况,那么区块链难以对这些"错误、不真实"的内容进行检验、排除、监管。

如果不能事先保证计算机系统所处理的信息的真实性,那么区块链技术就不能改善信息的真实性。信息的真实性仍然需要其他技术或人工来保障。严格把关证据的真实性与保证证据不被篡改同样重要,可以进行如下推断。

(1) 加密的证据中存在错误,那么错误发生在证据进入系统之前。

(2) 加密后的证据,无论真实与否,都不能抵赖证据"存在"这一事实。

(3) 区块链技术不对证据内容(数据)的质量负责,证据质量取决于信息的获取方式和证据的验证技术,即区块链技术对证据内容本身不进行任何更改。

(4) 加密的证据表明,事件发生的时间一定等于或早于证据的时间戳时刻。

可见,要想获得高质量、可信的有力证据,一方面要对产生于源头的证据的真实性、证据的质量严格把关,另一方面要将证据以区块链方式保存。

信息保真包括三方面的内涵[①]。

(1) 信息的源头真实,即所发布的信息与所描述的事实相符;若无对应的事实或故意偏离事实,则属于源头作假的信息,危害性极大。

(2) 传播保真:信息在网络传播过程中,经过多个节点而不失其原有的真实性,包括难以篡改、不能减损。

(3) 更新保真:如果事实是动态变化的,则信息能够随时反映事实的动态变化,需要及时或实时更新。

随着传统商业模式快速转向线上化,"互联网+"对各产业进行了深度改造,并

---

① 国家自然科学基金委员会. 区块链技术的应用前景与挑战:基于信息保真的视角[J]. 中国科学基金,2020(34).

产生了颠覆式创新模式，节点交流、互动的频度、深度远远超过传统模式，这要求节点之间的信息必须基于信息保真机制。否则，节点需要对其他节点传来的信息进行反复的真假性判断、鉴别等，其成本与效率根本无法支撑快速交易的要求。可见，目前对信息交换、储存与更新环节提出了更高的经济性、时效性与保真性要求，需要更先进的技术组合来实现治理机制的创新。

传统的中心化模式（或中介模式），由中心数据库和中心节点（平台）根据法律来维护一定水平的信息保真性。在电商领域，阿里巴巴负责维护商品信息、交易记录和用户账户余额的数据库，并对这些服务收取一定的费用。但是，由单一机构维护的中心化数据存储系统正在面临深刻的信任危机，数据维护方作为代理人存在道德风险问题。数据维护方为了自身利益最大化，完全有能力、条件和动机去篡改数据，以谋私利。例如，在按点击量付费的网络广告中，广告商改大点击次数；在流媒体付费平台，平台商可能改小播放次数以减少支付的版权费；中心数据也可能被第三方（如黑客）篡改或破坏，此类案件在大数据环境下屡见不鲜。

信息保真机制的策略主要如下。

（1）数据写入前的检验。中心化数据库对数据的真实性、逻辑性等几乎难以判断，最多只能进行较为简单的检验（如对输入范围的检测及一致性检查），而对刻意作假的信息基本无判断力。在分布式记账中，数据要经过多个节点的共同验证，甚至在某种共识算法对该项数据的真实性达成共识之后，才能写入新区块。账本的公开性使得节点之间的合谋行为受到较大的抑制，提高了保真写入的门槛和作假的代价。

（2）分布式账本。在中心化数据库模式下，节点对于信息的获取是透明的，节点没有权力监管数据的存储和维护，节点难以知晓信息是否被恶意篡改。而分布式账本使所有节点都可以获得一份账本的完整拷贝，对信息的更改具有完整的监督权，账本同步更新，且单一节点的数据丢失、篡改都会被其他节点上的数据自动修正。

（3）在账本实现技术上只能增加区块，而不能篡改历史区块。在中心化数据库中，中心节点对数据拥有"增、删、改、查"的完整权力，中心节点的失信对于其他节点可以造成灾难性的损失。分布式记账利用加密技术和链式数据存储格式，在技术上保证了历史记账的不可篡改性。

（4）与"物联网+"相结合，节点信息由传感器或芯片自动产生，源头信息具有高度的真实性（不由人工生成信息），且信息更新及时，能准确、及时地反映事实的真相和本来面貌。

（5）超级节点的加入，商业流程中将税务、工商等国家行政机关，或其他具有高信用的机构作为节点加入记账流程中，经过这些超级节点检验或由这类超级节点产生的信息具有极高的真实性，从而提升了记账的质量。

5.2.4 嵌入式取证

取证需要在计算机系统中依据逻辑关系进行设计。区块链技术结合计算机系统来形成证据，依据结构化取证机制和分布式记账机制来证明事实和保证信息的真实性。

嵌入式取证是嵌套在应用系统中的"区块链+单证"，一方面可以保证票据在网络传输、本地存储、查询下载等环节不被恶意篡改。同时，单证在真实的服务流程中产生，以业务逻辑和真实交易作为开立单证的支撑，可大幅降低人工作假的可能。区块链记录摘要和附加时间戳的方式基于共同账本解决了电子化环境下的信任问题。

计算机系统是利益共同体的沟通、协作平台，以区块链技术作为底层支撑，形成节点数据共同维护、共同见证和共同确认的机制，形成可追踪、减少人工错误的高质量凭证。"区块链+单证"较好地解决了以下业务痛点。

（1）彻底解决电子凭证的真伪性问题，恶意篡改或伪造的可能性几乎不存在。

（2）去中心化、不需要第三方托管，直接由业务系统生成凭证，能有效证明业务的真实性，从多个连续的业务环节按业务逻辑来形成电子凭证，降低人工作假的可能性。

（3）以参与节点共同见证、确认的方式存证，电子凭证附带了企业负责人的信用背书，解决了互信机制问题，交叉的信用背书使得单一环节的作假难度极大。

（4）全程记录电子凭证的摘要、流转，使得电子凭证可追溯，满足了融资业务监管和审查的需求。

(5) 凭证无纸化和业务逻辑的结合大大提高了审查效率和贷后的业务跟踪效率。

(6) 结合物联网等技术将证据实时采集到系统。例如，入库时的检验照片、位置信息可以由监控系统、GPS 跟踪系统生成并上传到区块链记录中，使得交易的支持单证更为全面，为日后的争议处理、信用调查等提供充分的证据。

"区块链+单证"嵌入式取证/存证原理示意图如图 5-5 所示。

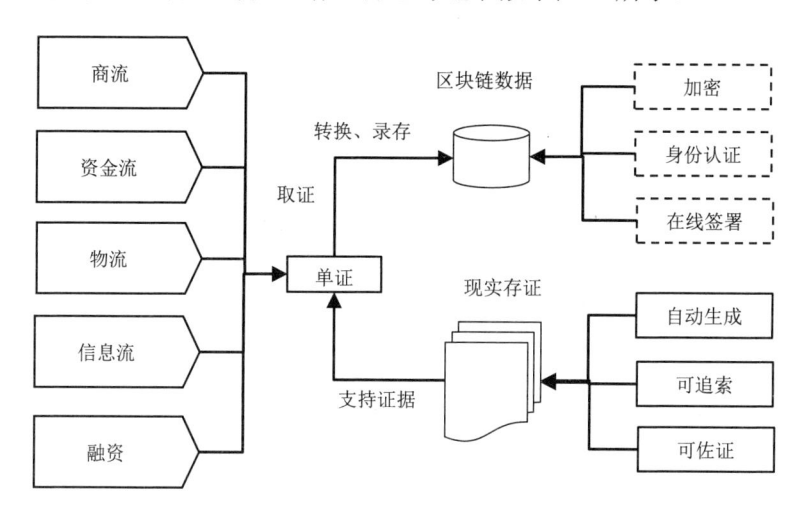

图 5-5　"区块链+单证"嵌入式取证/存证原理示意图

在图 5-5 中，商业交易的业务逻辑以契约为起点（如 BOM、订单）等，基于业务逻辑，采用加密（不可篡改）、身份认证（不可抵赖）、在线签署（实时取证）、自动生成等机制来形成虚拟世界中的单证信息，使得虚拟世界具有反映交易真实性和单证真实性的结构与内涵。

由系统自动生成的单证或系统确权的单证，其信用高于人为处理、人工确权的单证。相关单证应尽量由系统自动生成且不受人为干涉，这样可大大提高单证的可信度和处理效率。"区块链+单证"不再需要人工审核、验证相关单证的真实性，大大提高了单证的真实性和融资效率。以应收账款为例，应收账款出让方和受让方，从合同签订到仓库收货的整个流程，双方的资产情况等单证都被记录在区块链的智能合约中，并保存在链上金融机构的分布式账本中，在应收账款融资过程中，只需要应收账款出让方、受让方对接金融机构，在链上查询相关单证，即可完成融资。

5.2.5 物联网+区块链存证

要达到法律规定的"电子证物"效力，依据我国法律必须要满足下面三个条件。

（1）及时性：数据必须是及时收集的，同步于业务操作。

（2）过程性：过程中的数据必须被记录，同步于业务过程，连续记录。

（3）不可篡改性：必须证明收集、存储的数据没有被篡改过。

物联网的核心理念是通过传感器等感知设备将物理世界的隐性数据转化为显性数据，进而从显性数据中获得客观世界的运行规律和相关知识。在需要取证的环节布置传感器对实时信息进行读取，实现对标的物状态信息的取证，并以区块链加密的方式存证，证据具有公开透明、不可伪造、不可篡改、不可撤销的特点，能证明交易的真实性。

结合物联网和区块链来获得和存储供应链融资过程中的电子证物，将大大提高账本记录数据的可信度，这对大额的单笔交易、容易产生争议的交易环节等将起到巨大的信用支撑作用。物联网技术作为智能化技术，对于计算信用的产生起到关键作用，将物联网技术与产权变动结合，可以使系统自动生产单证，及时获得产权变动信息，这对贷后管理极为重要。

物联网的基本结构也是节点与节点之间的联系，但节点是物，而非人（具有智能性）。物联网节点产生的数据具有数据公开透明、难以伪造、实时性强的特点，能够从技术上解决质物状态的真实性问题。

案例

基于物联网的动产质押监管模式

在动产质押业务中，道德风险是人为造假行为。物联网技术可以准确感知货物的质量、位置、轮廓、运动状态、管理权限等精确的物理信息，有效解决传统监管手段难以避免的道德风险，包括监管不力、货权不清和重复质押等。对于证据的获取与保存，存在质押凭证不唯一、质押凭证与质押货物缺少对应等问题。

物联网可实现动产监管，保证质物真实有效且唯一存在。质物的物理状态与对应的质押信息绑定，确保质押动产客观存在，确保质押动产与仓单一对一对应。物联网技术能准确感知质押动产的客观存在，实时感知质押动产的各种监管要素的变化，包括空间位置、质量、包装、堆放形状等，形成一张电子的"感知仓单"，与质押动产形成唯一对应关系。物联网技术监管可以预防人为监守自盗的道德风险。由算法来处理对质物的授权操作，当算法感知到质押动产的性状在非许可状态下改变时，会报警。

案例

区块链电子证据平台

区块链电子证据的法律效力正在逐步被司法系统认可，全国互联网法院的建设体现出了区块链存证的技术先进性。2018年7月份，杭州互联网法院在对一起著作权纠纷的判决中，认可了区块链电子存证的法律效力。这次判决被认为是我国司法领域首次确认区块链存证的法律效力。杭州互联网法院上线司法区块链，成为全国首家应用区块链技术定纷止争的法院。其后，北京互联网法院也上线了基于区块链技术的电子证据平台"天平链"，广州互联网法院也上线了电子证据存证平台"网通法链"，另外，山东、吉林、郑州、成都等也开始建设司法存证电子证据平台。

电子证据平台是人民法院为当事人的电子证据存证和电子法院审判建立的专属数据通道，电子证据及其数据摘要在法院系统平台中被安全传输和存储，有效解决由电子数据易删除、易篡改、不留痕等特点导致的取证难、存证难、认证难的问题，也为人民法院依法判定电子证据提供了便利条件。

电子证据平台的主要功能如下。

1. 证据保全

基于可信时间认证及区块链技术将电子证据的摘要信息通过区块链分布式存储，保证电子证据数据不可篡改，并具有可追溯性，解决了当事人存证难、认证难的问题。当事人可预先对自有的电子数据进行存储保全，确定电子数据的权属、数据信息及内容、产生时间等属性。当事人诉讼时，互联网法院可以很方便地调取保全的电子证据。

2. 在线取证

当当事人发现互联网中有对其产品或作品的侵权行为时，可通过电子证据平台进行在线取证。在线取证可有效避免电子证据灭失和后期篡改的风险。在线取证可以对静态网页、视频网页、直播网页、动态图片网页的内容进行固化取证，固化侵权电子证据的内容、数据信息和产生时间等属性。解决当事人对于易篡改数据的取证难、认证难的问题。在线取证还可以对互联网侵权等犯罪行为产生极大的震慑力，可减少违法侵权行为发生。

3. 智能合约

智能合约对电子合同、协议等文件通过当事人双方或多方进行有效的电子签名，电子签名具备防篡改及证实签署身份的特性，使得电子文件拥有和纸质文件同等的法律效力。智能合约确保文件签署全流程被记录、全链路可信、全方位协作。在当事人因电子合约引起纠纷时，法官可便捷地调取合约证据，核验文件签署的有效性。

4. 证据核验

当事人通过证据核验功能可进行四方面的核验：一是借助证据的"数据身份证"——哈希值与平台的数据原文进行比对；二是通过区块链电子数据摘要进行智能比对；三是通过可信时间凭证确定电子证据原文提交到平台的准确时间；四是对

使用电子签名的文件的签名及签章信息进行确认。诉讼时，核验结果可为证据司法认定提供参考依据。

在司法存证领域，区块链应用也面临不少现实问题。从技术本身而言，区块链的智能合约技术的合法性还有待论证。例如，智能合约的本质是用程序语言重新定义合同条款自动执行的操作，当触发符合的条件时，交易和其他兑付行为会自动进行。但目前我国的法律法规尚未认可智能合约程序编码形式的有效性，其自动执行结果的合法性也有待论证。法务与技术的对接不畅构成了区块链在司法存证落地方面的又一大难题，对参与人员的技术水平和业务水准也有较高的要求。

5.3 事实认定机制

事实认定是技术治理的前提，无论是裁决还是量化分配利益，都以事实认定为前提。事实认定的逻辑以证据法学为前提，因为技术治理不是依据经验和常识进行判断的，而以基于法治精神的证据学为原则。可见，技术治理的标准明显高于人治模式。这也进一步表明，技术治理的过程与结果要经得起司法的推敲。

事实由证据链来证明，是证据法学的核心逻辑。虽然证据链决定着司法证明的逻辑命脉，但是学术界对它的研究却进展缓慢，什么是"证据链"及其相关理论仍然不十分明朗[①]。具体原因有：其一，"证据链"易于描述却不易量化、衡量，如"链接强度"这一项核心指标作为直接决定着证明力大小的依据，它对非数字形态的事实则难以量化和把握；其二，即使证据链可衡量，它也常处于极不稳定的状态，两个证据之间是否必然形成链条、形成的链条会不会断裂等仍存在不确定性，这对证据链的稳定性构成了极大的威胁；其三，即使证据链稳定，其说服力仍然因人而异，即不同的裁决者可能会基于某一证据链得出不同的判断，其排他力与威信力存疑。

---

① 栗峥. 证据链与结构主义[J]. 中国法学，2017（04）.

1. 事实认知的系统观：事实认知是证据链的涌现性

事实认知是事实认定的前提。当把与事实相关的各种证据通过证据链关联起来，形成对于事实的认知后，人们就可以获得对事实的整体认识。或者说，证据链形成了事实认知，属于整体涌现性。

多数社会经济中的人与事具有复杂的结构和属性，是复杂对象，也是复杂系统。系统具有非加和性，通常表述为"整体大于部分之和"。系统整体具有而其组成部分及部分之和不具有，且事先不能由此加以预测的性质、特征、行为、功能等，叫作整体涌现性。这种新性质只能在系统整体中表现出来，一旦把整体还原为它的各个组分，这些特性就不复存在。

依据对象的结构而获得的证据链具有系统观下的涌现性，即单个证据不足以证明事实，但证据链整体却足以证明事实，即整体大于部分之和。证据链产生整体涌现性的机制包括如下几方面。

（1）非线性作用。证据链体现的是事实的组分之间、层次之间、系统与环境之间的互动互应所产生的系统整体效应；其相互作用是非线性的，只有非线性作用才能产生非平庸的涌现性。非线性作用的基本特征是不满足叠加原理。证据链不是证据的简单叠加，证据之间的关系所产生的证明力是非线性的。

（2）整合作用。证据具有多样性和差异性，在没有进行合理的排列、没有建立合理的联系之前，证据不会直接转变为证明力。证据必须经过必要的整合与组织而形成反映事实结构的证据链，才能产生整体涌现性。所以，证明力是指判定者依据证据来获得对事实的整体认知，而这一认知是主观意识对证据的整合效应。采取何种方式获取证据及证据之间如何联系皆影响着事实认知的质量。

（3）层次结构。层次与等级层次原理是系统理论的重要内容。简单系统只有组分（元素）和整体两个层次，其整体涌现性是平庸的，一些学者甚至不承认这种系统的层次结构（如站在街角的几个陌生人）。通常把层次数大于三的系统称为具有等级层次结构的系统，即复杂系统。供应链就是复杂系统，供应链节点的数量远远大于三个。层次结构有利于设计和取得更为复杂的证据链，使得证据链的整体涌现性更强，更能准确反映事实的内在结构。

证据链能够反映事实的整体涌现性，其特点是具有非线性结构和等级层次结构，应依据事实（复杂对象）的结构来设计取证原则与方法，增强涌现效应。分析与理解事实的内在结构，以及结构与环境的交互作用，是系统观的证据链理论。

2. 事实认定的思维逻辑

根据已经取得的证据、证据链来进行事实认定，从目前的理论研究来看，尚不属于科学。从系统观来看，基于证据链的事实认知具有涌现性，那么事实认定也必须具有一定的经验性，甚至因人而异。这在司法实践中也属于常见现象，依据相同的证据，不同的法官可能给出不同的事实认定，因而判决结果可能相差较大。

不管经验如何影响对事实的认定，事实认定一定具有逻辑结构，这种逻辑就是人的思维逻辑。事实结构中蕴含着逻辑，但这类逻辑不是显性的，对于不同的人，由于知识、经验的差别，其对于逻辑的认知也存在极大的区别。

所以，事实认知还取决于个体的经验和知识水平，取决于其对于逻辑和结构的认知。例如，在采购交易中，需要理解采购交易的逻辑合理性（如合同期限、交易双方的权责是否合理，以及发货时间、发货地址、承运人的安排是否合理）、合同附件的完整性和内容、借款人的主营业务及其业务与规模的匹配性，以及发票的内容、发票的时间、发票与主合同的匹配性等。

总之，事实认知目前没有规律可循，通过证据链来判断事实需要个人具有较为丰富的实践经验。下面以图 5-3 中的采购交易为例判断交易事实是否成立，涉及主体真实、合同真实、价值交换真实、票据真实、支付真实等要素，如图 5-6 所示。

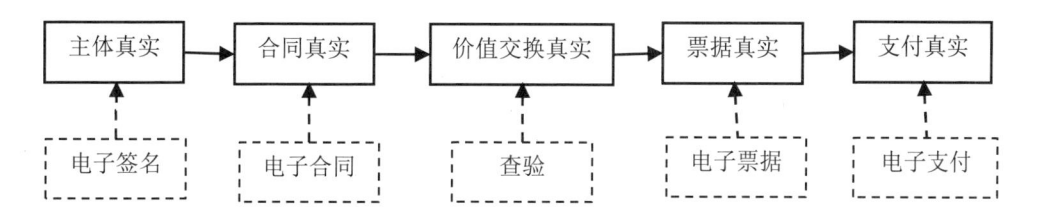

图 5-6 交易真实性的形成逻辑的主线示意图

在图 5-6 中，对认定交易事实的逻辑关系的解释如下。

（1）主体真实，即采购方、供应商、第三方物流、承运人等的身份属实。

（2）合同真实，即合同内容符合常识，签名、公章属实，签字人属实。

（3）价值交换真实，价值交换意味着交易标的物的转移是有成本的，对虚拟交易具有很强的抑制性，最可信的方式是现场查验或远程查验取证。

（4）票据真实，票据及内容（如数量、金额）反映交易事实，开具票据的机构应为高信用机构。

（5）支付真实，资金的支付也常常是有成本的，支付行为可以体现真实性。

当对以上结构中的证据链进行综合考虑时，如果没有发现虚假的证据，那么证据链对于交易事实的认定具有很强的证明力。

可见，证据链在事实认定中的应用具有很强的实践性、经验性。下面通过举例来说明基于交易结构的证据如何进行事实认定。

3．事实认定实例

在交易过程中，购买方一般需要销售方提供发票。发票对于交易的真实性具有重要价值，发票是经济责任是否发生的证明。发票的真实性在于其记录内容的真实可靠和原始性，是会计核算的原始凭证。发票，是交易发生的充分条件。购货方一般是发票持有方，依据此发票进行资金付出、实物运转和验收入库等方面的核算；销货方作为发票开出方据此进行资金收进，进行实物出库、销售费用摊销、成本结算和纳税义务发生等方面的核算。同时，发票为财政、税务、工商、物价、审计等部门进行财务、税收、物价等检查提供最基本的依据。

发票是一种法律责任证书。可作为债务与债权形成的法律依据，使得在交易过程中，只要将发票列入交易的附加证据中，必然提升交易的真实性，并明确责任。

案例分析

中国第一张区块链电子发票落户腾讯

2018年8月10日，腾讯区块链应用开发部门和深圳市税务局合作，在深圳市国贸旋转餐厅开出第一张正式的、基于区块链技术的电子发票，深圳成为全国区块链电子发票试点城市。在首期试点应用中，深圳市税务局与腾讯、金蝶软件合作，构建了"微信支付—发票开具—报销报账"的完整线上化流程，实现了对电子发票的全方位管理。区块链电子发票通过对"资金流、发票流"两条证据链的整合，将发票开具与线上支付相结合，实现了"交易数据即发票"，有效解决了传统的开具发票中的问题，如金额填写不实、不开、少开等问题，实现了"支付必须开票"的监督功能，实现了对发票开具、流转、报销全流程的状态监管。

企业可以在区块链上实现发票申领和报税；用户可以实现链上报销和收款；而对于作为税务监管方、管理方的税务局而言，发票信息将实时同步至企业和税务局，实现无纸化智能税务管理，使流程更为可控。其缺点是需要追溯发票来源、真伪和报销等信息，解决发票流转过程中的一票多报、虚报虚抵、真假难验等难题。

可见，在业务场景中，当业务链的信息化水平较高时，证明交易真实性的单据、票据应实现数字化，依据时序性、业务逻辑将各类票证串联起来，互相验证，可以实现可信度高的证据链，对交易真实性的证明可以起到关键作用，这也是对传统人工票据审查方式的突破。

5.4 智能合约机制

5.4.1 智能合约概述

合约的本质是承诺，其价值实现只有一种方式，即履行承诺，这也是契约精神和法治精神的根本。然而，履行承诺并不是一件自然而然会发生的事情，基于个体的趋利避害性，人们总是会延迟实施对自己不利的行为。所以，只有具有高水平信用的个体或组织才会按时履约。智能合约的设计目标是在保留传统合同法中的基础功能条件的前提下，用技术代替第三方可信者，从而提高交易的经济效率，最大限度减少因第三方介入而产生的人为干预和信任危机，降低纠纷发生的概率。

自动化契约关系是一个古老的梦想，源于契约当事人对于承诺和责任的干扰。自动化契约体现当事人履行承诺的自动性，即在忽视信用差异的前提下，也能让交易对手按时履约，实现契约精神，这当然具有重要的实践价值。

技术系统没有自私性。在数字化环境下，计算机程序对于数字形式的资产和权益可以实现自动履行契约条款，彻底排除执行过程中的人为干扰。智能合约是合同形式由纸质合同到电子合同，再到数字合同的新阶段、新形态。

尼克·萨博最早提出智能合约是一种以数字形式规定下来的承诺（Promises），其特点是由程序来自动执行合约条款。目前，国内学者对于智能合约的研究热情较高，主要集中在智能合约的法律分析、法律边界、应用风险及补救方法等方面。合约是双方当事人基于意思表示合致而成立的法律行为，为私法自治的主要表现。智能合约作为由事件驱动、具有状态、运行在可复制的共享区块链数据账本上的计算机程序，能够实现主动或被动地处理数据，接收、储存和发送价值，以及控制和管理各类链上智能资产等功能[①]。

智能合约作为区块链分布式应用系统的核心功能，目前金融和科技界对其均有诸多论述与解释，但总体来看，在技术与法学视角的分歧巨大。针对智能合约的法理讨论是深入分析智能合约功能与价值的关键。不能将智能合约简单理解为"智能化+合同"，在区块链技术下，数字化和智能化被赋予新的内涵，而这一内涵正在被最新的区块链商业实践不断更新。

---

① 袁勇、王飞跃. 区块链技术发展现状与展望[J]. 自动化学报，2016（4）：491-492.

5.4.2 区块链智能合约的特点

区块链技术应用针对的是传统治理的不足。在虚拟世界中，缺少与现实世界相对应的确定性秩序，而现实世界是基于法律而建立的法治秩序，所以，区块链与法律之间存在密切的关系。

智能合约在很大程度上是为适应虚拟化、智慧化的网络世界的需要而出现的，可作为数字经济的重要基础设施。与传统合同比较，区块链智能合约作为"链上代码"的创新具有颠覆性意义，区块链智能合约叠加了鲜明的特点、广泛的功能和实用价值。智能合约是区块链技术构造商业模式、交易平台的核心功能之一。

区块链智能合约既是技术，也是法律，是功能复合体。区块链技术与智能合约的结合呈现出颠覆式创新的特点，其在技术构造上采用"算法+数据结构=程序"的思路，程序最终表现为以计算机语言编写的代码。智能合约可以是"私法"，也可以是公法。

自动履行契约条款是区块链智能合约的本质特点，相对于其他的契约条款执行方式，自动履行避免了自然语言的模糊性和歧义性的困扰，也避免了责任人的临时反悔、拖延等违约行为。智能合约一旦启动，就进入"不可篡改、不可撤销、不可中止"的自动化模式，任何一方都不能出于私利的目的而干预智能合约的自动执行。智能合约因智能化实现了执行效率的提升，但提升效率不是智能合约的本质特点。

自动履行具有仲裁性、强制性，在一定程度上代替了司法机关在解决纠纷、争议中的强制执行作用。契约条款能否执行对形成交易者之间的信任关系起到决定性作用。可预期、防干扰的契约执行模式是对交易的重要保证。法律行为的真正目的就是私法自治，所以智能合约的自动履行本身是符合法治精神的。自动履行增强了交易者的信任关系，这是智能合约治理的核心价值所在。

智能合约之所以能够实现自动执行，一方面是程序的机器代码的特点使然，而更多的是合约参与人对技术中立性的信赖（前提是参与人理解了这种自动履行技术），参与人之间建立了信任关系，才交由程序在预置条件成熟时自动执行交易。参与者基于技术中立性采用智能合约模式,也是对交易的另一方的信任。

可见,智能合约的自动化、强制性执行不是摆脱信赖关系,反而是取得参与人的信任,让参与人更高效、公正、合理地处理交易中的信任问题。在实践中,如果参与者之间没有一定的信任关系,即便转换为智能合约形式,参与者之间的信任关系也很难得到大幅提升。

在我国,存在司法流程冗长、打官司成本高昂等不足,在线交易中存在异地立案难、标的额不高、证据获取难等困难,智能合约在一定程度上实现了对司法的替代;在互联网商业模式的"长尾效应"下,智能合约具有潜在的、巨大的经济价值和广泛的社会影响,对电商、金融、产权交易等多种交易场景和社会关系产生了较大影响,甚至具有重构效应。

5.4.3 区块链智能合约的用途

智能合约的应用场景非常广泛,除商业交易外,还包括监管执法、司法活动等国家治理行为,只要能把两个或多个主体间的权利、义务或责任关系规定清楚,且能以代码形式将内涵表达在区块链代码中,就可以利用区块链的特性实现智能合约的卓越功能。区块链智能合约采用非中心化机构来维系合约机制,它以代码、算法来表达合约内涵,以程序自动执行来取代当事人履约,当事人中途不得干涉履约模式,区块链智能合约试图以技术方法消除当事人在履约中的低效及纷争。在传统合约的履行模式中,在线交易都是由人来操作计算机软件完成的,操作者具有较大的自主权,可以选择执行的时间、执行的参数,甚至可以放弃操作。

智能合约是去中心化信任机制的重要组元,基于共识协议与自动执行机制维持信任,能在国家监管、行业发展与用户利益维护间找到平衡。智能合约的特点与优越功能体现在其用途的广泛性和功能的创新上。

在智能合约中,当事人的合意方式十分独特,通过代码形式表达当事人的意思;而在传统缔约中,当事人主要以书面或口头形式进行意思表示。智能合约将协议条款转化为一系列的代码脚本,并基于区块链的共识机制自动执行,从而与通常采用的双方协商签约模式具有明显的区别。在区块链中，某个当事人发起交易后，一旦满足了智能合约预置的触发条件，智能合约便会自动执行。这意味着，智能合约无法中断或终止，具有"不可撤销性"。"不可撤销性"并非绝对的，只是因为当位于智能合约节点上的当事人达成共识时，仅凭单个当事人的意思表示，难以撤销已经达成的合意。

纯粹的合同自由或意思自治的古典合同是假想的、理想的合同状态，在现实社会中，利益各方势力不均等、信息不对称、目标不一致，所以缔结合同必然具有不完全性，即缔约者无法将未来可能发生的所有事项均予以事先约定，缔约者也可能因信息不对称、博弈等压力形成次优合约。

按照私链、联盟链、公有链来划分智能合约。私链上的智能合约可作为内部组织管理工具，适合单一主体内部的数据审计和事务管理；联盟链智能合约限于有限数量的主体及用户，交易回滚、数据篡改的风险大，是商业领域应用区块链技术的主要模式。下面研究、讨论公有链智能合约，公有链智能合约具有去中心化、自动执行、不可撤销等特点，充分体现了区块链的特性，其对技术和应用条件的要求最为苛刻，因为公有链中的交易是不可逆的，试错成本相当高。

5.4.4　区块链智能合约的交易结构

区块链技术中的智能合约以分布式记账技术实现"私法+司法"（序参量）的构造，其本质是以代码的自动执行作为共同体的治理秩序，也是"算法治理"。

当计算机程序监测到区块链中的触发事项达到既定的触发条件时，智能合约预设的执行功能将自动启动，经过大多数节点达成共识并对该事件进行签名验证后，自动执行利益分配或在发起人与当事人之间实现价值交换。当成功执行的智能合约被移出区块链之后，视为交易已经完成。未达到执行条件的智能合约则会等待下一次循环处理，直至成功执行或结束。

区块链智能合约的自动执行机制示意图如图5-7所示[①]。

---

① 吴烨. 论智能合约的私法构造[J]. 法学家，2020（3）.

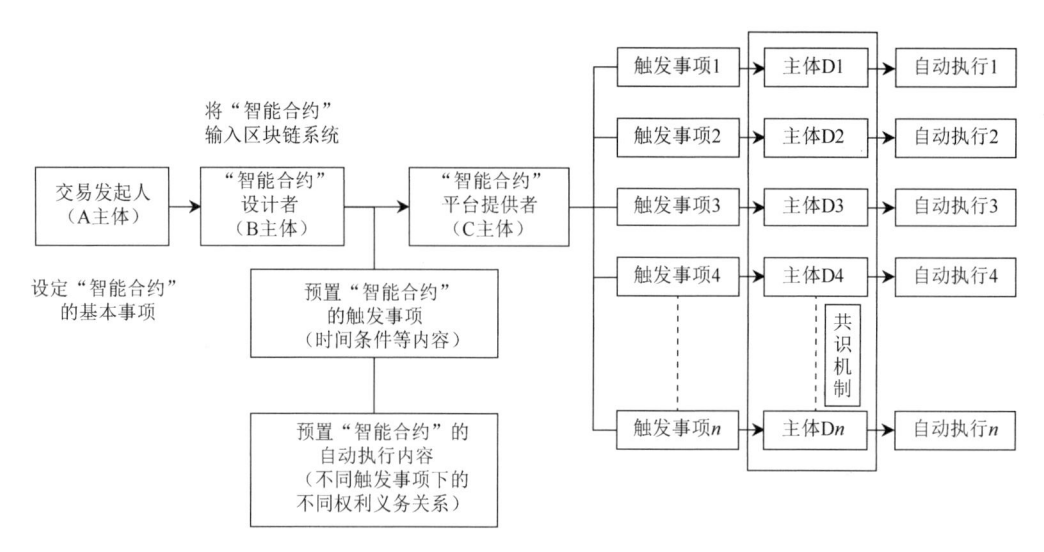

图 5-7 区块链智能合约的自动执行机制示意图

在图 5-7 中，智能合约依据共识规则建立契约关系，并实现数字化，承担合约的执行功能，其具体交易流程是：当交易双方发起某一项交易时（利益分配），会事先达成正式或非正式的分配方案、原则（共识），然后将分配方案转换为可编程的代码脚本，以数字化形式表明交易的条件及其触发条件，再通过"合约账户"将该智能合约上传至区块链系统后，就进入启动状态，且不可撤销。

智能合约中的条款、规则由当事人共同参与制定。触发事项在现实中较为常见，如在证券交易所的交易系统中，设计者预先设定适当的触发机制，一旦股票涨或跌至某个预设价格，就自动执行股票交易；在众筹募资的全过程中，一旦达到众筹目标，即可自动从投资者账户划款至创业者账户。增加了项目后期的预算、开支等交易的透明度。

5.4.5 区块链智能合约的执行类型

自治的理念需要与技术相结合，技术需要与组织形态相结合。将合约的复杂程度，也就是智能合约取代传统合约的程度，作为划分智能合约应用类别的标准；而状态条件能否达到智能合约的自动执行要求是划分应用类型的本质所在。智能合约的自动履行需要满足预设的状态条件，一旦达到条件就会触发自动履行机制。状态条件以"if-then"句式编码，一个智能合约包含多少此类句式，取决于交易场景及复杂度。例如，收到订金就发货、检验合格即付款、价格下降10%就卖出、不交租金房门自动锁住等。复杂交易需要将业务场景转换为更多的代码和预设条件，且体现为具有逻辑体系的代码。简单条件的智能合约履行是达到条件即自动地、全面地执行；而复杂交易逻辑的代码存在多样化的执行结果，可能执行其中的某一种预设情况。

将智能合约的履行分为以下五种情况，如图5-8所示。

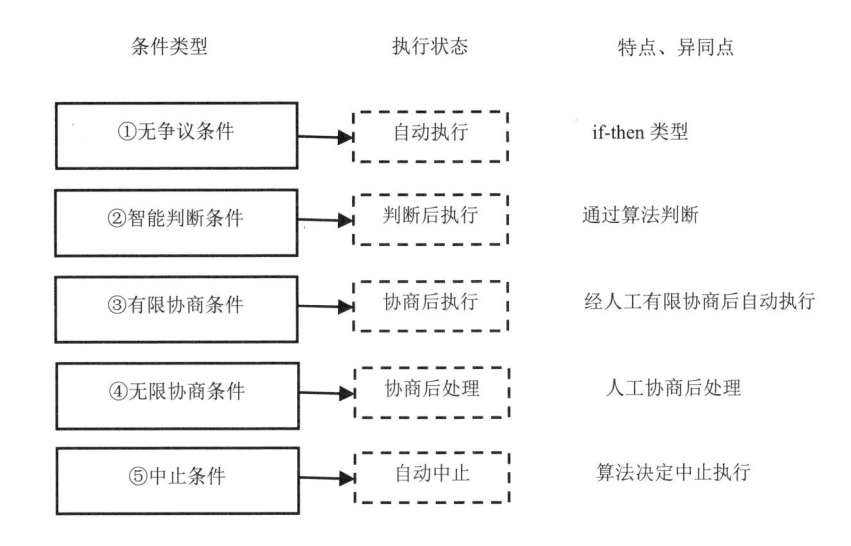

条件类型	执行状态	特点、异同点
①无争议条件	自动执行	if-then类型
②智能判断条件	判断后执行	通过算法判断
③有限协商条件	协商后执行	经人工有限协商后自动执行
④无限协商条件	协商后处理	人工协商后处理
⑤中止条件	自动中止	算法决定中止执行

图5-8 智能合约应用类型示意图

在图5-8中，五种合约条件类型的解释如下。

① 无争议条件。交易双方或多方对于合约的某些状态条件的理解无偏差，且认可程度一致，即"if-then"自动执行，不会出现争议。例如，签订合约就支付10%的订金，其执行条件就是合约双方完成电子签约后，立即执行支付订金，不存在任何意外、模糊之处；再如，交易中心的资产质押融资，如价值下降30%就平仓（卖出标的），程序的执行条件也十分明显。目前，智能合约执行这类无争议条件具有很强的实操性，在合约谈判中，尽量将状态条件明确化、排除模糊性等具有现实意义。

② 智能判断条件。某些条件出现了，但仍需要较为复杂的算法来判断该条件是否自动履行。例如，当个人的信用评价降级时就发出提前还款通知。个人的信用评级是由算法计算出来的，可视为算法判断后自动执行，因此这种情况仍然属于不需要人工干预的情形。

③ 有限协调条件。某些条件出现了，但需要签约双方在限定的时间内完成协调（必须有协调结果，无协调结果就按"默认"的条件处理），然后立即自动执行。这属于将有限协调权让渡给交易双方，可以提高执行的灵活性。但要注意，协调一定要在限定的时间内完成，否则，不完成协调就等于让程序长时间等待而不执行，相当于中止执行。

④ 无限协调条件。出现某些条件需要签约双方进行协调，如果协调达成一致，且在算法可以执行的范围内，则程序自动执行（有结果）；如果协调不能达成一致，没有形成算法可以执行的条件，则智能合约中止。这种情形多见于合约执行过程中出现意外情况，双方不能轻易达成一致。例如，在运输合约中，有支付条件，也有赔偿条件，当出现自然灾害（如因台风造成货损）时，就需要交易双方的决策人进行深入沟通。如果不能达成一致，就需要中止智能合约，转而利用其他方式进行处理（如走司法程序）。

⑤ 中止条件。某些条件出现了，需要立即中止合约，等于合约失效了。

对于以上条件类型，状态条件从简单到复杂、确定性由高到低排列。对于复杂条件，自动履行则可能出现较高的错误率，达不到人对合约的理解精度。一方面，设计复杂的代码本身就存在更高的错误率风险，另一方面，即使融合人工智能，风险同样存在。构造一个与人类理解水平相当的能够解释智能合约的计算机系统对人工智能确实是一大挑战。所以，目前智能合约的应用场景及预设条件较为简单，如保险、土地所有权登记、抵押、金融等，多为简单的、定型化的合约类型，但是这些初级的应用已对原有的私法体系造成了冲击。

一些典型的应用开始出现与现有私法的争议。去中心化自治组织基于区块链智能合约，缺少传统意义上的组织机构和法人，但又存在大众筹资、投资项目、赚取利润、分红等行为。投资者支付货币，取得组织代币，享有管理权、分红权等，去中心化自治组织并非商事信托，更非公司，不具备公司的组织性及法定性特征。对于去中心化自治组织，从组织本体要素、可推知的投资者意思、发起人的最终控制者地位，以及平衡投资者权益保护与新技术产业发展考量，适宜将其界定为有限合伙[①]。

5.4.6 区块链智能合约的私法构造原理

公法主要是指调整国家与普通公民、组织之间的关系，以及国家机关及其组成人员之间的关系的法律，私法主要是调整普通公民及组织之间的关系的法律。

已有研究者对智能合约的私法构造提出新的定义，典型的有"代码即法律""技术自治"等主张，将智能合约与法相提并论。揭示智能合约的私法构造，阐明智能合约的缔结及交易的履行机制，是智能合约法理研究的重要内容。

"代码即法律"与"法律即代码"表述的意思是智能合约具有很强的私法构造功能，公法或构造的私法（合约）可以表达在代码中，而代码的执行在很大程度上可以替代司法意义上的执行功能。表达在区块链中的代码是合约中的"算法"，即交易规则本身就是算法，算法将合同文本的构成要素、逻辑结构体现出来。

在区块链智能合约中，技术与合约（法律）成为共生体，将传统上分开的两个对象统筹和容纳为一个对象，技术表达法律的内涵，法律的精神就是技术的目标，技术与法律呈现出相互嵌入性，"智能合约代码成为法律合同不可或缺的一部分，代码与书面合约构成不可分割的整体"[②]。

区块链智能合约体现出技术发展与法律进步之间的动态关系。智能合约与法律的关系以《中华人民共和国合同法》（以下简称为《合同法》）为分析基础。在实践中，法律与智能合约存在冲突，法律面对着新技术的挑战，当事人及仲裁人应设法处理这种挑战，确保智能合约交易的安全和快捷，填补法律漏洞，而不是简单地由"代码即法律"替代法律。

---

① 郭少飞. 区块链智能合约的合同法分析[J]. 东方法学，2019（3）11：41.
② SDA & Linklaters, Smart Contracts and Distributed Ledger-A Legal Perspective,（2017）White Paper, p.14.

因此，根据区块链智能合约的特殊性创设出一套适当的事中及事后救济机制对于智能合约的应用十分重要。在争端解决层面，立法者要考虑建立多元化争端解决机制，同时改善民事诉讼和仲裁的证据规则。在政府监管上，则应当根据智能合约的技术属性对智能合约设置必要的许可门槛，以便对智能合约的提供者、设计者进行持续监督，督促其不断完善代码程序，以实现虚拟交易与实体交易之间的有机结合。

1. 智能合约是明确的法律关系

智能合约具有鲜明的法律属性，其载体是代码程序，其表示的是当事人达成的、可以自动执行交易的合意，将当事人的内心意思通过一系列代码予以彰显。代码语言是一种特殊的程序语言，需要设计者先将人类语言转换为程序语言，在该转换过程中，容易产生意思表示的偏差，存在程序语言未能充分表达当事人真实意思的可能性。在此情形下，需要深入讨论以代码形式表示的智能合约是否等同合同的意思、其法律效力是否等同。

2. 智能合约是建立在《合同法》及相关民法之上的法律关系

私法自治原则，又称意思自治原则，指法律确认民事主体可以自由地基于其意志去进行民事活动的基本准则，其核心是确认并保障民事主体的自由。我国《中华人民共和国民法通则》第 4 条规定，民事活动应当遵循自愿原则，这就是对于私法自治原则的确认。私法自治（也称私人自治）原则在合同中表现为合同自由，即公民具有是否订立合同、选择合同相对人、选择合同内容、选择合同形式、变更和解除合同等行为的自由。

但合同中的私法自治并不意味着个体可以不受任何拘束地按照自己的意思形成任何合同法律关系。个体缔结合约关系只能遵循《合同法》及其他相关民法，形成典型法律制度的法律关系，即只能以合同法律秩序所认可的法律行为类型创设合同法律关系。同样，智能合约是合约，缔约人在私法构造中可以自主决定对于标的或与交易行为创设法律关系，但是缔约人只能在法律秩序允许的范围内以法律秩序所认可的方式创设法律秩序所允许的法律关系[①]。所以，智能合约应遵守《合同法》及相关民法所规定的法律关系，对于违反基本法律秩序的合同，其交易在原则上不能得到法律的认可。可见，智能合约是"法律之上的行为"。

3. 智能合约超出《合同法》及相关民法认可的效力难以得到法律的支持

法律行为的本质是私法自治。《合同法》的本质也是私法自治，智能合约的目的也是私法自治。智能合约自动执行属于法律行为，自动执行的结果是法律后果。智能合约应符合现行法律对于法律行为内容和形式的规定，即法律通过是否赋予法律行为效力来决定它是否认可当事人所实施的法律行为。智能合约属于法律行为的意义包括私法自治的两方面，一方面，交易双方可以基于法律秩序按照自己的意思形成法律秩序所规定的法律关系；另一方面，只有那些获得法律秩序认可的法律关系能得以形成，即法律行为按照行为人的意思发生效力。

作为新事务，也不能认为智能合约是一种超越现有法律的"合同"。智能合约的"新"，不是针对现有合同的"旧"，而现有的大量合同基于网络化、虚拟化的关系，这种关系需要具有自动执行功能的智能合约来维持。

智能合约对信任关系的独特之处还在于，其并非令合同履行变得更容易，而是让合同履行变得不可避免，加深了参与人之间的相互依赖，或者说，使得参与人之间必须形成信任关系。在虚拟的网络交易中，当事人多为永不见面的关系，但共识机制却要求当事人之间经由特殊协商模式建立一种独特的法律关系。

4. 智能合约的缔约形式应当符合《合同法》的相关要求

首先，参与智能合约的行为人必须具有相应的行为能力；其次，行为人的意思表达应没有瑕疵，有瑕疵的意思是欠缺意思自治的正当性，无法真正实现私法自治。这两方面都对参与智能合约的行为人提出了能力方面的要求。由于智能合约的专业性、抽象性等，准确理解智能合约、区块链概念对于非专业人士来讲无疑是一件十分困难的事情，所以行为人就无法表达、无法理解或难以准确表达自己的真实意思，

[①] 迟颖. 法律行为之精髓——私法自治[J]. 河北法学，2011（01）：49.

此时缔结合约是不正当的行为。

在智能合约交易中，合约的提供者（设计者）处于强势地位（信息优势、谈判地位强势），其对整个智能合约系统具有主导性，在其他参与人只能无条件被动接受或只能选择接受的情况下，强势的一方明显具有优势，这可能是导致交易不公正的新形态。

5. 智能合约自动执行的核心诉求应当从强制性转向效率原则

目前，我国的司法环境对于智能合约的核心诉求的影响较大，对自动履约的诉求大于履约效率，金融、证券、大宗交易等行业对履约的要求较高。

智能合约相较于传统合同，其最大的特点不是形式（代码）上的差别，而是自动履约，即达到触发条件就不可撤销，这属于事实上的强制缔约现象。这一强制力用于维持信任关系是没有问题的。但强制力很容易形成偏向于对一方有利、对另一方不利，甚至滥用等现象。所以，从这个角度看，过分强调"技术自治"，甚至宣称"代码即法律"走向"法律即代码"的论断，这种技术至上的论调背后，具有明显渲染现有法律失灵之意，而将人类的理性道德、公民素质、公平与正义取向置于不顾或藐视，从而得到只有技术才能解决问题的偏见。

效率是合同交易、维护信任关系的核心价值诉求，而自动执行则是信任关系中效率价值实现的主要方法。合同作为成本驱动的经济行为，效率是其十分重要的考量因素。在实践中，经济主体之间的合同的执行都有冗长的组织程序，提高执行效率是首先要考虑的因素。过去几十年，互联网及信息技术的发展都以提高效率为目标。可见，随着我国法治水平的不断提高和商业生态的改善，智能合约的核心诉求将逐步转换为以效率为中心。

6. 信赖关系来自"关系合同"

韦伯提出，合同可分为身份合同与目的合同，民事合同、民商合同多为目的合同。而网络社会中存在大量的身份合同，即社团成员为满足其需求而彼此签订的合同，这类合同关系体现了对于主体身份的信赖，形成相互依赖的社会网络关系。目的合同则指的是一方当事人对另一方当事人提出的法律要求,而双方不一定彼此认识,也不需要对身份的认定和信赖,只要双方当事人达成合意即可进行交易。

韦伯提出的身份合同就是关系合同,关系的基础基于对当事人的信赖(社会性)。而在信赖身份关系中,除了显性的利益交换,还存在各种关系之间的复杂联动。而这种关系并非在某一时刻使双方达成意思一致,而是循序渐进地相互影响。所以,"关系合同"的存在对于智能合约的构建提出了挑战。如果合约只处理"目的合同",即明确化的财产关系合同,那么智能合约与传统合约的冲突并不明显。

而在区块链构造的交易场景下,交易当事人众多,交易场所虚拟化,在共识机制下,当事人合意不再是个体的合意,而是形成共识规则的团体的合意,即所有当事人的合意,也意味着所有当事人形成了不同的关系,这一关系是智能合约得以成立的基础,即同意某一交易规则的人构成了一个信赖对象,个体的交易行为依赖于团体,这实质上是社会关系的形成方式的变化。

从这个角度看,智能合约不是"去中心化"的,而是"一个没有委托人的世界",信赖关系通过智能合约形成自治机制。在成本和效率因素的驱动下,各方当事人基于智能合约达成交易,无须额外的监控或履行成本。可见,个体与团队(共识团体)之间,存在一定的合意性差别(不可能所有人的诉求是完全相同的),受制于智能合约,个体放弃了部分合意,从而获得依赖于团体的利益保护。因此,个体在多大程度上放弃合意性差别而迎合团队共识是检验智能合约的条款内容是否达到诚实信用、公平正义等民法原则的根据。

在智能合约的法律构造中,应当引入团体法思想,认可社团主义的自治机能,使法律与技术同步发展。

7. 自治的需求与进步驱动智能合约技术进步

自动执行是以"私法+司法"结合效率原则的机制,内在的治理机制以自律和监管为原则来展开,而技术则是对具体场景的主动适应。例如,迪拜成立世界基于区块链的政府计划,处理所有签证申请、账单支付和执照更新,以及房地产和其他部门的业务,还有商业系统中的银行业务、抵押贷款、公用事业和维护业务等,这一战略每年可以为该国节省 2510 万工时或 15 亿美元的成本。

目前，除了比特币，商业系统及政务管理等基于区块链的应用呈现出多样化的态势，灵活地将自治机制和传统的管理经验结合，体现出自治理念与技术与时俱进的趋势，包括仲裁、食品安全溯源监管、跨境电子商务等众多应用场景。

自治机制的核心并不存在强制性的监管，其能够自治并达到自律，自治机制的内在逻辑为某一规则实现自身"合理性"与"合利益性"（一是指"合利"，二是指合益）下的自发激励约束，自治本身是个体利益的天然驱动力，发自于自身和内心。而中心化治理则以机构的强制力约束个体的行为，所以区块链所谓的治理机制是基于"共识机制"而产生、获得的"价值"，也就是自律机制产生于合理的"共识机制"，维护"共识"、建立"共识机制"是自治的重要基础。

政务、商业等区块链应用都承载着"共识"与"法律监管"的原则、条款、规则、程序、方法等，共识协议方式转化为技术原理和流程实现自治体的规制，这类规则体现在区块链应用架构上，如用户层、业务层、技术层等逻辑分层，而需要什么样的技术（如加密）则以"应用场景"为准。

5.4.7 区块链智能合约的违约及救济

区块链智能合约虽然有自动执行的优点，在实践中，智能合约多执行合约中非常确定，以及无须判断例外、无模糊性、无灰色化等情形。但程序自动执行具有机械性，无法处理合同中需要灵活变通、非线性、非标准化的情况，至少目前仍然无法把合同缔结、变更、履行、解除、失效（部分失效）、撤销、终止等一系列活动完全编码置入合约机制。而智能合约并不是简单合约，将经过人脑高度智慧化处理的合约交由程序来执行时难免有疏漏、出错、不精确等问题。出现这类因机器、算法的能力问题而产生的错误时，同样需要法律规制，使得合约执行的结果体现出公平性、公正性。

"代码即法律"等主张也不足以否定"法"对智能合约干预的正当性。至少在目前，"代码"等同"法律"的说法存在以偏概全的情况。为保护交易双方的合法权力，智能合约依然需要法律来弥补其不足之处。

1. 合同中止权

合同中止履行（与合同终止有区别），债务人依法行使抗辩权拒绝债权人的履行请求，使合同权利、义务关系暂时处于停止状态。当缔约合同的一方对自动执行行为存在合法性疑虑，请求司法救治时，须符合请求权受到威胁、威胁具有现实性与急迫性、实现请求权出现重大障碍等条件，否则这类行为不合法。

2. 违约处理

智能合约自动执行违约处理时，按算法把违约方的资金划转至守约方。违约处理行为（如划转行为）应当为协议的一部分，且具有合法性；当合同文本转换成算法来执行时，算法能够合法、合理地表达合同文本的要义。所以，赴约处理的状态条件也符合"无争议条件"的要求。一般情况下，违约金数额及其他违约处罚行为应不超出现行《合同法》及其司法解释所规定的金额等。

3. "信赖保护"的救济机制

合同执行过程中需要根据客观形势的改变而做出相应的变更，这种变更可能会给利害关系人的信赖利益造成损失，即合同一方基于对合同的信赖已经有了相应的投入而受损（如财务上的沉没成本）。根据信赖保护原则需要对利益损失进行补救。

在政府公共服务中，《中华人民共和国行政许可法》在我国行政法领域引入了信赖保护原则[①]。行政合同相对人对行政主体的行政行为的确定性形成合理信赖，当这种信赖值得保护时，行政主体不得变更、撤销或废止该行政合同，如因公共利益需要或行政机关的承诺（或合同）违法而确需变更、撤销或废止行政合同，必须对行政合同相对人造成的损害予以补偿或赔偿。对于智能合约治理机制，当进行变更时，为实现公共利益和个人信赖利益的动态平衡，应有相应的实体保护和程序保护，实现对利害关系人信赖利益的完整、有效的保护。因此，实践中需要设立救济请求权。

在商业合同中，对因信赖原有计划而安排了资源投入的利害关系人，合同内容变更可能会使资源投入一方处于不利的地位，或使其财务上的财产权力受到损害。

---

① 姚起荣. 行政法上信赖保护原则的反思与重构[J]. 法制与社会，2019（09）.

在智能合约的私法构造中，在自治机能的基础上，需要构建以"信赖保护"为核心的救济机制，实现法律与技术的同步[①]。信赖是市场交易的基础，市场作为共同体必须维持人与人之间的信赖，对信赖的保护则是私法的一项核心价值。可以采取缔约过失责任制度、善意取得制度等，在坚守私法自治的基本价值的同时，以维护市场交易中的合理信赖为其要旨。

例如，在物权法中，"登记对抗"就是一项为促进信赖保护而进行的制度安排：合同保护物权的设立、变更或转让，合同规定在"交付"或"合同生效"的同时完成物权的设立、变更或转让，但合同的公信力不足（对于缔约人之外的其他相关人），因此由国家机构进行"登记"规定，且将条款"未经登记，不得对抗善意第三人"作为法律，登记对抗制度对于信赖者（第三人）的保护意图非常明确。对于第三人的损害救济方式以否定物权变动和补偿遭受的实际损害为限，而无须对其承担额外的补偿责任。

5.5 共识机制

"共识机制"是分布式治理关键的技术性自治机制之一。"共识"是共同体自治的核心，指群体成员的"普遍合意"或"一致意见"，是多数成员共同认可、遵守的规则，是形成自治体秩序的关键，也是利益分配的依据。

5.5.1 共识机制概述

在区块链应用系统中，只有各个节点相互信任，才能将信息写入区块或交换信息（价值交换），这是分布式记账的前提。而相互信任必须凭借某一规则实现，否则无条件的相互信任是没有意义的。分布式治理是去中心化的，不存在一个机构（或管理员）来安排用户相信或拒绝其他用户，各节点之间都是平等的关系，实现用户之间可信任的数据交换需要建立一种共识机制。可见，所谓的"共识"就是用户都

[①] 王稳. 登记对抗模式下的信赖保护问题研究[J]. 江西社会科学，2018（04）.

相信某一规则，基于这一规则交换的信息是可信的，成员相信这些信息是"自己人"的信息。

在 P2P 网络中，节点之间是陌生关系，相互之间缺乏信任，节点难以相信其他节点传来的信息是真的。系统中存在预先设定的规则，如少数服从多数的规则（50%以上的节点同意则通过），只有当同意的节点在 50%以上时，才会形成数据一致性，这一过程称为共识。"共识机制"是软件系统的一种算法。

共识机制的重要作用是使得节点之间能达成一致，即同意执行某一操作（如写入区块），节点达成"共识"才能执行相关操作，使得"去中心化"的概念得到真正实现。"共识机制"并不是区块链技术所独有的，在区块链技术出现之前，分布式系统（软件系统）就存在各种分布式的共识机制，但区块链技术以其独特的挖矿、记账方式，使得大家重视共识机制的独特作用和价值。

传统的软件系统的用户之间为陌生关系，各个节点之间只有依靠中心化机构的安排来实现相互信任，如 ERP 系统中的管理员对各类用户进行授权后，用户会无条件相信其他用户的操作或信息传递。

现有的典型区块链共识机制主要包括 PoW（工作量证明）、PoS（权益证明）、DPoS（股份授权证明）、PoA（行动证明）、PBFT（实用拜占庭容错）、dBFT（授权拜占庭容错）等，但缺少一种完美无缺的算法，或者说是适用于所有应用场景的算法。

按应用场景分，共识算法可以分成两大类：有坏人节点和无坏人节点。

（1）有坏人节点，典型的拜占庭问题，即系统中可能会出现故意传送假结果的节点，导致分布式系统出错，这种场景的重点是在存在坏人节点的情况下能达成大家认可的一致性结果。BFT、PBFT、POW、POS 都属于这类算法。

（2）无坏人节点，但某些节点可能不在线（或不参与），只需要保证各节点的行动一致，并在部分节点宕机后能继续工作，一般在封闭式的分布系统中使用这类算法，Raft 和 Paxos 属于这类算法。

5.5.2 共识机制的设计原则

考虑到拜占庭容错、恶意节点篡改数据等问题，共识机制作为区块链技术的核心，如何在分布式系统中高效达成共识是分布式计算领域的重要研究课题，需要考虑安全性、扩展性、性能效率和能耗代价等问题。

根据分布式系统的 CAP 理论，任何基于网络的数据共享系统最多只能同时满足以下三个条件中的两个：数据一致性、数据可用性和分区容错性。区块链的技术特性是在满足"分区容错性"（用户能够接受的速度）的前提下，在"数据一致性"与"数据可用性"之间进行二选一，或者在两者之间进行平衡（实现相对可靠的一致性）。

与基于算力竞争的 PoW 共识机制不同，拜占庭容错（Byzantine Fault Tolerance，BFT）共识机制无须进行记账权的竞争，而是让网络中的参与者直接利用投票方式来决定新区块的产生，投票达成一致后，就写入新区块。根据 CAP 理论，BFT 机制在满足数据可用性的情况下，只能牺牲分区容错性。因此，BFT 机制要求每位参与者了解系统中的其他参与者，这是 BFT 机制主要应用于私有链或联盟链等较小规模区块链网络的主要原因。

现有共识机制的设计主要对公平、安全和效率三个要素进行有侧重点的组合。共识越集中（参与度越低），则效率越高，但也越容易出现安全问题和独裁腐败现象，这与去中心化的初衷相背离。同时，要达到相对公平，必然要牺牲一部分效率。而安全性较高的系统，往往具有更为复杂的共识算法，需要消耗较多的计算时间才能达成共识。好的共识机制会在公平、安全和效率三者之间进行良好的权衡。

5.5.3 共识决策模型

在共同体中达成对某一规则的共识在本质上是行使个体的表决权力。但一般很难达到百分之百同意的一致结果，只能形成少数服从多数的结果。同意某一规则的比例可称为共识度，共识度至少要达到 51% 才能形成少数服从多数的结局。

当需要对多个规则进行表决，且各个规则具有一定的模糊性时，就是多目标模糊决策模型。单目标决策方法（如线性规划、非线性规划、动态规划等）在实践中取得过显著的成就。但在实践中，共同体中的规则变得越来越复杂，特别是在人参与的利益规则中，存在决策行为的高度复杂性、决策环境的复杂性、决策目标的多样性、决策主体的多元化等诸多问题，多目标多人决策和模糊多目标多人决策可以用于研究共同体的共识机制。

1. 共识决策的概念

共同体中的全体成员对规则进行决策，达到预定的、可接受的共识度（多数人同意）是决策目标。对任何一项规则进行表决，其结果皆可能给决策人（成员企业）造成有利或不利的影响，决策人（共同体成员）一般偏向于支持有利于自己的规则，否定不利于自己的规则。

2. 共识决策的特点

共识决策具有以下特点。

（1）决策人的群体性、多元化。共识决策是共同体中的全部个体参与的投票表决决策，每个成员皆为决策人。为避免个体的经验与信息的不完备性等因素的影响，要求决策人充分了解规则的内涵与影响。为了保证决策的效率和质量，基于网络的投票是常见的组织形式。

（2）强调共识性。科学的表决方法是快速获得决策结果的基本保证。如果部分成员企业对决策结果不理解、不接受，将难以达到较高的共识度，影响共同体的利益创造协作。如何在保证决策科学性的同时达成较高的共识，是共识机制面临的难题。一方面要强调利用决策人的知识水平和适当的决策模型来提高决策的科学性，另一方面要强调决策人充分沟通、互相启发，最终达成共识。强调共识度是共识决策的重要特征。

（3）多规则决策。在实践中，规则多数为多目标决策问题，此类决策问题存在两个基本特点：一是目标之间的不可公度性，即众多目标之间没有一个统一标准；二是目标之间的矛盾性，某一目标的实现往往会影响其他目标的实现。

（4）非结构化规则。在实践中，多涉及一些结构化的决策问题，如工作量、投资额度等技术性问题，决策涉及的变量较少，一般选用适当的模型即可获得令大多数成员满意的结果；而其他决策问题多为非结构化问题，决策过程较复杂，难以用确定的模型和语言来描述决策过程，如选择合作伙伴、选择策略等决策问题。

（6）模糊性。一些规则存在模糊性，即规则的外延与内涵皆不分明，如风险很大、可靠性高等规则。精确方法不适用于处理模糊性决策，模糊数学为解决此类问题提供了有效途径。

共识决策可建立以下树状分类结构，如图5-9所示。

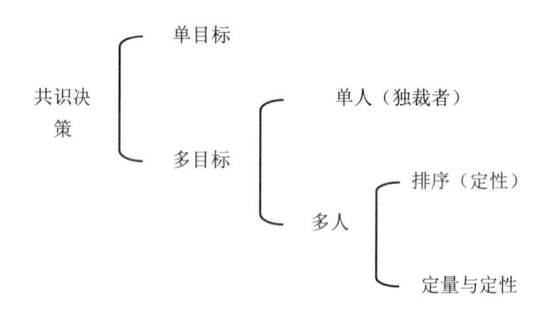

图 5-9　共识决策的分类结构示意图

（1）按决策目标的数量划分，有单目标决策和多目标决策。

（2）按参与决策的人数划分，有单人决策（独裁者）和多人决策（群体决策）。由于决策群体中各个决策人所处的社会地位、权力、知识经验、偏好、期望各不相同，从而其做出的决策可能不完全一致，如有的采用乐观方法，有的采用悲观方法。

（3）按决策人选择的函数方法划分，有排序（定性）决策、定量与定性相结合决策。排序决策并不需要给出目标值，只要求各个决策者对方案集进行排序即可；而定量与定性相结合决策则需要对问题中的一些数据、参数进行定量计算与分析，再对计算结果进行定性分析。

根据以上分析，共识决策多为两类决策问题：模糊多目标多人决策（定性）和含模糊数学的模糊多目标多人决策（定量与定性）。限于篇幅的限制，本书重点分析基于模糊多目标多人决策的共识决策建模问题。

3. 有关模糊数学和多目标决策的基础概念

要研究基于模糊多目标多人决策的共识决策模型，有必要先介绍模糊数学和多目标决策等基本概念。

一、模糊数学的基本概念

（1）模糊集合的定义：设 X 为论域，若对每个 $x \in X$ 都指定一个数 $\mu_{\widetilde{A}}(x) \in [0,1]$，则定义模糊集合为

$$\widetilde{A} = \left\{ \left. \frac{\mu_{\widetilde{A}}(x)}{x} \right| x \in X \right\} \tag{5-1}$$

式中，$\mu_{\widetilde{A}}(x)$ 为 $\widetilde{A}$ 的隶属函数，$\mu_{\widetilde{A}}(x_i)$ 为元素 x_i 的隶属度。

（2）模糊集合的 λ 截集的定义：指论域 X 中对 $\widetilde{A}$ 的隶属度不小于 λ 的一切元素组成的普通集合。对于给定的实数 $\lambda(0 \leqslant \lambda \leqslant 1)$，定义

$$\widetilde{A}_\lambda = \left\{ x \middle| \mu_{\widetilde{A}}(x) \geqslant \lambda \right\} \tag{5-2}$$

式中，$\widetilde{A}_\lambda$ 为 $\widetilde{A}$ 的 λ 截集，λ 为置信水平。对于任意 $x \in X$，若 $\mu_{\widetilde{A}}(x)$ 越接近于 1，则 x 属于 $\widetilde{A}$ 的可能性越大；反之，若 $\mu_{\widetilde{A}}(x)$ 越接近于 0，则 x 属于 $\widetilde{A}$ 的可能性越小；当 $\mu_{\widetilde{A}}(x) = 0.5$ 时，x 属于 $\widetilde{A}$ 的模糊程度最高，即不确定性最高。

（3）模糊关系：设 X 和 Y 为论域，若 $\boldsymbol{R} \in F(X \times Y)$，则称 $\boldsymbol{R}$ 是 X 到 Y 上的模糊关系，其中，$F(X)$ 表示论域 X 上的全体模糊集合所构成的集合。模糊关系实质上是一种模糊集合。如果 $X = \{x_1, x_1, \cdots, x_n\}$ 和 $Y = \{y_1, y_1, \cdots, y_n\}$ 是有限集，则 $X \times Y$ 上的模糊关系 $\boldsymbol{R}$ 可以用一个矩阵来表示：$\boldsymbol{R} = (r_{ij})_{n \times m}$，其中，$r_{ij} = R(x_i, y_j)$，$i = 1, 2, \cdots, n$，$j = 1, 2, \cdots, m$，矩阵 $(r_{ij})_{n \times m}$ 为模糊矩阵。

（4）模糊等价关系：对于模糊关系 $\boldsymbol{R}$，若 $\boldsymbol{R} \supset \Delta$，则称 $\boldsymbol{R}$ 是自反的；若 $\boldsymbol{R} = \boldsymbol{R}^{-1}$，则称 $\boldsymbol{R}$ 是对称的；若 $\boldsymbol{R}^2 \subset \boldsymbol{R}$，则称 $\boldsymbol{R}$ 是传递的。若 $\boldsymbol{R}$ 是自反、对称、传递的，则称 $\boldsymbol{R}$ 是模糊等价关系。

（5）模糊相似关系：若模糊关系 $\boldsymbol{R}$ 满足自反性和对称性，则称 $\boldsymbol{R}$ 是模糊相似关系。

二、多目标决策的基本概念

多目标决策的一般模型可描述为

$$\max_{x \in X}\{f(x)\} \tag{5-3}$$

在式（5-3）中，X 是决策空间或可行域；x 为决策变量或可行解。$f(x) = (f_1(x), f_2(x), \cdots, f_m(x))^T$ 是表示 m 个目标的函数，m 为正整数。统一假定 m 个目标的函数值越大越好（效益目标，如营业额、利润、市场占有率等），需要将成本型目标进行转化。由于存在多个相互冲突、不可公度的目标，一般情况下，式（5-3）不可能像数学规划那样存在最优解，因此需引入非劣解的概念。

定义 5.1 设 $x^* \in X$。若不存在 $x \in X(x \neq x^*)$ 使得 $f(x^*) \leqslant f(x)$，即对所有的 $i(i=1,2,\cdots,m)$，有

$$f_i(x^*) \leqslant f_i(x) \tag{5-4}$$

且式（5-4）中至少有 1 个为严格不等式，则称 x^* 为多目标决策问题的模糊非劣解，也称为模糊有效解、模糊帕累托最优解。

三、多目标决策的模糊帕累托最优解

在式（5-3）中，由于各目标之间相互冲突，因此要从中选出令决策者满意的解需要考虑决策者的偏好判断等模糊信息，模糊集合理论成为解决这类问题的有效工具。

对多目标决策问题（式（5-3）），令

$$\begin{cases} m_i \geqslant \inf_{x \in X}\{f_i(x)\} \\ M_i \geqslant \sup_{x \in X}\{f_i(x)\} \end{cases} (i=1,2,\cdots,m)$$

在上式中，$\sup_{x \in X}\{f_i(x)\}$ 与 $\inf_{x \in X}\{f_i(x)\}$ 分别是式（5-3）中的目标分量 $f_i(x)$ $(i=1,2,\cdots,m)$ 在 X 中的上、下确界。

确定各个 $f_i(x)$ 的优属度 $\mu_i(x)(i=1,2,\cdots,m)$ 后，式（5-3）可转化为模糊多目标决策问题，即

$$\max_{x \in X}\{\mu(x)\} \tag{5-5}$$

定义 5.2 设 $x^* \in X$。若不存在 $x \in X (x \neq x^*)$ 使得 $\mu(x^*) \leqslant \mu(x)$，即对所有的 $i (i=1,2,\cdots,m)$，有

$$\mu_i(x^*) \leqslant \mu_i(x) \tag{5-6}$$

且式（5-6）中至少有 1 个 i 使得严格不等式成立，则称 x^* 为模糊多目标决策问题（式 (5-5)）的模糊非劣解，也称为模糊有效解或模糊帕累托最优解。

4. 模糊多目标多人决策模型

由于各个目标间的不可公度性与冲突性，一般要先把各目标特征量转化为相对隶属度（或效用函数），再进行综合评价，从而确定最优方案。多目标多人决策的过程一般由两个阶段组成：首先，每个决策人独立地对多目标问题进行决策；其次，在每个决策者做出决策的基础上寻求最优解。

在运用多人决策群体选择函数方法时，并不需要明显地给出目标值，只要求决策群体的各个决策人对方案集 X 做出某种排序即可，由于决策人之间存在差异性，所以所做出的决策并不完全相同。集结决策群体中各决策人的偏好以形成决策群体的偏好，然后按决策群体的偏好进行决策，是处理多目标多人决策问题的关键。

取得理论上的最优解并不表示决策工作已经完成，共识决策要求决策人对决策结果具有较高的认可程度，要获得具有较高共识程度的最终方案，需要建立模糊多目标多人决策模型。

一、多目标多人决策模型

设由 p 个决策人 P_k ($k=1,2,\cdots,p$) 组成决策群体 $P=\{P_1, P_2, \cdots, P_p\}$；$X$ 是决策群体的决策空间，x 是决策群体的决策变量（或方案）；每个 P_k 都有 m_k 个目标，其目标向量函数是 $f_k(x)=(f_{k1}(x), f_{k2}(x), \cdots, f_{km}(x))^\mathrm{T}$，$x \in X$。假设每个决策人 P_k 具有完全一致的目标，多人决策的目标是选择一个 $x^* \in X$ 使得

$$\max_{x \in X}\{f(x)=(f_1(x), f_2(x), \cdots, f_p(x))^\mathrm{T}\} \tag{5-7}$$

定义 5.3 设 $x^* \in X$。若不存在 $x \in X(x \neq x^*)$ 使得 $f(x^*) \leqslant f(x)$，即对所有的 i 和 $k(i=1,2,\cdots,m_k; k=1,2,\cdots,p)$，有

$$f_{ki}(x^*) \leqslant f_{ki}(x) \tag{5-8}$$

且式（5-8）中至少有 1 个为严格不等式，则称 x^* 为多目标决策问题（式（5-7））的非劣解。

所以求解多目标多人决策问题（式（5-7））的步骤可划分为以下两个主要步骤。

步骤 1，对决策群体中的每个决策者 P_k 求解多目标决策问题，即

$$\max_{x \in X}\{f_k(x) = (f_{k1}(x), f_{k2}(x), \cdots, f_{km_k}(x))^{\mathrm{T}}\} \tag{5-9}$$

将式（5-9）的非劣解集记为 $X_k^*(k=1,2,\cdots,p)$，可利用极大极小方法、极大极大方法、最小隶属度偏差法、最大隶属度偏差法、加权乘积法、模糊聚类法等方法进行求解。

步骤 2，求出所有 $X_k^*(k=1,2,\cdots,p)$ 后，记为 $X^* = \bigcap_{k=1}^{p} X_k^*$，求解多目标多人决策问题，即

$$\max_{x \in X^*}\{f(x) = (f_1(x), f_2(x), \cdots, f_p(x))^{\mathrm{T}}\} \tag{5-10}$$

即可得到多目标多人决策问题（式（5-7））的非劣解。

二、多目标多人决策模糊解

每个决策人 P_k 对其 m_k 个目标都有一个模糊多目标最优点集 $\tilde{F}_k$ 的集结函数 $\mu_{\tilde{F}_k}(x)(k=1,2,\cdots,p)$，记 $\mu(x) = \left(\mu_{\tilde{F}_1}(x), \mu_{\tilde{F}_2}(x), \cdots \mu_{\tilde{F}_p}(x)\right)^{\mathrm{T}} \in [0,1]^p \subseteq R^p$。

可将式（5-7）写成以各个决策人的优属度函数表示的模糊多目标多人决策问题，即

$$\max_{x \in X}\{\mu(x)\} \tag{5-11}$$

定义 5.4 设 $x^* \in X$。若不存在 $x \in X(x \neq x^*)$ 使得 $\mu(x^*) \leqslant \mu(x)$，即对所有的 $k(k=1,2,\cdots,p)$，有

$$\mu_{\widetilde{F}_k}(x^*) \leqslant \mu_{\widetilde{F}_k}(x) \tag{5-12}$$

且式（5-12）至少有 1 个 k 使得上述严格不等式成立，则称 x^* 为模糊多目标多人决策问题（式（5-11））的模糊非劣解。

对式（5-11）中的优属度进行集结，选取

$$\begin{cases} m_{ki} \geqslant \inf_{x \in X}\{f_{ki}(x)\} \\ M_{ki} \geqslant \sup_{x \in X}\{f_{ki}(x)\} \end{cases} (i=1,2,\cdots,m;\ k=1,2,\cdots,p)$$

式中，

$$X_{ki} = \{x | f_{ki}(x) \in [m_{ki}, M_{ki}], x \in X\}$$

$$\overline{X}^* = \bigcap_{i=1}^{m_k} X_{ki}^* \ (i=1,2,\cdots,m_k;\ k=1,2,\cdots,p)$$

定义 5.5 设 $\widetilde{G}$ 是论域 $\overline{X} = \bigcap_{k=1}^{p} \overline{X}_k$ 上的一个模糊子集，其在 x 处的隶属度为 $\mu_{\widetilde{G}}(x)(x \in \overline{X})$。假定 $\widetilde{F}(k=1,2,\cdots,p)$ 是式（5-9）的模糊多目标最优点集，把式（5-11）中各个决策人的优属度集结为

$$\mu_{\widetilde{G}}(x) = h_g(\mu(x))$$

如果 $x^* \in \overline{X}$ 满足

$$\mu_{\widetilde{G}}(x^*) = \max_{x \in \overline{X}}\{\mu_{\widetilde{G}}(x)\} \tag{5-13}$$

则称 x^* 为式（5-11）关于 $\widetilde{G}$ 的模糊最优解或满意解，$\mu_{\widetilde{G}}(x^*)$ 为 x^* 的优属度。至此，可以得到理论上的模糊最优解。

三、最优方案的评估与处理

通过以上方法得出的最优解仍存在两个需要进一步处理的问题：一是最优解的可信程度；二是决策人（成员）对最优解的共识程度。

（1）如何处理最优解的可信程度。

当存在以下三种情形时，需要考虑模糊最优解的可信程度。

① 当两个或两个以上候选方案的优属度相近（或得票数相当接近）时，最优方案以微弱优势胜出，难以确立最优方案的优越性。

② 最优解以较大优势胜出（通常认为最优解领先次优解的得票率达到 10%即可），但最优方案获得的支持程度不满足简单多数规则（得票数过半），也难以确立最优解的优越性。简单多数规则是实践中常用的一种投票规则，要求一项群体决策只有在获得超过半数以上的赞成票时才能通过。

③ 第一轮决策完成并得出最优解后，决策人相互沟通与交流信息，再次用同样的方法进行决策，有可能获得不同的最优解，则难以确定不同的最优解的优劣。

只要出现上述三种情形中的一种，就说明最优解的可信度不高。考虑到决策结果将对组织运作产生重大影响，为了更有效地发挥群体决策的优势，笔者结合选举理论、集对理论等提出了改进方案以便处理以上问题。

方法一，首轮决策获得最优解后，淘汰得票数最少的方案，再进行决策；每一轮淘汰一个得票数最少的方案，直到最优解得票数过半为止，本书称之为淘汰法。

方法二，召集决策人进行充分沟通并交换相关信息，重新进行决策，直到满足简单多数规则为止。实际上，采用简单多数规则方法具有节省决策成本、提高决策效率的优点。

按简单多数规则，只要参与表决的人为奇数，最终必有一个方案的得票数过半。

（2）如何达成决策人对最优解的共识。

共识决策要求最优解被决策群体中的多数认可（达成共识），取得共识程度较高的决策结果是共识决策的最终目的。决策者对最优解的认可程度由决策人对最优解的共识度评价来进行判定。获得较高评价的最优解即可结束决策阶段的工作，转入决策执行阶段；获得较低评价的最优解，说明决策人之间达成的共识度较低，一般不能转入决策执行阶段，应对决策问题本身或目标值进行反思和修改，重新进行决策，直到获得共识度较高的最优解为止。

综合对以上两个问题的解决方法，完成初步的多人决策后应当进行以下判断：

① 最优解得票数是否过半。

② 最优解是否以较大优势胜出。

③ 当得票数不过半且以较大优势胜出时，决策群体应进行充分沟通，决定是否进行多轮决策或进入最优解的共识度评价环节。

④ 是否对最优解进行共识度评价。

对上述四个步骤的判断可构成共识决策流程，如图 5-10 所示。

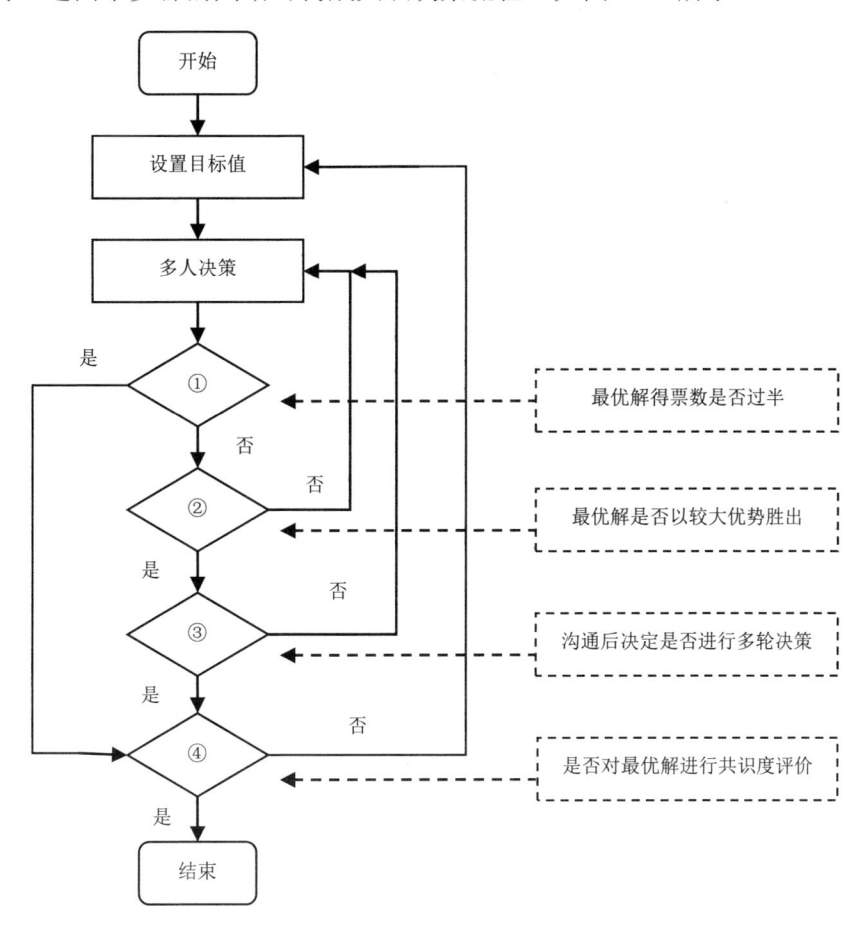

图 5-10 共识决策流程示意图

在图 5-10 中，对共识决策流程的解释如下：

第一步，决策开始后，确定决策问题，设置目标值，组建决策群体；

第二步,进行多人决策,获得最优解;

第三步,利用①对最优解进行判断,最优解得票数过半则进行第六步,否则进行第四步;

第四步,利用②对最优解进行判断,最优解以微弱优势胜出则回到第二步,进行淘汰法决策,否则进行第五步;

第五步,利用③对最优解进行处理,如果可以实行"决策群体充分沟通后重新决策"的方法,则回到第二步进行淘汰法决策,否则进行第六步;

第六步,利用④对最优解进行处理,选择适当的评价方法对决策结果进行评估,如果不能通过(支持率低或共识度低),则需要对决策问题本身进行评估和修改(如修改目标值),再重复上述决策过程;如果通过(支持率高或共识度高),则获得最终决策结果;

第七步,决策结束,转入决策执行阶段。

在实践中,共识决策既要具有科学性、高效性,也要控制决策成本。充分利用信息技术不受时间和空间的限制,把各成员的数据、信息,以及管理者的知识、智慧和经验集成起来,有利于实现以上目标。

5.5.4 共识决策算例

例 5-1 假设某共同体由 15 个成员组成,每个成员为一个决策人,各决策人具有相同的投票表决权力,但其角色(利益)各不相同。其中,角色 A 有 3 个成员、角色 B 有 1 个成员、角色 C 有 2 个成员、角色 D 有 4 个成员、角色 E 有 1 个成员、角色 F 有 4 个成员。在 15 人的决策团体中,现对 3 个规则(方案)进行决策,最终选择一个共识度最高的规则作为最终规则(方案)。

每个候选方案由 5 个目标构成:投资总额(f_1)、净盈利额(f_2)、风险程度(f_3)、潜在价值(f_4)、竞争对手的反击程度(f_5)。决策人需要综合考虑以上 5 个目标,以选择一个最优方案,各方案的目标值由 F 给出。

$$F = \begin{array}{c} \\ f_1 \\ f_2 \\ f_3 \\ f_4 \\ f_5 \end{array} \begin{bmatrix} 1 & 2 & 3 \\ 500 & 400 & 580 \\ 52 & 45 & 55 \\ 0.20 & 0.18 & 0.22 \\ 25 & 20 & 30 \\ 中 & 高 & 低 \end{bmatrix}$$

以上各目标之间存在一定的矛盾性，如投资总额（f_1）与净盈利额（f_2）、投资总额（f_1）与风险程度（f_3）、净盈利额（f_2）与竞争对手的反击程度（f_5）等都难以同时达到最优。试用模糊多目标多人决策方法确定3个候选方案的优劣排序。

解 15个决策者$P_k(k=1,2,\cdots,15)$组成多人决策群体$P=\{P_1,P_2,\cdots,P_{15}\}$。每个$P_k$都有5个目标，决策空间记为$X=\{x_1,x_2,x_3\}$，求解过程分为3个步骤。

步骤1，每个决策人求解多目标决策问题。

先将F转化为目标相对优属度矩阵。由题设可知：对因素f_5（竞争对手的反击程度）的评价是模糊的，在方案x_1、x_2、x_3中，对因素f_5的评价值分别为中、高、低，设其相对优属度分别为0.5、0.75、1.0；f_1、f_4为效益型目标，f_2、f_3为成本型目标，分别采用式（5-14）和式（5-15）计算其相对优属度。

$$\mu_{ij} = \left(\frac{f_{ij}}{f_{i_{\max}}}\right)^{pi} \tag{5-14}$$

$$\mu_{ij} = \left(\frac{f_{i_{\min}}}{f_{ij}}\right)^{pi} \tag{5-15}$$

得到目标相对优属度矩阵为

$$F = \begin{array}{c} \\ f_1 \\ f_2 \\ f_3 \\ f_4 \\ f_5 \end{array} \begin{bmatrix} x_1 & x_2 & x_3 \\ 0.8 & 1.0 & 0.69 \\ 0.95 & 0.82 & 1.0 \\ 0.9 & 1.0 & 0.82 \\ 0.83 & 0.67 & 1.0 \\ 0.75 & 1.0 & 0.5 \end{bmatrix} \tag{5-16}$$

每个决策人对式（5-16）进行多目标决策，不同决策人可能选择不同的决策方法。假设决策人 P_1 采用极大极小方法，得

$$\max_{1\leqslant j\leqslant 3}\min_{1\leqslant i\leqslant 5}\{\mu_{ij}\}=\max\{0.75,0.67,0.5\}=0.5=\mu_{53}$$

即表示决策人 P_1 认为方案 x_3 为最满意方案（风险最小），则对方案集 X 的排序结果为 $x_3 \succ x_2 \succ x_1$，极大极小方法是一种保守方法。

其他决策人 $P_k(k=2,\cdots,15)$ 可能采用其他决策方法，从而得到对方案集 X 的不同排序结果。例如，决策人 P_2 采用极大极大方法（一种冒险方法），对方案集 X 的排序结果为 $x_1 \succ x_2 \succ x_3$。求出所有 $X_k^*(k=1,2,\cdots,p)$ 后，进行下一步。

步骤 2，求解多目标多人决策问题。

对 15 个决策人关于方案集 X 的排序结果进行分类统计，如表 5-1 所示。

表 5-1 决策人数统计一览表

方案排序	$x_3 \succ x_2 \succ x_1$	$x_3 \succ x_1 \succ x_2$	$x_2 \succ x_3 \succ x_1$	$x_1 \succ x_2 \succ x_3$
人数	4	3	3	5

针对表 5-1 的排序结果，本例选用康铎尔瑟特（M.de Condorcet）选择函数方法来求解。可得，认为方案 x_3 优于 x_2 的决策人数为

$$\left|\{k|x_3 \succ_k x_2(k=1,2,\cdots,5)\}\right|=4+3=7$$

类似地，可得到其他排序方式的优选方案人数，由矩阵 C 给出

$$C=\begin{array}{c}\\x_1\\x_2\\x_3\end{array}\begin{array}{ccc}x_1 & x_2 & x_3\\\left[\begin{array}{ccc}0 & 8 & 5\\7 & 0 & 8\\10 & 7 & 0\end{array}\right]\end{array}$$

康铎尔瑟特选择函数为

$$c(x_j)=\min_{x_t\in X\setminus\{x_j\}}\left\{\left|\{k|x_j \succ_k x_t(k=1,2,\cdots,p)\}\right|\right\} \tag{5-17}$$

在上式中，$\left|\{k|x_j \succ_k x_t(k=1,2,\cdots,p)\}\right|$ 表示集合 $\{k|x_j \succ_k x_t(k=1,2,\cdots,p)\}$ 的元素个

数，即认为 x_j 优于 $x_t \in X \setminus \{x_j\}$ 的决策者人数。于是，由 $c(x_j)$ $(j=1,2,\cdots,n)$ 从小到大的顺序可得多人决策群体对方案集 X 的优劣排序。$c(x_j)$ 表示多人决策群体中认为方案 x_j 优于其他方案的最少决策者人数。由式（5-17）可得

$$c(x_1)=5 \quad c(x_2)=8 \quad c(x_3)=7 \tag{5-18}$$

因此，方案集 X 的多人决策群体优劣排序为 $x_2 \succ x_3 \succ x_1$，方案 x_2 为最优方案。

步骤 3，判断最优方案的优势程度，改进决策过程。

将式（5-18）中各方案的相对优属度作为得票数来处理，采用得票比例来表示优势程度，方案 x_1、x_2、x_3 的优势程度分别为 25%、40%、35%。方案 x_2 与方案 x_3 的优势程序接近，且不满足简单多数规则（最优方案 x_2 低于 50% 的得票数），即出现：

① 最优方案票数不过半。

② 最优方案以微弱优势取胜（在实际情况中可自行设定微弱优势取胜的标准，如选票数相差不超过 10%）。

这两种情形说明决策结果的优越性和可信度不高，需要利用图 5-10 所示的流程进行处理。

5.6 小结

本章首先选择分布式治理的关键机制进行分析。结构化取证机制是"算法治理"对接、替代司法的关键功能，是算法治理的关键，是事实认定和分布式裁决的提前。智能合约的私法构造和应用特点是分布式治理的核心机制之一，而共识机制是构建系统秩序的基础，即建立分配规则的依据。

（1）所有领域的治理和治理创新都必须坚持法治精神，分布式治理同样如此。事实是客观的，事实只能由证据来证明，"证据链"是事实证明的关键。结构化取证的理论依据是"证据链"，如何设计这种内在结构并在这种结构下获得证据是事实证明的关键所在。

（2）信息保真是指信息反映事实真相，平行存证是指依据事实结构来安排证据的时间、空间关系。区块链技术并不能改善信息的源头真实性，所以取证时把关证据的真实性与保证证据不被篡改同样重要。在数字化环境中，取证需要在计算机系统中依据逻辑关系进行设计。区块链存证是指依据结构化取证机制和分布式记账机制来证明事实和保证信息的真实性。

（3）证据链决定着司法证明的逻辑命脉，但"证据链"理论仍然不十分明朗。事实认知是证据链的涌现性，证据链具有反映事实的整体涌现性，其特点是非线性结构和等级层次结构。

（4）自动履行契约条款是区块链智能合约最重要、最本质的特点。智能合约既是技术，也是法律，是功能复合体。合约可以是"私法"，也可以是公法。智能合约代码成为法律合同不可或缺的一部分，代码与书面合约的有关部分构成不可分割的整体。智能合约需要司法救济，因为存在判断例外、非线性、模糊性、灰色化等情形。

（5）"共识"是共同体自治的核心，是形成自治体秩序的关键。"共识机制"是分布式治理关键的技术性自治机制之一，分布式治理具有民主决策机制的特点。

第 6 章 供应链分布式治理

6.1 供应链治理概述

6.1.1 供应链治理概念

供应链是经济领域中典型的具有紧密利益关系的共同体。

供应链具有显著的自组织特点,没有外部力量强行驱使,节点企业以要素配置为中心,以提升供应链竞争优势为目标,实现运营协调一致,具体体现在时空和流程上的协同,形成有序的关系和结构,具有系统开放、系统远离平衡、系统非线性等典型特点。

供应链的共同利益是在核心企业的带领下主动适应市场的需求结构和市场的变化,驱动产业链生产关系的改善。在数字化转型的大背景下,供应链可作为区块链分布式治理机制创新的典型应用场景。供应链属于复杂系统,如何基于供应链系统的结构、管理和运营等特点构建分布式治理结构和治理机制,具有重要的实践意义。

供应链治理涉及交易成本理论、信任理论、博弈论、信息不对称理论等。传统的供应链治理包括四种治理模式,即市场式、网络式、准等级制、等级制,治理内容包括应对供应链风险、市场关系和非正式关系(信任、资源共享、运作规范)等。

6.1.2 供应链共同体结构

产业集群是制造业供应链存在的主要产业形态。供应链的形成与地理距离、层级、网络结构等因素密切相关。在多层次的供应链关系下，关联的上下游企业间整体上体现为市场化的合作模式，产生复杂的纵向交叉、横向平行的链式结构，纵横交叉、关系复杂的网状结构就是现实中的集群供应链网络。

供应链作为利益共同体不能独立存在，而是存在于一定的地域环境、产业环境、社会经济、法律和文化环境等生态环境之中。同理，供应链治理也存在于生态环境系统中，如图 6-1 所示。

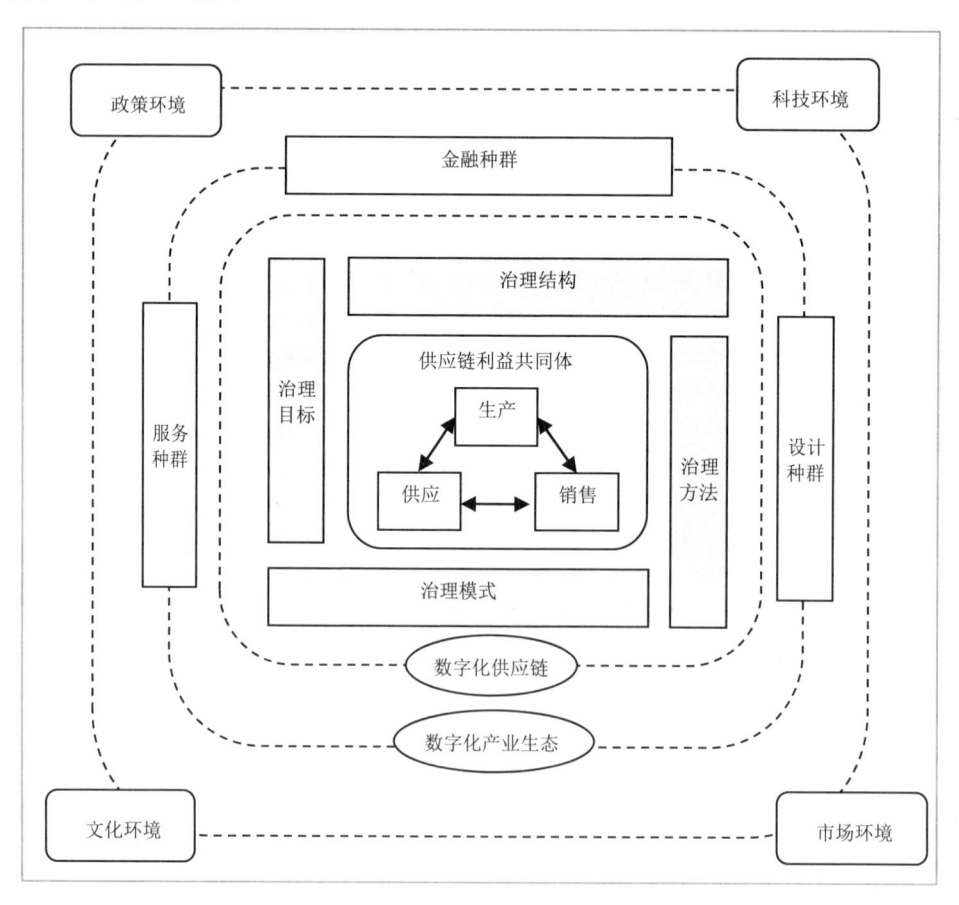

图 6-1 供应链治理的生态环境系统示意图

在图 6-1 中，供应链治理包括治理结构、治理模式等，也与供应链外部的政策环境、市场环境等因素密切相关，外部环境因素在供应链治理中起到监督和制约作用。供应链治理结合外部环境，强调主体之间、主体与环境之间的利益均衡。当外部的环境因素发生改变时，也将导致供应链治理目标、治理结构、治理方法、治理模式等发生改变。

从供应链到外部环境，由内到外依次形成四个层次关系的系统结构。

（1）治理系统。

以治理目标为中心，针对供应链环境来设计治理结构、治理方法、治理模式。治理系统的设计是供应链治理的核心内容，即治理结构的选择和治理机制的设计。

（2）数字化供应链。

在企业信息化的基础上，结合数字化产业生态，形成数字化供应链。数字化供应链是构建分布式治理结构的基础和前提条件。数字化水平不足的供应链很难建立技术性自治机制。

（3）数字化产业生态。

数字化产业生态是指产业赖以生存的社会经济环境达到较高水平的数字化。其含义涉及三方面：第一方面，产业环境、社会经济环境能够以智慧技术为核心建立整合产业、集成社会化服务平台（如工商、税务、海关）的产业环境，这是建立数字供应链的重要基础；第二方面，智慧化技术及其他相关技术，将设计、金融及服务（如物流、供应链服务外包）等种群资源与产业链结合起来，形成智慧化产业集群（群落）；第三方面，众多数字化供应链的叠加是智慧化产业集群形成的基础，整个产业环境达到较高水平的数字化，分布式治理将具有更好的发展环境。

（4）宏观环境因素。

宏观环境因素包括政策环境、科技环境、市场环境、文化环境等，这类因素在极大程度上影响着供应链治理的设计。供应链通过与其支撑环境的互动获得竞争优势。宏观环境因素的影响包括：一方面，宏观环境因素影响供应链竞争，如便利的运输、更低的关税、金融支持等会直接影响成本、交货速度、顾客价值创新等；另一方面，提高供应链运作效率、降低总成本等目标需要与社会系统对接，如产业电商平台、税务、海关等节点进行流程对接等。

供应链治理的目标是提升供应链的整体竞争力（共同利益），通过治理行为来协调各主体的目标冲突（次优目标），使得供应链实现快速、及时、低成本、规模优化等子目标。

供应链中的交易关系复杂，各主体的权力（如定价权、付款权）都处在动态变化中，各主体都存在利用其权力来寻租而导致机会主义泛滥、合作关系不稳定、承诺不兑现及各种争议等，缺少合理的供应链治理模式将导致供应链的竞争力下降。

6.1.3 供应链利益共同体

从系统观来看，供应链具有一般系统的所有属性，供应链是由若干个企业（节点）通过交易关系形成的相互联系、相互依赖、相互制约的有机整体。供应链是功能系统，具有明确的经营目标。边界是系统构成关系从起作用到不起作用的界限。供应链具有系统边界，供应链之外一切事物或系统的总和称为供应链的外部环境系统。确定供应链系统边界是分析供应链治理结构的重要步骤，有助于建立系统化模型。

供应链节点之间的关系是典型的利益关系，供应链是典型的经济利益共同体，称为"供应链利益共同体"。供应链节点之间的关系是供需关系、交易关系，其本质是"利益关系"，形成产权转移、支付、债务等典型的利益分配现象；另外，在供应链利益共同体中存在大量的管理行为、战略伙伴关系、运营服务等多种紧密程度不一的利益联系，依据利益关系的紧密程度可以形成更小范围的利益共同体。供应链利益共同体边界分类示意图如图 6-2 所示。

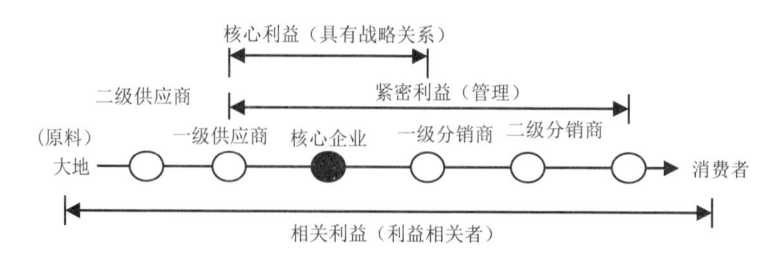

图 6-2 供应链利益共同体边界分类示意图

在图 6-2 中，供应链利益共同体最大的范围包括消费者等所有利益相关者，涵盖产品生产与消费的全过程（生命周期），属于松散结构（节点可以自由加入，不具有强制性）。但利益关系按相关性可以分为核心利益（具有战略关系）、紧密利益（管理）、相关利益（利益相关者），它们都属于利益共同体。

组成供应链利益共同体的是众多的利益相关者，如原料供应商、部件供应商、核心企业、分销商、第三方物流、资金提供商、最终客户等，这些利益相关者都参与了商品的价值创造过程。

核心企业是特殊的利益相关者，在利益关系中具有很强的主导性。核心企业在供应链利益共同体中具有制定行业标准、共享研发、定价权、供应商选择权等多种权力，拥有构建供应链合作关系的主导权，也决定了供应链整体的竞争优势，在供应链治理中的地位和作用独特。在制造业中，核心企业多为产品组装企业。但随着商业模式的多样化，电商平台、产业电商平台开始在产业链中形成多个核心企业，各自形成商业生态。从制造整合者到大型经销商的出现，再到目前的电商平台（如苏宁、京东），核心企业发挥主导作用，且越来越靠近消费端。

6.1.4 数字化供应链

数字化供应链是供应链分布式治理的技术基础，是构建技术性自治的前提。数字化对于供应链分布式治理的意义主要在于将供应链中的利益及利益关系虚拟化，即形成虚拟价值，再由技术和算法来实现对"虚拟价值"的利益分配，从而实现供应链治理的创新。

现代供应链管理建立在信息化或数字化的基础之上。IBM 于 2009 年提出了智慧供应链的概念，建立面向未来的具有先进、互联和智能三大特征的供应链，通过传感器、RFID、制动器、GPS 和其他设备及系统生成实时信息，"智慧物流"的概念也由此延伸出来。智慧技术并非一个单独存在的技术，它包括物联网、云计算、大数据、人工智能、区块链、5G 等技术，再配合其他智能化设备（如智能监控、人脑识别等），在商业模式上与产业互联网平台实现产业融合，形成比传统业态更高级的产业形态，代表着供应链管理的发展方向。

供应链及其依赖的产业链都属于具有紧密利益关系的共同体，在紧密的合作关系下需要治理紧密的利益关系。在产品研发设计、生产制造、运输、市场营销等整个产业链中都存在紧密的合作和利益关系，而对于生产关系（利益关系）的处理，能否满足协作的需要是衡量供应链治理水平的重要标志。企业中和企业间构建的技术与管理通过互联网及物联网等技术实现供应链的智能化、网络化和自动化，增强协同效应，以满足市场变化的需要，并有效降低资源消耗，减少盲目性、随机性和不确定性业务或作业。

供应链管理需要适应更强的竞争，满足用户日益增长的需求，供应链决策需要更快的速度，更加"颗粒化"，更加精确。随着上下游企业信息化水平的普遍提升及新一代信息技术的普及，数字化供应链由概念逐步转向实际应用，以满足供应链管理的需要。数字化供应链结合移动互联网、物联网，数据采集的实时性、全面性得到大幅提升，特别是随着手机 App、物联网设备与自动化设备的大量应用，配合大数据分析，供应链绩效与客户满意度大幅提升，这是数字化供应链应用和发展的结果，数字化供应链可以解决传统的库存水平过高、反应速度慢等棘手问题。

数字化供应链是协作的工具和平台，是互联网架构和云端架构，支持全业务数据流通，实现商品、库存、物流、支付等全渠道打通，追踪供应链的各个环节，实现供应链可视化管理。相较于以往的信息化概念和供应链管理方法，基于数字化供应链的供应链管理具有更大的优势。

（1）数字化供应链的信息准确度更高，大幅降低了系统的不确定性。通过提供实时的端对端透明度高的具有链式关系的数据贯穿整个供应链，可为各节点的各类管理人员和岗位提供足够的决策支持信息。将数据在"云端"进行整合后，可为决策者的抽象问题决策提供直接支持。

（2）数字化供应链的决策效率更高。自动化计划和大量自动化设备加入流程中，供应链的运营效率得到大幅提升。机器人、物联网设备及其他智能设施在物流中心高速自动化处理货物，完成收货、卸货、拣货、备货、包装和运输等一系列功能；结合自动驾驶货车，并优化调度，应用社会化配载平台、甩挂运输等模式，优化卡车的利用率，实现共享运输能力。

（3）数字化供应链的预测更准确。结合宏观数据（如市场、天气）及机器状态数据对顾客需求进行更为准确的预测。

（4）数字化供应链的灵活性更强。实时计划和自组计划使得供应链可以根据需求或供应情况的变化灵活调整。计划转化成为持续的流程，周期更短，依据不断变化的要求或资源限制（如产能）而做出及时反应，再结合配送智能化的特点，使得供应弹性得到大幅提升。

（5）数字化供应链的"颗粒化"程度提高。在大规模定制化模式下，需要进一步细分顾客需求管理，并且提供宽谱系的、可定制的产品/服务。这要求数据采样精细，达到"颗粒化"程度，排除主观性。

在数字化供应链模式下，供应链云端是数字化供应链的整合平台，结合社会公共服务平台的数字化水平不断提升（如电子发票、电子仓单和电子支付），供应链运营已由原来较为松散的流程整合为高度一体化、智能化的综合流程。同时，应要求节点企业在组织设立、伙伴系统、治理结构等方面进行全面的改进、创新，以实现服务质量、成本、资本和敏捷度上的优化、进步。

目前各行业正在发生"互联网+"创新，未来平行商业系统将演化为与现实世界平行的数字商业系统，实现真实系统与虚实数字系统的互动与平行演化。区块链技术所架构的信用结构使得平行商业系统模式从模糊变得清晰。

6.2 供应链治理的内涵

6.2.1 共同利益——竞争优势与超额利润

供应链作为利益共同体，"共同利益"是各节点的利润之和，是由所有参与节点合作、协作而产生的；"个体利益"是各节点获得的实际利润。共同利益是形成紧密利益关系的前提和基础，个体利益是共同利益产生之后的分配结果，但个体之间对于共同利益的分配属于竞争关系（每个节点都有获得更高利益的强烈动机）。

共同利益的产生，即利润的产生，与供应链的竞争优势（也可视为最终产品和服务的竞争力）密切相关，而形成供应链竞争优势是所有节点企业努力合作的结果。共同利益是供应链整体获得的超额利润（超出行业平衡利润水平），合作使得供应链具有竞争力并提升供应链的市场地位，超额利润的前提是供应链获得整体的竞争优势；供应链竞争优势是供应链利益共同体的来源，是核心企业立足于市场的根本；供应链竞争力是供应链获得竞争优势的前提，由核心企业主导，通过制定并实施特定的供应链战略来获得竞争力；供应链利益共同体建立在各个节点企业关键资源的基础之上，对形成供应链竞争力起决定作用的要素和资源成为获得供应链竞争优势的关键。

从节点企业的"关键资源"到最终的"利益分配"是供应链利益共同体形成与发展的内在逻辑，如图 6-3 所示。

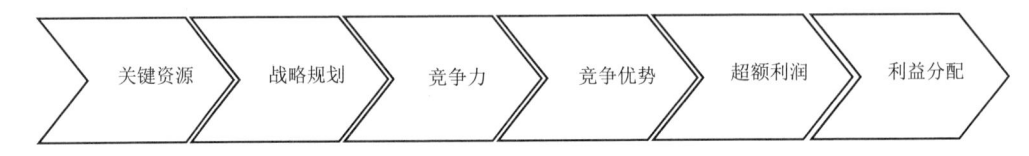

关键资源 → 战略规划 → 竞争力 → 竞争优势 → 超额利润 → 利益分配

图 6-3　供应链利益共同体的内在逻辑示意图

节点企业的关键资源是竞争优势最根本的来源。什么是关键资源，存在以下两个视角。

（1）产业组织理论，认为关键资源是企业的"外在市场结构"，包括规模经济（市场占有率）、市场进入壁垒、产品差异化程度等产业结构特点。有吸引力的行业通常具有较高的进入壁垒，以防企业战略雷同。

（2）资源基础理论，认为关键资源是企业的内在资源，是企业"能够做的"，是企业内部异质的、稀缺的、难以模仿的、难以替代的专有资源（包括核心能力）。

虽然存在两个视角的竞争优势来源，但两者在本质上并不矛盾，可以整合。产业环境与企业资源/能力决定企业的业绩，企业是市场行为和资源的组合；在实践中，波特强调产业结构分析是确立竞争战略的基石，理解产业结构永远是战略分析的起点；同时，企业在经营中的战略重点为创造战略资源、积累核心能力。

可见，供应链竞争优势无非来自成员企业的外部条件或内部条件；关于总体利润的创造，只有供应链具备创造超过竞争者的总价值的能力时，才能获得竞争优势。供应链超额利润由全部成员（甚至所有利益相关者）创造。

6.2.2 个体利益——直接竞争与间接竞争

供应链节点之间的关系是市场化的供求关系，是价格竞争关系（利益竞争），所以，个体利益的基本属性是竞争性（交易双方都追求在价格竞争中获得更大利益）。波特提出的企业竞争"五力模型"（供应商、购买者、行业内现有竞争者、替代品和潜在进入者）为供应链水平竞争与供应链垂直竞争，并认为企业利润率（个体利益）是五种力量相互作用的结果，如图 6-4 所示。

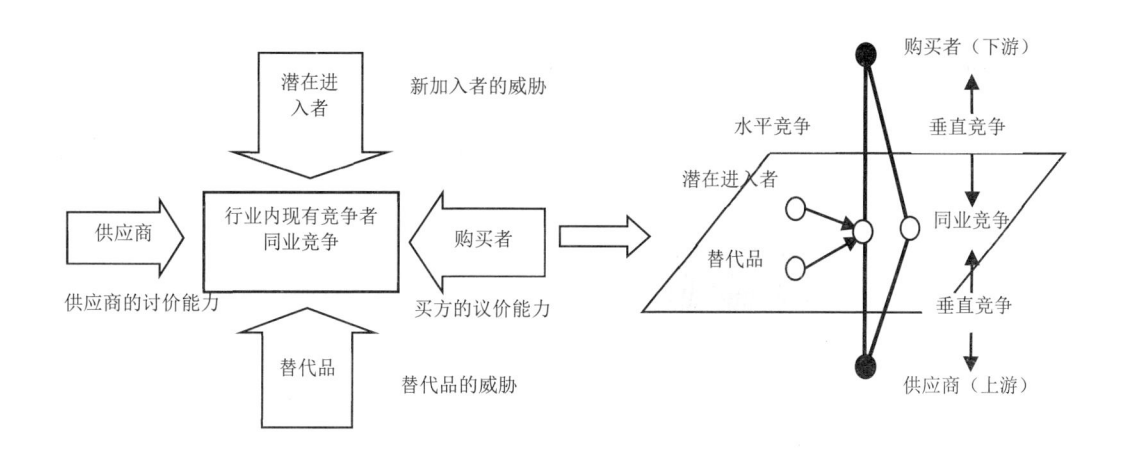

图 6-4 五力模型及转换示意图

在图 6-4 中，由五力模型转换到直接竞争与间接竞争关系。任意节点企业同时存在两种利益的竞争：与上游企业（供应商）、下游企业（购买者）之间的价格竞争（直接的利益关系）为垂直方向的直接竞争；与行业内现有竞争者（同业竞争）的竞争为水平方向的间接竞争（间接的利益关系）。供应链节点同时存在两种利益竞争关系。

（1）个体利益的直接竞争，具有双重性，既合作、又竞争。一方面，上、下游企业双方充分利用各自的优势在交易中进行价格、交货条件、折扣、服务等方面的谈判，尽可能地将责任、风险、成本等转嫁给对方；但在创造顾客价值（共同利益）的过程中，双方是合作的、双赢的，双方共担责任与风险，共同管理成本，在创造整体价值的前提下实现双方利润的增长，且合作关系还受到契约、商业规则、国家法规等多层面的约束。可见，直接竞争与间接竞争存在本质上的区别，供应链中的直接竞争体现为"竞争—合作关系"，是利益的"协作产生—分配竞争"机制。

（2）间接竞争是同业竞争，具有排他性。节点企业面临以下竞争：其他成员企业供应相同产品和服务；由于潜在进入者的存在而具有被替代的竞争压力；替代品对提供类似产品和服务的所有企业构成威胁。对此，波特提出了三种基本竞争战略，即总成本领先战略、差异化竞争战略和焦点集中竞争战略。

6.3 供应链自治逻辑与机理

6.3.1 自治逻辑

供应链利益共同体中存在大量既合作、又竞争的现象。成员企业合作之前一般会达成合作的预定方案（契约），甚至规定利润分配的规则及分配比例；其后成员企业在处理利润分配问题时多采用博弈策略，各方博弈的结果常常偏离预定的方案（不遵守规则），从而造成分配不公和合作失败。

实际中存在三种典型的博弈方式，其结果是消极的：第一种是"囚徒困境"博弈，即合作中的一方或多方背弃预定方案，导致"双败"的消极结果（双方利益受损）；第二种是智猪博弈，其结果为"多劳不多得"（出现"搭便车"现象）；第三种是平均分配方案下的博弈，其消极的结果被称为"社会虚度效应"[①]。

供应链利益共同体的治理逻辑如图 6-5 所示。

在图 6-5 中，利润分配机制以技术自治来实现，是供应链治理的核心机制；利益共同体（组织结构）、治理环境（产业环境）、共识（分配规则）等形成治理机制；

---

① 张维迎. 博弈论与信息经济学[M]. 上海：格致出版社，2012.

治理机制中的核心内容是技术自治，主要以算法治理来实现共同利益和个体利益的分配关系，其中，有效的算法治理产生公正、公平的治理效果，形成协同效应，进而形成供应链的竞争优势和超额利益（共同利益）。

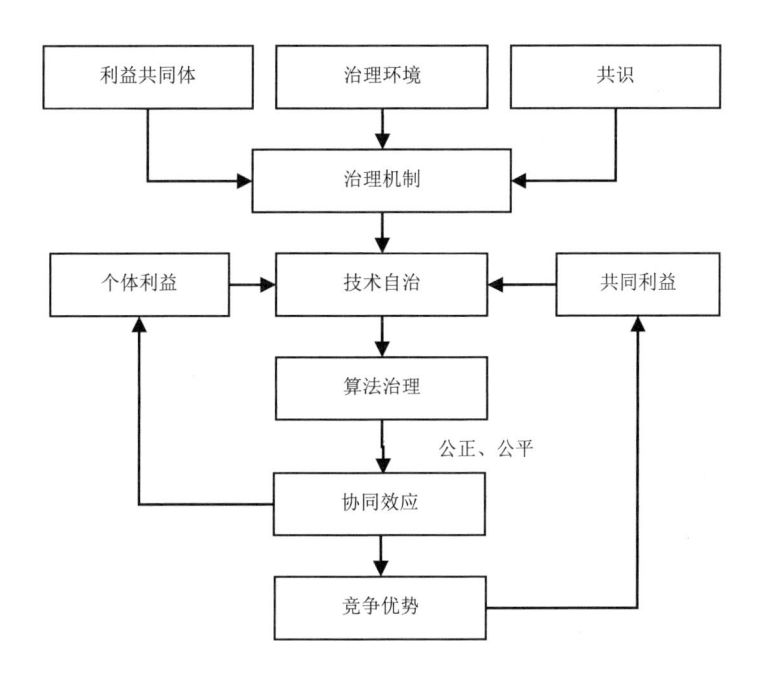

图 6-5 供应链利益共同体的治理逻辑

技术自治建立在三个基本点之上，即利益相关者、个体利益（博弈）、共同利益（协作）等，分别作为满足不同利益相关者需求、维持分配过程公正公平、制定公认的分配客观标准的依据。

当采用分布式治理模式时，依据治理结构可制定出技术自治方案；其中，关键在于正确计算节点的投入、所承担的风险，并正确计算共同利益，这样才能实现更为均衡的分配结果，达成更大范围内的共识；分配公正是成员产生组织公民行为的基础，也是维持高水平供应链运作绩效的必要条件，最终将有利于形成供应链竞争优势（创造更大的共同利益）。

算法治理的关键在于解决以下问题。

（1）如何确定个体的投入是分配个体利益的依据。节点投入可分为人力、资金、实物（机器、厂房）、无形资产（如知识产权）等，其计算规则较为复杂。

（2）如何计算共同利益。共同利益是在合作之后或行将结束之时产生的，此时已经可以计算出各成员企业实际发生的成本和收入，此步骤不存在技术问题，但要求各成员企业必须公开账务。

创造性解决上述问题的方法之一是采用分布式记账构建供应链治理创新的基础设施。

6.3.2 自治机制

确定供应链治理结构之后，需要设计合理的治理机制来约束、激励节点企业采取可预期的合作行为，来达到治理目标。治理机制是行为规范，是运作规则，可以有效形成节点企业的预期，改变行为动机，协调节点企业之间的利益冲突，保证"竞争与合作"关系的稳定。治理机制，即单方面或多方面采取一系列的行为、规范、准则，维持供应链成员关系，达到供应链治理的目标。治理机制设计要素包括四方面的属性：关系属性、主体属性、结构属性和环境属性。

关系属性是指主体之间进行什么互动，一般多为交易关系（以价格竞争为中心，合作行为少）、竞争合作关系（存在战略合作关系，如同共研发）；主体属性，主体之所以与其他主体产生关系，是因为该主体具有某种独特的资源或能力，才有资格进入该供应链而产生"供应"行为。主体属性往往决定关系属性，即双方在谈判和交易中表现出强势、对等、弱势三种关系，这三种关系对于价格和利益分配产生决定性的作用。例如，市场中唯一的、不可替代的供应商具有极强的谈判力，大企业对小企业一般具有更强的谈判力。

治理机制的设计是结构属性和关系属性（资源/能力优势、资源配置方式）的优化选择，也是对交易属性和环境属性的响应。这种响应不是静态的，在确立治理机制后，治理机制本身反过来会引起治理因素的动态变化，如合理的治理机制使得订单量增加、交易频率增加、信任关系加强，一方对另外一方的影响力随之增强，这种变化进一步对关系属性产生结构性的影响，从而影响治理机制的改变。所以，供应链治理的全过程都处于一种动态的、不断改进的状态中。

供应链治理机制分为交易成本、利益分享（公平）、关系协调（抑制机会主义行为）、公共治理四大类。治理机制在于有效地协调参与各方的目标冲突，使得参与方处于较为满意的状态，遵守契约，使得供应链处于持续稳定的运行状态。在现有研究中，供应链治理机制多基于信任理论对信任机制进行探讨，以达到规避成员的短期机会主义行为、实现合理分配的目标。另外，契约（价格）、互惠行为、声誉影响、制裁（惩罚）、股权（控股或交叉持股）等也属于治理机制；合作研发、信息沟通机制、分配原则等属于治理机制下的行为选择。

利益分配机制是最核心的机制，合作中需要进行明确规定、甚至进行定量化规定，应增强对成员之间的约束，以保证节点行为的可靠性和经济利益。契约机制是最常用的利益分配机制，通过事前制定的各项指标来明确节点企业各自的权利和义务，确保其按照契约承担责任并分享收益。互惠、价格、股权、权威等机制也是利益分享机制的实现模式。互惠机制是保证参与伙伴的未来预期收益现值为正的一种利益分享承诺；价格机制是指通过彼此谈判或市场衍生的交易价格来实现成员之间的利益分配；股权机制是指通过单向持股或交叉持股，以达到控制对方行为的目标，降低信息不对称和利益相悖的影响。权威机制则是完全科层化下的特有治理手段，代表着行政权力至上的原则。

供应链治理机制与作用机理一览表如表 6-1 所示。

表 6-1 供应链治理机制与作用机理一览表

治 理 机 制	实 现 方 法	作 用	治 理 效 果
交易成本	取证/存证机制 共识机制	控制	降低成本
利益分享	契约机制 价格机制 互惠机制 股权机制 权威机制	协调目标冲突（利益冲突）	减少冲突

续表

治理机制	实现方法	作 用	治理效果
关系协调	信任机制 信息共享机制 声誉机制	抑制机会主义	维持信用
公共治理	溯源机制	安全	举证责任

对表 6-1 的说明如下。

（1）交易成本是最直接的利益关系，降本增效是多数企业所采用的管理方法，主要采用取证/存证机制对相关利益进行仲裁，或建立共识机制，采取一致的行动策略。

（2）利益分享是最重要的分配规则，博弈机制与算法治理是治理创新的重点，关键在于协调目标冲突（利益冲突），契约机制、价格机制、互惠机制、股权机制、权威机制等是常见的实现方法。

（3）关系协调通常是隐性存在的，是特定的个性化或关系的纽带。它通过供应链成员之间非正式的相互理解、交流和沟通，提升彼此的互动程度和社会化关系，从而增强成员之间的紧密合作与协商，增强供应链的柔性。其实现方法包括声誉机制、信任机制、信息共享机制等。

（4）公共治理。供应链同样涉及公共利益，如绿色供应链、应急供应链等与社会公众的利益密切相关。

在供应链交易关系发展的不同阶段，主导的治理机制也会有所不同，同时，由于供应链治理的复杂性，可能在某些情况下还需要多种机制联合作用才能保证供应链高效运行。

6.3.3 利益关系治理

在实际中，存在三种常见的利益博弈行为，即背信弃义效应、智猪博弈、平均主义效应。下面分析这三种博弈行为，并对算例采用算法治理模式进行改进。

一、背信弃义效应

合作之前，通过"共识"达成利益分配规则（方案需要），并将其契约化，规定利润分配的规则及分配比例。但因各方博弈的结果常常导致分配结果偏离预先设定的分配方案,造成分配结果不公平。在实际中,违约行为多由短期利益驱使,从而使得个体之间相互报复和反报复,最终造成合作双败,即"背信弃义"。"背信弃义"的实质为"囚徒困境均衡"。

【算例】假设供应链中的某两个节点合作,分配规则如下:两个利益相关者积极合作可创造的"共同利益"为16个单位,每个个体得到的"个体利益"为8个单位;如果两个利益相关者都消极合作,只能创造更小的"共同利益",为4个单位,每个个体得到的"个体利益"为2个单位;如果一个节点在对方积极合作的情况下,而自己消极合作,可以获得比积极合作的一方更高的个体利益,为6个单位,其中包括一部分不义支付2个单位,而积极合作的一方只能获得很小的共同利益,为1个单位。"背信弃义"效应下的利益关系矩阵如表6-2所示。

表6-2 "背信弃义"效应下的利益关系矩阵

企业B	企业A	
	积 极	消 极
积极	8, 8	1, 6
消极	6, 1	2, 2

按照合作的共识,双方都应该进行积极合作,这样,个体帕累托最优支付(p_i^*)等于8个单位,共同利益的帕累托最优支付(p^*)等于16个单位,从而获得"双赢"结局。但[消极,消极]是博弈的纳什均衡,个体利益的纳什最优支付(p_i^0)等于2个单位,共同利益的纳什最优支付(p^0)等于4个单位,此为"双败"结局。对于短视行为的结构,个体纳什最优支付(p_i^0)小于局中人帕累托最优支付(p_i^*),从而导致共同体的纳什最优支付(p^0)小于帕累托最优支付(p^*)。

本算例采用算法治理的改进方案如下。

(1)合作双方建立契约关系,约定分配方案。

(2)采用算法治理、强制性的分配机制来代替利益博弈分配机制,约束合作双方相互怀疑,避免其做出违反协议的行为。

(3)算法监督个体不能采取短视行为作为对策,应使共同体利益最大化。

二、智猪博弈

智猪博弈属于纳什均衡中的一种。在供应链利益共同体中，智猪博弈表现为在需要较多前期投入的合作中（研发创新、市场开拓），核心企业（或拥有较多资源的企业）投入的资源较多，而其他节点企业则采取等待观望的策略，等到出现有利于自己的情形时或合作将对自己有利时（不能确定前期投入/产出比是否对自己有利），投入资源较少的节点可以因此获得不低的利益。由于积极与消极的不同投入态度，将出现一部分节点"多劳而不多得"的消极结果，另一部分节点出现"少劳而多得"的结果。智猪博弈均衡对供应链长期合作不利，投入资源较多的企业将因激励不足而减少投入和降低努力程度，最终导致共同利益下降。

【算例】 假设核心企业与下游的分销企业合作，双方共同投入资源来开拓新产品市场，并约定利益分配方案。如果新市场开拓成功，共有 10 个单位的总收益。但每个节点前期需要投入 6 个单位的成本。核心企业规定的分配规则如下。

（1）分销企业不投入，核心企业与分销企业的收益比是 8∶2。核心企业收益为 8，投入为 6，最终获利为 2；分销企业收益为 2，投入为 0，最终获利为 2。

（2）共同投入，双方收益比是 6∶4。核心企业收益为 6，投入为 3，最终获利为 3；分销企业收益为 4，投入为 3，最终获利为 1。

（3）分销企业进行前期投入，双方收益比是 5∶5。核心企业收益为 5，投入为 0，最终获利为 5；分销企业收益为 5，投入为 6，最终获利为-1。

（4）双方皆不投入，双方的收益比为 0∶0。

结果分销企业选择等待，即不投入。根据纳什均衡原则，分销企业基于自身的收益能力和成本付出的制约，无论核心企业采取何种策略，分销企业的最优策略选择均为"等待"，只由核心企业进行前期投入。而在分销企业只选择"等待"的局势下，核心企业的最优选择是进行前期投入，这样才能够获得利益。智猪博弈利益分配关系矩阵如表 6-3 所示。

表6-3 智猪博弈利益分配关系矩阵

最终获利	对象	分销企业	
对象	状态	前期投入	等待
核心企业	前期投入	3, 1	2, 2
	等待	5, -1	0, 0

与背信弃义效应相比,智猪博弈均衡属于次优结果。出现这一结果的根本原因在于利润分配机制不合理,导致资源投入较多的企业的收益少于投入资源较少的企业,具有明显的负激励效应。

改进智猪博弈均衡的策略较为简单,依据多劳多得的规则来进行分配,即把利益关系契约化,并采用算法来执行分配。

三、平均主义效应

在供应链中,平均主义忽视个体贡献的大小,直接对共同利益进行平均分配。例如,节点获得报酬的标准不考虑资源、专利、主动性、岗位等因素。平均主义采用结果平等的方式,有极大的负面激励效应,有可能会打击贡献度高的个体。

【算例】两个节点进行合作,约定对共同利益(总收入)实行平均分配方案,各为0.5;局中人的对策是决定各自的努力水平,即产出 a_i;假设共同利益 x 是两个局中人的函数,且存在弹性变化,设 $x=(a_1+a_2)(m-a_1-a_2)$,m 为某一常数,各局中人的支付为利润,其中,$C_I(a_i)$ 代表第 I 个局中人的成本,设 $C_I(a_i)=a_ic$,得第 I 个局中人的支付(利润)为 $p_i=0.5x-a_ic$。

1. 纳什均衡

设 (a_1^0, a_2^0) 是节点纳什最优努力水平,对节点 I,$a_i^0 \in \arg\max p_i(a_1,a_2)$。对节点支付函数 $p_i=0.5x-a_ic$ 求一阶导数,$\frac{\partial p_i}{\partial a_i}=0$,得到反应函数:

$$\begin{cases} a_1=\frac{1}{2}m-a_2-c \\ a_2=\frac{1}{2}m-a_1-c \end{cases}$$

求解上式，得到节点纳什最优努力水平 $a_i^0 = \frac{1}{4}(m-2c)$；节点的纳什最优支付 $p_i^0 = \frac{1}{8}m(m-2c)$；共同体总的纳什最优支付为 $p^0 = \frac{1}{4}m(m-2c)$。

2．帕累托最优状态

设 (a_1^*, a_2^*) 是节点帕累托最优努力水平，有

$$(a_1^*, a_2^*) = \arg\ \max(X(a_1, a_2) - C_1(a_1) - C_2(a_2))$$

分别对 a_1 和 a_2 求一阶导数，并令其为零，通过反应函数得：节点帕累托最优努力水平 $a_i^* = \frac{1}{4}(m-c)$；节点帕累托最优支付 $p_i^0 = \frac{1}{8}(m-c)^2$；共同体总的帕累托最优支付 $p^* = \frac{1}{4}(m-c)^2$。

结论：在博弈对策下，每个节点选择消极行为，节点纳什最优努力水平 a_i^0 小于节点帕累托最优努力水平 a_i^*，从而导致节点纳什最优支付 p_i^0 小于节点帕累托最优支付 p_i^*，共同体的纳什最优支付 p^0 小于帕累托最优支付 p^*。

6.3.4 共同体利益的创造：从合作到协同的优势

价值产生于节点之间的密切合作，协同是形成供应链竞争优势的原理。在供应链管理中，协同变得越来越重要，协同成为许多行业供应链获得超额利润的决定性因素，也是共同体利益产生的基础。协同优势是供应链竞争优势中内生的、能动的、关键的要素，这种复杂的涌现性也决定了协同优势必定具有复杂的结构。

协同优势的产生不是节点能力的简单叠加，而是实施整合机制而产生的协同效应，且需要合理设计和有效实施。

一、协同效应的范围

设协同效应函数为 $f(s)$，s 为协同机制（合作关系）。

协同优势 $F(S)$ 为协同效应之差，即

$$F(S) = f(s_1) - f(s_2) \qquad (6-1)$$

式中，$f(s_1)$ 和 $f(s_2)$ 为两个状态下的协同效应（高水平协同与低水平协同），S 为供应链系统。假设 $f(s)$ 行业最低水平的协同效应取值为 $-A$；协同效应的最大值为 M。

$$f(s)\in[-A,M] \tag{6-2}$$

协同效应与"竞争—合作"关系如下。

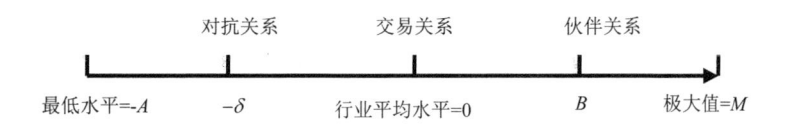

```
              对抗关系        交易关系         伙伴关系
   ├──────────┼──────┼──────────────┼──────────┼──────────▶
  最低水平=-A  -δ     行业平均水平=0    B        极大值=M
```

设协同效应取值为 δ，对抗关系的协同效应为 $-\delta$ 协同效应典型情况一览表如表 6-4 所示。

表 6-4 协同效应典型情况一览表

序号	取值	成员关系	备注
1	$-A \leqslant f(s) < -\delta$	对抗关系	以对抗为主，几乎不存在协作行为
2	$-\delta \leqslant f(s) \leqslant \delta$	交易关系	合作行为和竞争行为并存
3	$\delta < f(s) \leqslant B+\delta$	伙伴关系	在多个层次开展密切合作
4	$B+\delta < f(s) \leqslant M$	最优状态	协同效应为最优状态值 M，可认为 M 是行业中的标杆管理水平

二、协同优势的转换机制

高水平的协同不可能在短时间内达成，而是一个循序渐进的过程。能否实现协同优势，受以下两种机制的影响极大。

（1）正反馈机制：协同中的资源投入与取得协同优势成正比，若合作者都对协同效应（投入/产出）较为满意，且利益分配合理，则双方进一步增加资源投入，促进协同优势快速增长。

（2）负反馈机制：对合作行为具有抑制作用，合作者增加资源投入，但合作难度不断提高，或至少有一方对协同效应不满意，以致至少有一方增加资源投入和努力的动力不足，甚至形成惰性，从而使协作水平迅速下降。

6.3.5 共识的激励效应

有效运作的组织存在两种积极行为：①可靠地完成角色要求的职责；②完成角色要求之外的创新并采取主动行为。其中，第二种行为对于有效率的组织运作极其重要，是自治自觉行为，成员自愿，且其行为没有得到正式的报酬系统直接而明确的认可。供应链中需要组织公民行为，这是供应链有效运作的必要条件之一。

供应链契约对组织成员的行为可以进行规定和约束，而且可以进行度量和考核。但对于供应链绩效产生重大影响的组织公民行为却难以识别与监督，原因如下。

（1）一方成员的行为在多数情况下对另一方成员来说是"黑匣子"，即一方成员难以知晓另一方成员的行为序列，也不能在契约中进行详尽规定。

（2）供应链的运营十分复杂，远超契约内容所约定的内容，使得契约本身不能完全约束和监管成员的行为。

（3）成员行为本身需要足够的自由度，因为不同地域、不同文化、沟通渠道有限等原因，很多责任的界定是模糊的。

供应链治理的一个重要目标是激发成员产生组织公民行为。敏捷型供应链管理以敏捷、快速响应为目标，成员之间的互动更为频繁、灵活，需要灵活的工作模式，工作内容也经常变化，要求成员具有创新意识，灵活及快速地应对环境变化和客户需求的变化，成员在契约规定之外的创新性、主动性行为成为敏捷型供应链运营的关键因素之一。

合作方对供应链战略的正确理解、令合作者满意的利润分配机制、行为主体作为利益相关者的满意程度、合作文化及管理艺术等都是产生供应链组织公民行为的前提。供应链组织公民行为表现为以下三类。

（1）积极参与行为：主动承担职责范围之外的工作内容，与合作方有效沟通、交流；敢于真诚地提出供应链合作中存在的问题，不隐瞒问题、不回避问题，并能提出创新性的见解和改进意见等。

（2）忠诚行为：如积极维护合作双方的利益（如声誉）等。

(3) 利他行为：主动为合作方提供便利；当合作方出现经营困难时，提供资金借用、物质借用、部分利益让渡等支持；无偿为其他成员提供培训、市场信息等。

6.3.6 紧密利益关系

确定利益关系的紧密程序是供应链治理的逻辑前提，只有达到一定紧密程度的利益关系才属于紧密利益关系。某些利益关系只能以定量化形式表述，如新产品战略、研发投入等，难以用数字描述准确的、定量的利益量，这时需要模糊数学法来处理和转换。

聚类是按照事物间的相似性进行区分和分类的过程。聚类分析是指采用数学方法研究和处理所给定对象的分类，采用模糊集合理论，用模糊数学的方法来处理利益关系的聚类问题。

步骤1，建立利益关系评价指标。

节点之间的利益关系由7项评价指标给出，如表6-5所示。

表6-5 节点利益关系评价指标一览表

序号	指标	备注
1	节点之间长远战略的时限性	战略规划的时限越长，得分越高
2	节点重视长期价值的程度	越重视长期价值，得分越高
3	节点利益关系的多元化程度	多元化程度越高，得分越低
4	节点对现有利益关系的信心	信心越高，得分越高
5	节点对利益风险的承受能力	承受能力越高，得分越高
6	利益对节点的重要性	获得利益占总利润的比例越高，得分越高
7	节点核心资源对其他节点的相关性	相关性越高，得分越高

步骤2，数据规格化。

设集合 $X = \{x_1, x_1, \cdots, x_n\}$ 是待分类利益关系的集合；每个节点 x_i ($i = 1, 2, \cdots, n$) 都具有 m ($m = 7$) 项利益关系评价指标，即 $x_i = \{x_{i1}, x_{i1}, \cdots, x_{im}\}$。

对原始特征数据进行规格化处理，将指标值转换到区间 $[0, 1]$，可得到规格化矩阵 $\mathbf{X}' = (x'_{ij})_{n \times m}$，即

$$x'_{ij} = \frac{x_{ij} - x_{i_{\min}}}{x_{i_{\max}} - x_{i_{\min}}}$$

其中，$x_{i_{\min}} = \min(x_{ij})$，$x_{i_{\max}} = \max(x_{ij})$。

步骤3，建立模糊利益相似矩阵。

对规格化矩阵 X'，计算待分类利益对象之间的相似系数 r_{ij}，r_{ij} 表示利益对象 x_i 与 x_j 按 m 个特征相似的利益关系程度组成模糊利益相似矩阵 $R = (r_{ij})_{n \times m}$。计算利益关系相似系数的方法有算术平均法、相关系数法、指数相似系数法、主观评分法等，本书采用算术平均法，可得

$$r_{ij} = \frac{\sum_{k=1}^{m}(x_{ik} \Lambda x_{jk})}{\frac{1}{2}\sum_{k=1}^{m}(x_{ik} + x_{jk})}$$

步骤4，建立模糊利益等价关系矩阵。

将模糊利益相似矩阵 R 改造为模糊等价关系矩阵，采用平方法，即

$$R \to R^2 \to R^4 \to R^8 \to \cdots \to R^{2k} \to \cdots$$

先将 R 自乘得到 R^2，再将 R^2 自乘得到 R^4，直到某一步出现 $R^{2k} = R^k = R^*$。此时 R^* 满足传递性，模糊利益相似矩阵 R 被改造成模糊利益等价关系矩阵 R^*。

步骤5，进行聚类。

设定利益关系置信水平 λ，对 R^* 中的元素进行分类。选取 $\lambda \in [0,1]$，由 R_λ 得出所需的利益关系分类。

下面给出算例来验证以上过程。

【算例】设供应链利益共同体由6个企业组成，评审小组对6个企业依据7项指标采用100分制进行打分，并计算每项指标的利益关系的平均分值，如表6-6所示。试采用模糊聚类分析对利益关系进行分类。

表 6-6 利益关系指标平均分值一览表

企　业	V_1	V_2	V_3	V_4	V_5	V_6	V_7
x_1	85	82	85	72	74	85	75
x_2	80	93	81	80	80	85	83
x_3	85	75	84	80	74	75	80
x_4	84	80	91	90	91	85	88
x_5	75	80	80	75	72	80	79
x_6	904	85	85	85	80	75	80

解 根据不同的 λ 值形成以下利益关系动态聚类关系。

取 $\lambda=0.7$，得到 $\{x_2,x_4,x_6\}$ 为一类，这些企业具有较强的利益关系；$\{x_1,x_3,x_5\}$ 为一类，这些企业的利益趋同性较弱，具有更为松散的利益关系，计算过程略。

6.4　供应链中心化治理

企业与企业之间的竞争转变为供应链与供应链之间的竞争，意味着核心企业主导下的供应链管理与运营是核心企业在追求自身利益最大化的目标的同时提升供应链整体的竞争力。这使得核心企业的供应链治理目标从原来的提升企业竞争力转向提升供应链的竞争力，由以企业治理为重点转向以供应链治理为重点。

6.4.1　供应链中心化治理的内涵

传统的供应链中心化治理可归纳为"层级、市场、规范"三类典型机制。其中，在随机交易型治理模式中，市场机制成为主流的供应链治理机制；在核心领导型治理模式中，强调控制、制度、服从的层级治理机制；在多元协作型治理模式中，其主导机制是以非正式关系为基础的规范机制。

"治理"与"管理"的含义存在较大的区别，治理是主体（企业）之间的权力和利益的协调及利益的分配，而管理则是层级组织中对权力的控制性应用。所以，治理的目的是在"竞争与合作"的关系中实现经济主体决策行为的效率性、合理性和科学性。可见，公共治理领域从管理到治理的转变体现了治理的内涵差异，治理的核心内涵是民主、合作与协调。

在治理结构中存在权力、利益不一致的情形，需要一个"中心化"机构来行使治理权，使得相互冲突的不同利益得以调和，这里需要采用供应链中心化治理。参与各方具有一定的权力或制衡权力，使得利益共同体处于一种协调状态，达到持续稳定发展的状态，合作、制衡、协调和互动是传统供应链中心化治理的核心属性。

供应链中心化治理是对紧密利益共同体的治理，其本质是利益"产生—分配"机制，具有丰富的内涵。

（1）作为利益共同体，治理的出发点不是控制，而是协调，因为成员的主体地位基本平等，非行政隶属关系，主体是理性经济人，具有较强的自觉自治能力。

（2）供应链中心化治理是产生最大的共同利益，再合理分配个体利益的一种平衡性机制，个体具有一定的市场权力。

（3）利益的产生与分配涉及众多利益主体，特别是在供应链涉及公共利益时（如食品供应链），包括私人部门、经济组织，也包括公共部门。

（4）治理强调利益的调和与均衡，在价格谈判中，应使得强势的一方能让渡利益于弱势一方，以激励弱势一方为供应链整体做出更大努力。

（5）治理是达成规则、执行规则并形成激励效应的过程，节点之间持续互动，且存在较为密切的人际关系互动，不排除其中存在"人治"的成分。

（6）"利益"是各方关注的焦点，是各方行动的出发点。供应商大量参与研发、合作、前期投入等工作，既缺乏严格的组织约束和利益保障，也缺少相应的法律法规作为市场规则和纽带，因此更加需要治理机制来激励参与者。

主观上，机会主义行为在供应链中比在企业组织中更容易发生，缺少相应的治理机制，会影响成员之间的长期投入与合作，进而影响供应链的竞争力。

客观上，快速多变的外在环境在很大程度上会影响供应链中的脆弱性因素，当异常发生时，不可抗力会导致供应链出现风险，成员都有趋利避害的冲动，成员之间的矛盾将更加难以协调。

6.4.2 "微治理"结构

治理将被治理的对象看作一个以关系为中心的联合体,以处理、协调成员之间的相互关系(以利益关系为主)为导向,使得相互间的冲突不至于影响总目标的实现。供应链作为复杂系统,由于供应链的范围广、链条长,在实践中极少存在一种治理主体(模型)可以实现对全链(全域)的治理的情况,多数情况下为分段治理,所以微治理是指将供应链划分为多段相对独立的治理结构,既符合实际,也不超过治理主体的能力范围(治理也是一种管理)。

不同的关系需要不同的治理结构,因此形成了治理子系统。存在更为紧密利益关系的结构对应的范畴就是微治理,微治理必须有一个对应的治理结构。供应链微治理结构示意图如图 6-6 所示。

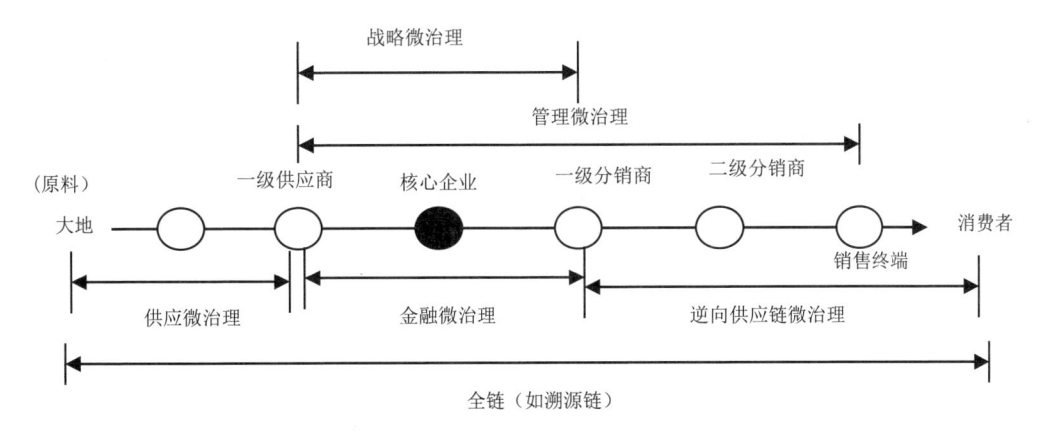

图 6-6 供应链微治理结构示意图

在图 6-6 中,微治理是关系、节点和治理机制的集合。常见的微治理划分如下。

(1)全链,全链涉及产品生命周期全过程,涉及利益相关者的数量最多,关系复杂,对数据的要求高。例如,食品的全链就是全链治理结构,需要将所有参与者(包括消费者)包括在治理结构中。

（2）战略微治理，以核心企业为中心，是核心企业及其战略合作伙伴之间的治理架构，如新产品研发的治理架构。战略微治理的核心在于形成长期合作关系，处理长期合作中的利益分配问题，多以核心企业为中心。

（3）管理微治理，主要是针对供应链运营的治理，各参与企业需要承担不同的责任、义务，分享合作成果等，因此需要建立相应的治理结构，否则合作效率低下，或者难以达成合作。当供应链为国际性供应链时，供应链运营及治理显得更加重要，实施全球化制造，参与全球化市场竞争。由于制造企业、销售企业分别在不同的国家（地区），地域分布广，国际性供应链的治理难度越来越大。

（4）金融微治理，是开展金融服务（多为供应链金融）的企业之间的治理架构。为供应链中大量的中小企业提供金融服务具有重要意义，因此金融微治理在现代供应链管理中具有重要价值。

（5）供应微治理，以原材料产品的原始生产和加工为主的企业，由于需要在产量上进行协同，因此需要建立适当的治理结构，解决产量与市场的匹配问题、信息不对称问题等。

（6）逆向供应链微治理，是指从消费者手中回收产品并对回收的产品进行丢弃或再利用的一系列活动，需要建立一定的治理架构来协调利益关系。

综上所述，由于供应链竞争加剧、数字化转型等，供应链治理结构日益复杂化、多样化，治理的重点、难点不断变化，对供应链治理创新提出了更高的要求。经营模式的线上化程度得到快速提高，数字供应链的构建使得供应链治理的方法和工具取得极大的扩展，如各类交易平台、电商平台、网络支付、协同商务、协同制造等在数字化转型中为供应链治理的创新提供了新的环境。

6.4.3 供应链中心化治理

根据供应链的网络类型或成员之间的连接形态，可以将治理结构划分为单链式结构、树权式结构、多链式结构和网络式结构。

| 单链式结构 | 树杈式结构 | 多链式结构 | 网络式结构 |

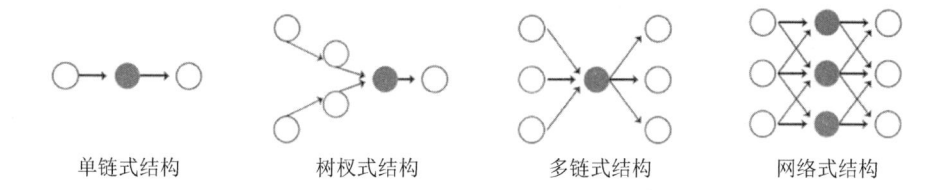

（1）单链式结构（A+1+B），由一个上游企业 A（供应商）、一个核心企业、一个下游企业 B 组成，这三个企业都具有垄断性，服务于相对稳定或高度垄断化的市场。合作企业之间的关系较为对等，相互依赖，且关系紧密，都具有整合各自实力、快速响应顾客需求的动机。

（2）树杈式结构（$N/M+1$），由多个供应商、一个核心企业组成，制造业组装企业的上游供应商系统多为这种结构。很明显，核心企业具有选择供应商的权力，供应商之间相互竞争，有利于核心企业获得更低的供应价格（如招标采购）、降低供应风险（同一部件、多个供应商），当产品较复杂时，需要若干零部件供应商。

（3）多链式结构（$N+1+M$），围绕一家核心企业，由上、下游诸多企业、组织形成复杂的多链式供应链系统，上游都围绕核心企业提供配套产品或服务，而下游则为核心企业分销产品。

（4）网络式结构（$N+M+N$），在网络式结构中，核心企业与供应商、分销商为契约关系，在产业集群中同时存在多个多链式结构。

6.4.4 供应链治理模式的不足

供应链治理有其自身的特点。供应链系统是复杂系统，具有复杂结构，具有整体性、关联性、开放性、自组织性、等级结构性、动态平衡性、时序性等。供应链作为功能系统，具有明确的指向性（目的性）、可控性、对环境的适应性等，也必然存在复杂的供应链治理结构，解构供应链治理结构是研究供应链治理创新的前提。

现有供应链治理研究多从供应链关系的角度来定义治理结构，如关系、信任、规范等，但缺少对机制、要素之间关系的阐述，对供应链治理内涵的界定不清晰。现有研究也提出了一些治理要素、结构模式，但缺乏系统的分析框架，使得在治理要素与特定产出之间的关系研究中得出的研究结论多为经验、常识，难以提出更为权威的理论模型。其主因在于研究缺少系统化思维和解构方法，将企业管理的治理理论转换为供应链治理，很难形成完整的理论体系和分析框架，不利于提出供应链治理创新理论和指导商业实践。

不同于企业的组织化、分工严密、股权结构明确、经营目标明确等特点，供应链是一个松散型、开放性的企业集合、关系集合。供应链治理的难点包括以下几方面。

（1）节点之间总是存在直接的利益竞争关系。只要存在交易，就必然存在价格谈判机制。节点成员之间的经营与决策都是完全独立、完全分散的，每个企业都以追求自身利益最大化为经营目标，而企业之间的交易以"竞价竞争"为基础，所以，企业之间在本质上存在经营目标上的冲突，且不能同时最优，甚至是"零和博弈"。

（2）企业利用信息不对称来获得利益。在交易过程中，企业为了在谈判中获得优势，通常不公开某些私有信息（公开对自身不利），或发出对自身有利的信息（可能真实，也可能不真实），如虚报原材料或产品的成本、产品质量和企业生产能力等。在契约的履行过程中，企业也常常采用信息不对称来获得其他利益，而另一方的利益可能因此而受损。

（3）机会主义行为较为普遍。由于契约本身的不完全性及市场因素的多变，总会出现意想不到的因素影响契约的执行，企业极有可能从自身利益最大化出发，产生机会主义行为倾向，多在利益分配问题上出现争议，影响双方的长期合作关系。

可见，契约关系并不能完全约束双方的行为，多方的不确定因素在很大程度上影响着供应链的稳定，传统的以契约为中心的供应链治理结构是脆弱的。

6.5 京东供应链的区块链分布式治理实践

6.5.1 京东供应链背景

京东供应链存在大量区块链应用场景，集团积极推进"中国自主知识产权区块链技术"实践。目前在供应链行业中，区块链技术应用获得了广泛关注。京东的区块链发展战略发挥自身零售、物流、数字科技等方面的组合生态优势，在助力自身业务实现持续迭代和发展的同时，推进产业数字化进程，推进产业数据融合和监管科技升级，共建"连接、融合、共生"的数字科技生态。

区块链技术的应用存在较高的技术门槛，人才缺乏、投入成本高、技术成熟度不足等制约了区块链技术在企业中的大规模应用。其次，区块链技术的应用创新也受限于现阶段联盟链网络难以规模化，部分企业低水平的数字化能力拖累了行业级别的应用构建。这类客观因素都存在于京东供应链的应用创新之中。京东数字科技作为国内最早提出"数字科技"理念的公司之一，运用区块链网络连接合作伙伴，在产业数据在线化、标准化、结构化的基础上，积极推进产业数字化的再造和升级。京东数科以数字科技 B2B2C 模式充分体现了"科技（Technology）+产业（Industry）+生态（Ecosystem）"的产业数字化"联结（TIE）"模式。

在产业生态方面，京东数字科技发挥区块链作为可信连接器的作用，结合自主研发的国产开源区块链底层引擎 JD Chain 和企业级区块链服务平台 JD BaaS，以及在数字金融、供应链管理等领域的成熟应用场景，搭建了开放联盟链网络、司法存证联盟链、检验检测联盟链、防伪追溯联盟链等产业生态合作体系。在这个产业生态合作体系下的中小企业可以凭借区块链 BaaS 平台"开箱即用"的易用特点，进一步降低使用区块链的门槛，提升企业上链、用链的效率。

基于产业级别来打造基于真实信息的网络对于产业发展具有重要意义。在产业数字化基础上构建"可信网络"，结合企业 ERP、生产系统、无纸化电子档案、数字化供应链等实现"可信数据交换"，关键在于借助由区块链技术组建的联盟网络，在企业与企业之间、政府机构与企业之间，实现基于"共建、共治、共享"的治理机制。

"京东智臻链"是京东区块链的技术品牌，以数字科技连接金融和实体产业，针对零售全产业链和丰富的金融业务场景，提升消费者的体验，为企业创造更大价值。京东区块链应用场景的选择和产品功能设计始终围绕着为客户交付真实的、可持续的业务价值来展开。目前已成功应用于京东商城、京东物流及京东数字科技等多个业务场景中，让用户能够在几乎无感知的情况下享受到更多基于区块链技术提供的消费体验和服务保障。

截至 2020 年第三季度，京东智臻链防伪追溯平台已与 1000 多家品牌商合作，落链数据超过 10 亿级，消费者的"品质溯源"查询次数超过 750 万次。京东智臻链防伪追溯平台的使用使整体销售量增长了 9.97%，其中，母婴商品的加购量增长了 23.4%，营养保健品的复购率增长了 44.6%，母婴奶粉的退货率下降了 31.7%，充分证明了区块链防伪追溯的应用价值。将追溯能力扩展到大宗商品动产融资等供应链金融的新领域，其联合中储股份搭建的基于区块链技术的大宗商品现货数字仓单体系已经在 2020 年正式发布上线，通过 AIoT 对仓库物资进行锁定并实时将数字仓单数据存证在区块链上，打造集仓储服务、交易服务、融资服务、数据服务为一体的供应链协同服务，解决大宗商品流通中的交易安全、融资风控问题，为产业链上下游企业和生态合作伙伴创造价值。

供应链管理和数字金融是京东智臻链重点推进区块链应用创新的两个领域，旨在推进区块链与物联网、人工智能、大数据、云计算等前沿技术的深度融合，联结合作伙伴共创数字经济增长新范式。

6.5.2 品质溯源

1．溯源原理

溯源一直被认作区块链行业最先落地的应用场景之一。传统的溯源方法普遍存在数据存储中心化、数据孤岛、窜货等问题，而又因供应链上下游节点之间的利益冲突和治理能力不足，使得溯源难度极高。溯源并不是单纯的商品信息化及信息的追踪，而是一个集 IoT 技术、防伪技术、信息系统与溯源机制为一体的综合性治理行为，以 RFID、二维码、条形码等技术为载体，记录和传输商品生产与流转信息，以便为查询、追责、品质、安全管理等溯源行为提供凭证，是多环节协同行为。溯源涉及商品的生产、加工、运输、流通、零售等环节的追踪记录，需要产业链上下游的各节点企业广泛参与。

在京东供应链中，原料商、品牌商、生产商、渠道商、零售商、物流服务商、售后服务商、第三方检测机构及对应的政府监管部门间建立了高效、互信、安全的追溯信息管理体系和数据应用体系，以区块链联盟链的方式来实现。京东拥有业内领先的现代化供应链物流基础设施和服务能力，数字化程度很高的供应链使得上链信息采集的边际成本极低。同时，京东供应链自身万亿规模的零售业务带来的供应链上下游紧密协同的业务关系也为区块链联盟链的成功搭建和管理创造了组织治理层面的便利。

为实现诚信经营、品质为先的企业核心价值观，京东主动将分布于供应链上下游的品质追溯信息整合，并计入不可篡改的区块链账本中，展现给广大京东客户。京东积极配合政府监管，履行企业责任，接入多家权威的第三方检测鉴定机构，由这类高信用、权威节点为客户体验保驾护航。

溯源系统的痛点是源头数据的真实性和追溯业务的可持续性。通过结合物联网、大数据、云计算等多种信息化技术保证追溯信息采集、传递、合规应用的准确性、安全性、可持续性，在物联网自动化、供应链金融、大数据分析预测、客户反向定制、追溯营销与口碑传播方面创造更多用户价值。

防伪追溯与食品安全等问题的解决密切相关。近年来，食品安全问题的危机事件频发，全球范围内受假冒伪劣商品影响的市场规模高达3000亿美元，其中，每年假冒伪劣商品的成交额已占世界贸易总额的10%。在国内，也存在各种食品安全事件。随着人们生活水平的不断提高，消费者对于商品品质的追求也越来越高，从生产环节开始，精准的产品及流转数据记录就显得更加重要。以信息追溯为主，溯源模式在众多行业和领域里已经有了大量的应用，但其存在数据中心化、易篡改、流通环节数据分散、政府监管难等问题。通过区块链技术的去中心化、共识机制、不可篡改、信息可追溯等特点，可以有效地解决上述问题，主要体现在以下几方面。

（1）确保记录信息不可篡改。通过在生产厂商、经销商、物流商、零售商、政府监管机构、检测机构等主体建立网络节点，借助物联网技术提升赋码与信息采集效率，将产品的原料、生产、加工、仓储、物流、零售等信息存储在区块链网络当中,信息上链后会自动同步到各方节点当中,单个节点无法篡改信息,保障了源头信息的真实性。此外,结合一维码、二维码、RFID等多种物联网标识还能实现更安全的防伪验证。

(2)助力政府部门有效监管。通过区块链网络的信息同步,监管部门可以作为其中一个节点加入整个网络,快速实现信息监管。当发现问题时,可以快速定位问题来源,从而实现来源可查、去向可追、责任可究。

(3)实现全程信息透明共享。基于共同的区块链网络,从原料到生产加工、仓储配送、供应商中转,再到零售终端,全流程的信息通过分布式账本进行维护,共同监督,使信息更加透明;各环节之间信息共享,上下游企业可以及时了解整体状态,便于快速做出决策;将全流程的信息以可视化的方式传递给消费者,有助于提升消费者对商品品质的信任。

(4)串联各个主体提升效率。通过商品统一的身份标识,将全流程信息记录、传递、核验、分析,保证数据的联通性、一致性、完整性和价值,解决各企业之间信息孤岛的问题,提升商品整体的流转效率。

2. 精准扶贫中的应用

京东在国家级贫困县落地"跑步鸡""游水鸭""飞翔鸽"等项目,京东为养殖过程量身打造了移动端的养殖管理系统,借助计步脚环等物联网设备,结合视频溯源技术,将家禽运动数据、喂食、饮水、除虫等信息实时采集,及时同步到区块链网络中,并整合加工、包装、京东仓储物流等真实信息。消费者通过扫码即可了解所购农产品的养殖过程、生长环境等不可篡改的真实图文信息,大大提升消费者对产品品质的信任,在确保产品品质的同时提升了产品的溢价能力,从而提升了市场的认可度,为贫困地区的农民增加了收入。

3. 食品安全中的应用

针对白酒、奶粉、加工食品等领域假货频发的问题,京东与企业联合,将产品生产加工信息、仓储物流信息、交易信息整合记录在区块链网络中,通过追溯码将信息串联并展示给消费者，让消费者清晰地看到每件商品的流转过程，精准地对食品质量问题追踪定责。例如，针对进口燕窝商品，京东与中国检验检疫科学研究院联合，将产品的原材料、生产、进出口、京东仓储出入库、订单、物流等信息写入区块链，将全程品质追溯信息展现给消费者，提升消费者的信心。

4．跨境商品中的应用

跨境商品具有极大的市场潜力。假冒伪劣商品及走私商品频繁出现，消费者难以考证商品的来源和辨别商品的真伪，担心跨境商品的品质；假冒伪劣商品也给生产企业造成了巨大的损失。京东联合品牌商，将跨境商品流通全过程打通，将海外运输、保税仓仓储、海关报关、检验检疫局报检、国内运输等信息整合写入区块链账本中，使信息不可被伪造和篡改，消费者可全面、及时地了解商品的来源途径、政府监管记录、运输过程等，提高消费者购买跨境商品的信心。

5．时尚领域中的应用

针对钟表、奢侈品、珠宝等高价值产品，京东联合供货商及权威检测机构将商品的供货来源、品质检测、京东仓储物流等信息整合，并记录在区块链账本中，在确保商品为正品的同时，为出现问题的商品售后及逆向溯源提供了支持。通过对消费者收货时间的记录，确定每件商品的质保时间。通过一物一码与订单关联，确定消费者的退货商品是否为售出商品，解决"买真退假"等问题。通过供货渠道的记录锁定问题商品的来源，从而降低售后及逆向溯源过程的成本。

区块链技术融合共识机制、分布式数据存储、点对点传输和密码算法等多项基础技术，天然适用于零售供应链的端到端信息管理。通过建立适用于零售碎片化数据采集、存储和展示的区块链底层和防伪追溯应用平台，基于各方数据节点进行持续扩展，在品牌商、监管机构、第三方认证机构逐步部署联盟链节点，形成社会化的区块链防伪与追溯网络，为每一笔消费者的购买行为保驾护航。

6．医药追溯

将联盟链网络应用于医药供应链能够保障医药供应链中节点医药交易的合法

性，交易主体在加入联盟链时均需要提供合法身份验证，通过应用电子证书、电子签名等技术，解决主体身份合法这一基础性问题。区块链分布式存储特性提高了药品追溯信息的可信度，将供应链中所有通过合法身份验证的参与者（包括生产商、流通服务商、经销商、零售商及第三方监管机构）都作为节点，共同参与维护记账权、交易权。将每笔合法交易实时记录上链，降低了单独节点发生故障带来的数据灾难风险，同时，上链数据经过多家节点同步存储，各节点之间相互见证，实现联盟链中的信任背书，追溯数据可通过任何一个参与者进行链上验证，实现药品"来源可查，去向可追，责任可究"。

遵循国家药品监督管理局的监管要求，京东基于区块链技术建立了医药追溯平台，适用于中国医药市场，兼容多种药品编码标识，通过此平台可实现医药供应链的可视化管理。平台服务于药品及原料生产厂商、经销商、零售商、医院、患者及政府监管机构。

药品生产厂商采集生产线的生产信息并与药品追溯码关联，将产品批次、有效期等追溯信息上链，在确保数据信息不可篡改的同时，联盟的经销商授权可以在其节点"共享"药品追溯信息。当双方产生关联交易时，可在就近节点进行快速校验，完成校验的药品追溯信息被识别为已交易状态，与交易实体信息一起记录上链，随后的交易环节都将循环此模式，直到患者依据处方获得药品为止。患者可以扫描追溯码查验真伪，还可以看到生产、流通、物流等各环节的关键追溯信息。

6.5.3 电子合同

1. 电子合同的应用概况

由于应用场景的复杂性、多样化，各行业对于电子合同的落地缺乏指导性文件，移动互联网、身份认证等技术的应用尚不成熟，导致电子合同使用不便、成本高、司法取证困难，难以建立行业的标杆性应用，电子合同的应用始终没有大规模展开。

2015年，电子合同在金融、交通运输等行业的应用场景开始落地；2020年，由于新冠肺炎疫情的影响，各地政企纷纷加速了远程办公设施的建设，政务、房地产、人力资源等领域对电子合同的认知和接纳程度较高,目前,电子合同市场进入高速发展期。实践证明,打通与法院、公证处、司法鉴定中心、仲裁处等法律机构的连接,是电子合同推广应用的关键。

2. 区块链技术与电子合同

合同最重要的内容是对当事人的法律约束力部分。因此在电子合同的实际使用中,其法律效力是重点,是用户是否使用电子合同时最先考量的问题。电子合同的法律效力以电子签名为基础,《中华人民共和国电子签名法》对于可靠电子签名定义了四个必要条件:电子签名制作数据用于电子签名时,属于电子签名人专有;签署时,电子签名制作数据仅由电子签名人控制;签署后,对电子签名的任何改动均能够被发现;签署后,对数据内容和形式的任何改动均能够被发现。

将区块链技术应用于电子合同存证,有效增强了电子签名的可靠性,确保了合同的真实性和有效性;区块链存证结合数字证书可以保证合同数据不可篡改;区块链技术还可以实现对用户注册(如用户账号、短信验证码等)、实名认证(如身份证照片、人脸识别、公安三要素核验等)、意愿表达(如短信验证码、签署密码、人脸识别等)等环节的存证,从而形成完整的证据链,实现对用户签署场景的还原,为"真实身份+真实意愿"提供强有力的佐证。

将合同履约情况广播上链,打造链上用户的信用体系;将与合同关联的业务数据在链上共享,形成行业大数据,并与 AI 技术结合后建立决策引擎等。

3. 京东区块链技术在电子合同中的典型实践

京东在电子合同中引入了区块链技术,在区块链网络中记录用户注册、实名认证、申请数字证书、创建数据、签署及传输等电子签约全过程的数据及完成签约的电子合同摘要信息,并进行证据链电子认定,通过计算机加密固化技术在业务发生时锁定证据链数据指纹,备案于具有电子数据司法鉴定资质的司法机关、机构。当发生纠纷时,通过区块链存证编号即可一键导入证据,也可通过区块链上的数字指纹进行真伪判断和篡改查验,生成存证报告,明确数据权属关系及合同的签署轨迹,以供司法、监管机构对原始证据进行科学性、有效性方面的查验，从技术上确保电子合同原文的数据安全及可追溯。

（1）规则前置，减少证据核验成本。对于接入司法链的应用，需要对其部署环境、系统流程、管理机制等进行测评，保证只有符合标准的数据才能接入司法链。提交证据时，即可减少核验成本。

（2）事中存证，降低数据造假风险。当业务发生时，即对数据进行存证，可以降低数据造假的风险。数据生成及固化规则在事前已按要求进行多方评估，能够保障数据生成、传输、存储、固化等机制可信，增强数据的真实性。

（3）一键出证，提高维权效率。通过系统调取证据，降低证据被篡改的可能性，采用区块链存证数据直连法院、公证处，可信度高，减少了线下公证、司法鉴定带来的时间和人力成本。

6.5.4 物流单证

在现代物流与供应链领域，企业与企业之间、个人与企业之间的信用签收凭证大部分还处在纸质单据与手写签名的阶段。这些纸质单据不仅是运营凭证，也是结算凭证。在实际应用中，纸质单证在操作上烦琐，并且有邮寄和对账的成本，严重制约了智慧物流的发展。纸质单证、手工单证的主要问题如下。

（1）成本问题。有纸化对账势必产生材料成本和管理成本方面的费用，而通过无纸化升级可大幅度降低此成本。

（2）运营问题。纸质单据通常通过线下传递，很难保证信息流与单据流一致，会产生较多运营异常，从而产生对账差异大、结算周期长等问题。双方需要花费一定时间在核定账目异常等琐碎事务上，影响承运商的现金周转及回款，从而造成负面的用户体验。

（3）监管问题。网络货运需要满足数据监管的要求，网络货运经营者不得虚构交易、运输、结算信息。而采用纸质运单和通过系统接口对接的方式上报监管数据很难确保单据内容的真实性和实时性，为监管带来了很大的阻力。

（4）限制物流金融业务的发展。融资业务的单证处理属于最基础、最频繁，也是出现问题最多的环节，纸质单证主要靠人工处理，无论是技术难度还是处理成本都比较高，而且无法完全保证单证的真实性。

区块链作为一种不可篡改的分布式账本技术，有助于在无信任的多方之间达成可信和透明的交易。将区块链技术应用于物流单证，联盟链上链的单证数据可以实现全程追溯，实时监控物流单证的数据状态，有助于物流单证的溯源与防伪。同时，基于区块链技术和电子签名技术实现物流单证的无纸化，可利用区块链的共识机制和分布式架构等特性，关联包括法院、公证处、司法鉴定中心等多方权威机构，进一步提升物流单证的公信力，提升认证结果的可信程度。

将物流单证上的运价信息、履约信息编写成智能合约，并由相关方进行背书后发布到区块链网络中，协议中明确了双方的权利和义务，开发人员将这些权利和义务以电子化的方式进行编程，代码中包含会触发合约自动执行的条件，实现月结对账、付款流程的自动化，降低对账成本，缩短结算周期。

京东物流利用区块链和电子签名技术打造"链上签"产品，解决传统纸质单据签收不及时、易丢失、易篡改、管理成本高的问题。同时利用数字签名技术解决传统纸质单据不能处理异常的问题，确保在物流配送过程中发现异常能够及时修正，并实时将修改的数据上链，双方运营结算人员可以及时获取准确的数据。利用京东物流供应链的优势，背靠已有的物流网和技术打造基于区块链的可信单据签收平台，实现单据流与信息流合一。

"链上签"产品主要服务于货运司机与货主之间的单据往来，对承运委托书协议模板进行预先定义，对承运委托书协议的签署方及过程进行预先定义，可信单据服务平台应具有根据不同场景的需求定义不同的签署流程的能力。签署单据前，货主企业和司机作为单据的签署方需要事先完成实名认证，并联合 CA 机构为签署方颁发一份认证其身份的数字证书。利用 CA 认证技术检查证书持有者身份的合法性，确保区块链上所有经过私钥签名的交易都是实名化的，并将实名认证和数字证书发放信息上链存证。签署单据时，需要通过生物识别、短信验证的方式完成签署意愿的表达。确保签署主体及行为真实有效、签署行为可信,并将确认意愿信息上链存证。最后,将签署完成的电子承运委托书协议及相关日志存证,各个参与方可通过专属区块链浏览器等公示工具查看、提取、验证已上链的存证信息。

通过区块链构建可信单据查验平台,为利益相关方提供单据查验和下载统一视图。基于标准跨链协议完成与北京互联网法院"天平链"等权威机构的证据链对接,提升取证效率,降低司法取证的成本。

可信单据服务平台采用联盟链的治理方式,京东物流、承运商、CA机构和其他业务相关方都可作为链上节点,在业务设置上采用符合供应链物流特点的治理方式以保障供应链数据可信共享,同时,又具备良好的安全特性和隐私保护能力。利用"链上签"平台,京东物流携手承运商企业通过对现有业务流程规范化,将供应商对账期从90天缩短到30天以内。不仅从承运商处可以获得更多的优惠条件,也大幅降低了运营成本和管理成本。

6.5.5 数字仓单

中国大宗商品的种类有千余种,包括煤炭、原油、铁矿石、大豆等上游产品和橡胶、化纤、合金、成品油等中游产品,构成了我国各行各业的源头与基础。但大宗商品生产流通的参与方众多,个别环节作假、肆意修改信息、隐瞒真实信息等行为降低了整个大宗流通链的安全性。而这些问题在传统的线下大宗流通模式中难以解决,从而导致行业风险难以把控、整体信用缺失。

(1)货物安全难以得到保障。大宗仓储管理水平参差不齐,经常发生存货短少、缺件、被挪用等现象,而由于大宗商品多以散杂货形态堆放,难以用肉眼方式识别货物变化,且大宗仓储本身的管理比较粗放,无论是监管方对货物的监管,还是银行对质押货物进行核库,都面临着较大难度,质押货物的安全性无法得到保障。

(2)货物确权过程复杂。在货物确权方面,大宗商品货物的所有者、交易方、监管方、资金方等角色存在严重的信息不对称现象,难以避免一货多卖、一货多押等问题。这些问题使得大宗商品的货权认定存在极大痛点,货权确认的高复杂度也限制了质押业务的开展。

（3）品质和价格难以被识别。在品质和价格的确定方面，大宗商品的来源认定、品质认定都存在痛点，货不对板、偷梁换柱等问题难以被识别，这也为大宗商品的质押融资带来了巨大困难。

（4）仓单开具与使用难。在仓单开具和使用方面，传统的仓单融资业务采用仓储方线下开具的纸质仓单，纸质单据的管理难度极高，存在印鉴伪造、单据伪造、一单多用等风险。

总之，行业风险防控手段缺失、整体缺乏信用等问题导致大宗商品流通商有强烈的融资需求，却面临着融资难的困境。传统的大宗商品质押融资模式已无法继续，需要新技术、新模式来重构大宗商品的融资环境。

将区块链技术应用于大宗商品流通行业，可有效解决目前大宗商品质押融资中的风控问题，帮助银行降低风险，提升大宗商品的融资效率，具体体现在以下几方面。

（1）对大宗货物流通全过程追溯。大宗商品一般从资源地以海运或铁路运输的方式进入中转港口或集散地仓库，再配送至消费地中转仓库或消费企业。整个流通环节会经历海运、铁路运输、公路运输等物流环节，同时会发生在途、在库的销售和货物交割。通过区块链技术，可将货物流通过程中的各环节的信息同步上链，实现货物交易、交割、物流全过程的追溯。为质押业务中的资产穿透提供数据支撑，帮助银行识别和甄选可靠的资产，降低融资中的风险。

（2）区块链帮助大宗商品流通环节各参与方实现互信。基于区块链技术打造仓储服务、交易交割服务、融资服务平台，将各个业务参与方的操作统一在平台上完成。该业务系统无数据篡改风险，参与方可以平等地在平台上获取信息，完成仓储业务办理、交割、交易等业务，极大地降低了对平台和其他参与方的信任成本，缩减了业务协作交互成本。同时，通过该平台产生的资产具备安全可靠的业务背景，能够增强资产的可信度，起到资产增信效果，从而降低融资方的融资门槛，满足中小企业的融资诉求。

（3）数字化仓单。基于区块链搭建的电子存货仓单全生命周期管理系统能够保障电子存货仓单的安全性、唯一性、开放性、防篡改、可追溯，让有形的库存转化为数字化资产。基于数字化资产的形式可以有效打通产业链上下游，成为产业和金融之间的骨干和枢纽，从而构建真正对银行产生价值的金融产品。

针对大宗商品金融服务的需求痛点构建了一整套大宗商品产业数字化解决方案。以区块链技术为基础，通过将大宗商品流通过程中的仓储物流、交割交易、金融、风险管理等环节的信息上链，实现大宗商品数字化、线上化和智能化，并通过电子存货仓单的全过程追溯打造基于安全可信的电子存货仓单的质押融资服务，最终实现资产和资金的对接，帮助大宗上下游企业以门槛更低、更便捷的方式获得融资。此外，该平台还能够帮助银行识别更可靠的资产，降低风险，实现行业整体融资效率的提升。

在大宗产业链协同服务平台中，通过企业认证、人脸识别、电子签章等方式匹配企业人员的分工和业务流程，厘清执行人、执行单据的关联关系，确保业务往来的真实性，并将关键操作和关键单据全部上链，确保电子存货仓单信息的不可篡改和可追溯性。同时，对接京东区块链数字存证服务，实现关键业务环节和单据的事中存证、随时调证、高效维权。

此外，通过 IoT 实现实物与数字仓单和数字化资产的对应，并通过摄像头、AI 视觉识别、电子光栅、激光测距等方式实现远程监控和异常报警，对质押货物的状态、形态等进行实时监管，确保仓库内质押货物的安全性。利用 IoT 设备将信息直接对接上链将进一步确保链上数据的准确性。这些信息将同步给平台、仓库、银行等相关方，实现参与方的信息公开共享，从而保障电子存货仓单的底层实物的安全。

6.5.6 供应链金融

利用区块链技术来解决传统供应链金融的痛点，为中小微企业融资难、成本高的问题提供了很好的解决思路，也符合利用技术自主创新带动产业创新的要求。将区块链技术应用在供应链金融领域中，其价值主要体现在以下几方面。

（1）多中心数据维护机制。基于区块链的多中心数据存储的思路解决传统供应链整个产业链条的信息严重不对称的问题。采用联盟链的方式，搭建包含供应链整个产业链且被共同认可的账本，核心企业、各级供应商和资金方可在账本内预设各方权限，如共享贸易流、资金流等相关信息，从而实现信息流、资金流、贸易流的共享协同，解决传统供应链中信息严重不对称的问题。

（2）交易确权的真实性和时效性。通过基于加密数据的交易确权的区块链应用，可以实现交易确权凭证信息的上链操作。通过分布式存储和共享，提升交易确权操作的安全性。通过联盟链的形式，建立一套各方认可的规则合约，减少交易背书和担保等中间环节，从而降低成本。区块链首先要实现的是数据的标准化和线上化，在此基础上，在供应链金融应用中可以打通债务方，尤其是核心企业的 ERP，实现实时确权，从源头上保证时效性和真实性，并实现确权凭证的开具、背书、审核、签收的全流程上链，各方均可查看且无法篡改，从而提高了交易的安全性，保证了交易的可回溯性。

（3）交易的真实性证明。通过对互联网、物联网和区块链技术的联合使用，结合供应链金融具体场景，可以交叉验证主体信用、采购数据、物流数据、订单数据、仓储数据、贸易数据的可靠性。而区块链主要在其中承担整个链上交易的验证工作，记录不同数据、交易节点、时序关系及变更历史，提高整体交易的真实性。

（4）共享账本应用。区块链技术可以通过分布式数据存储的共享账本将数据安全地同步到各参与方。以应收账款融资为例，区块链技术可实现多级供应商或经销商信用的共享与传递。各参与方均可以通过区块链技术追溯确权凭证的开具、转让、拆分、融资过程，并在平台上展示，解决了资金方审核整个供应链中的企业的贸易背景和主体信用的不可操作性问题，从而实现了成本的降低。

（5）智能合约的应用。智能合约是一种供应链金融业务执行的自动化工具，可以通过预先设定好的规则和条款，准确、高效、自动地执行合同缔约各方所达成的契约，以此来降低人为因素的干扰。通过智能合约技术，可以解决合同执行过程中各方违约的问题，以此来提升合同执行效率及条款执行的准确率。

京东零售作为中国最大的零售平台，以自营为主的经营模式和较为丰富的供应链体系使其十分适合作为核心企业输出信用，方便实现应用账款信用的多级流转。信用凭证的开具、拆分转让、融资等全流程节点均由区块链赋能，实现确权的真实性，以及信用凭证全生命周期的真实性和可回溯性。以企业公开信息、交易信息、交易凭证信息、存证信息为基础，结合智能合约履约等适合区块链赋能的角度来推进供应链金融业务，进而推动与政府部门、征信部门、核心企业、供应商、资金方各方实现信息的标准化和线上化，以此来推动整个供应链体系的区块链赋能，最大程度实现贸易真实性和可追溯性，打破信息孤岛，增强各方信任，减少资金方对贸易真实性的不信任问题，从而从根本上解决中小微企业融资难、融资贵的现状。

6.6 供应链分布式治理评价指标

评价指标体系是指评价对象所涉及的各种影响因素的集合，建立合理的评价指标体系是系统评价的关键环节。

6.6.1 治理评价概述

系统评价需要将创造性逻辑思维与定量分析法结合。选择适当的评价方法与模型固然重要，但还需要针对不同被评价对象的特点提出评价指标体系和评价方案，才能真正实现客观、全面地评价客观对象的目的。值得注意的是，系统评价是科学的，但人的价值观在系统评价中也有一定的影响，特别是涉及社会、人文、管理等以人参与为主的系统评价时。

供应链分布式治理评价是对分布式治理的效果进行衡量，并对结果进行综合评价的过程。通过建立科学的评价指标和选用适当的评价方法，能够定性、定量地反映出实际情况与"标杆"的差距，并有效指导管理者进行分布式治理实践。供应链分布式治理评价具有以下特点。

（1）评价因素的多元性。包括企业资源、内部协同、支撑环境等方面的多种因素。

（2）评价因素的模糊性。分布式治理实践存在大量产生非数据类型信息的因素，很难用具体的数字进行量化描述和考核。

（3）评价主体的客观差异性。对分布式治理进行综合评价，要求评价人具有较广泛的专业知识、较强的实践管理经验，而单个评价主体的知识结构、经验、偏好等多集中在某一专业领域，给出的评价结论也往往具有明显的主观差异性，因此会影响评价结果的客观性。

针对以上供应链分布式治理评价的特点，合理的评价指标体系应当能动态、客观、全面地反映被评价对象的相关特性。

6.6.2 ERMP 评价模式

供应链分布式治理评价实际上是对影响供应链分布式治理的关键因素及其相互关系进行的评估。根据本书提出的分布式治理结构模型，提出供应链分布式治理的四因素评价模式（ERMP 评价模式），如图 6-7 所示。

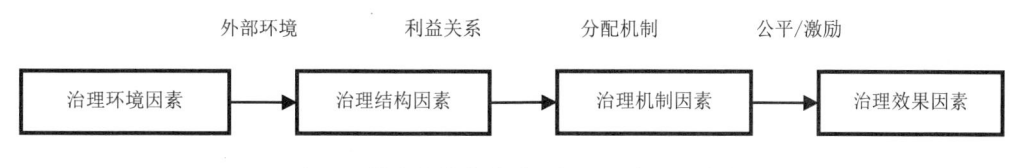

```
  外部环境          利益关系          分配机制          公平/激励
┌─────────┐      ┌─────────┐      ┌─────────┐      ┌─────────┐
│治理环境因素│ ──→ │治理结构因素│ ──→ │治理机制因素│ ──→ │治理效果因素│
└─────────┘      └─────────┘      └─────────┘      └─────────┘
```

图 6-7 供应链分布式治理的四因素评价模式

在图 6-7 中，由外部环境、利益关系、分配机制、公平/激励四方面构成评价模式，其中，外部环境是供应链分布式治理的基础；成员的利益关系是供应链分布式治理的基础和前提条件；分配机制是供应链分布式治理的核心机制；公平/激励是供应链分布式治理效果的最终体现。

ERMP 评价模式通过分析供应链分布式治理的结构、机制，避免了评价"黑盒模式"的不足（只注意供应链分布式治理的外部表现）。ERMP 评价模式既重视效果，又重视过程与初始条件，能系统、全面地反映供应链分布式治理的运作过程与运作机制，较好地体现了供应链分布式治理评价的诊断作用。

6.6.3 评价指标体系的设置

评价指标是用于评价系统的参量，一个评价指标反映或描述事物的一个侧面。评价指标体系的选取与建立是综合评价的基础。评价指标可以分为定性指标和定量指标,从指标值的变化对评价目标的影响来看,评价指标可以分为极大型(效益型)、极小型(成本型)、居中型和区间型等不同种类。指标数值存在多种类型,且各类型可以通过相应的函数进行相互转换。供应链分布式治理评价指标体系的层次关系示意图如图 6-8 所示。

```
评价目标
├── 治理环境因素
│   ├── 供应链的生态关系 E1
│   ├── 数字供应链的成熟水平 E2
│   └── 数字化产业的生态成熟水平 E3
├── 治理结构因素
│   ├── 共同利益规模 R1
│   └── 个体利益规模 R2
├── 治理机制因素
│   ├── 分配规则 M1
│   ├── 分配竞争水平 M2
│   ├── 算法执行能力 M3
│   ├── 共识程度 M4
│   └── 法治水平 M5
└── 治理效果因素
    ├── 主观公平程度 P1
    ├── 客观公平程度 P2
    ├── 激励效应 P3
    └── 组织公民行为 P4
```

目标层 | 主因素层 | 项目层 | 指标层

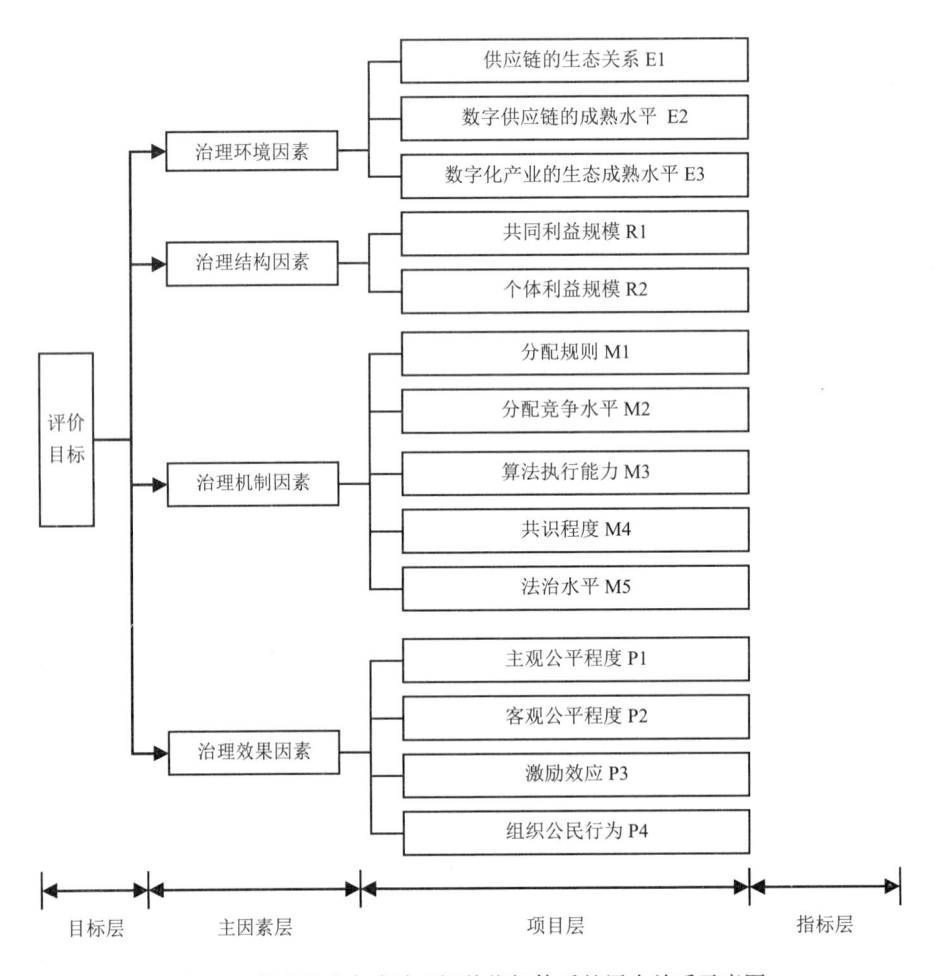

图 6-8 供应链分布式治理评价指标体系的层次关系示意图

在图 6-8 中,评价指标体系可划分为目标层、主因素层、项目层和指标层。治理环境因素评价指标一览表如表 6-7 所示。

表6-7 治理环境因素评价指标一览表

项 目	指标名称	属性	说 明
供应链的生态关系 E1	企业合作文化 E11	定性	评价节点企业合作文化的成熟程度
	合作机制 E12	定性	评价节点合作机制的成熟程度
	争议冲突处理方式 E13	定性	评价对节点合作中的争议冲突的处理模式
	整体合作理念 E14	定性	评价整体合作文化的成熟程度
数字供应链的成熟水平 E2	供应链信息平台 E21	定性	供应链全链的信息建设水平
	物联网平台 E22	定性	供应链运营所构建的物联网水平
	区域信息化水平 E23	定性	供应链所在区域的信息化建设水平
	信息标准化水平 E24	定性	供应链所在区域的信息标准化水平
数字化产业的生态成熟水平 E3	区域信息平台化 E31	定性	供应链所在区域的信息平台建设水平
	区域服务信息化 E32	定性	服务于供应链的电子政务等的发展水平
	其他配套环境 E33	定性	供应链的其他配套环境的发展水平,如金融系统等

治理结构因素评价指标一览表如表6-8所示。

表6-8 治理结构因素评价指标一览表

项 目	指标名称	属性	说 明
共同利益规模 R1	核心企业品牌价值 R11	定量	反映供应链竞争优势
	价值链成熟度 R12	定性	反映整体价值创造能力
	总销售量 R13	定性	体现市场地位
	总利润规模 R14	定性	体现盈利能力
个体利益规模 R2	利润总量 R21	定性	反映总体利益量
	利润占比 R22	定性	反映利益分配的重要性
	利润增长率 R23	定性	反映利益的成长性

治理机制因素评价指标一览表如表6-9所示。

表 6-9 治理机制因素评价指标一览表

项 目	指 标 名 称	属性值	说 明
分配规则 M1	规则合理性 M11	定性	规则合理性的成熟程度
	规则制定的独裁性 M12	定性	规则制定的参与程度
	规则的可修改性 M13	定性	修改规则的难度与成本
	规则公平感 M14	定性	个体对规则的满意程度
分配竞争水平 M2	可谈判性 M21	定性	分配谈判的成熟程度
	分配弹性 M22	定性	分配有无弹性
	分配差距程度 M23	定性	实际分配的差距水平
	分配年度差距 M24	定性	不同时间的分配结果的差距
算法执行能力 M3	算法合理性 M31	定性	算法设计的合理性、性能、准确程度
	预期与结果的比较 M32	定性	算法设计的预期与实际结果的比较
	算法的强制性 M33	定性	算法执行的强制力度
共识程度 M4	民主程度 M41	定性	实施民主机制的成熟程度
	共识评价 M42	定性	共识的达成率
	共识接受程度 M43	定性	个体对共识的认可程度
法治水平 M5	法治精神 M51	定性	满足法治精神的合理程度
	法治机制 M52	定性	建立法治治理的成熟程度
	监督机制 M53	定性	法律监督机制的成熟程度

治理效果因素评价指标一览表如表 6-10 所示。

表 6-10 治理效果因素评价指标一览表

项 目	指 标 名 称	属 性 值	说 明
主观公平程度 P1	主观公平评价 P11	定量	个体评价
客观公平程度 P2	客观公平评价 P21	定量	外部评价
激励效应 P3	激励效应评价 P31	定量	效应水平
组织公民行为 P4	组织公民行为评价 P41	定量	此类行为的频率

6.7 小结

本章选择将供应链作为治理创新实践的对象，分析供应链治理环境、利益共同体的特点，并对供应链利益关系、中心化治理结构进行分析。分析供应链分布式治理的内在逻辑、治理结构与功能机制。对三种典型的利益博弈提出算法治理模型，最后给出分布式裁决治理、分布式交易治理的应用方案。

（1）供应链节点之间是典型的利益关系，供应链是典型的经济利益共同体。供应链治理有利于产生组织公民行为，是供应链有效运作的必要条件之一。传统的供应链中心化治理可归纳为"层级、市场、规范"三类典型机制，存在企业利用信息不对称来获得利益及机会主义行为等较为普遍的治理问题。

（2）对于供应链治理中三种常见的利益博弈行为，即背信弃义效应、智猪博弈、平均主义效应，可以采用算法治理、强制性的分配机制来代替利益博弈分配机制，约束合作双方间的相互怀疑，避免对方做出违反协议的行为；利用算法监督个体，使其不能采取短视行为作为对策，使共同体利益最大化。

（3）对于供应链分布式治理评价指标，提出了由外部环境、利益关系、分配机制、公平/激励四方面构成的评价模式。

第 7 章

分布式治理的未来展望

7.1 研究价值

治理理论是来自西方的理论体系。如何把区块链技术中与公共治理、市场治理、中国当前国家治理体系的现代化和国家治理能力的现代化,特别是我国治理模式的自主创新有机结合起来,需要进一步分析。

网络世界在社会经济中的重要性在快速提升,但同时,数字化和虚拟化的空间很多时候是"法外之地",急需建立与现实世界相对应的秩序,在法治理论和治理理论的基础之上,结合数字技术的进步来构建交叉创新的治理理论。网络环境中的商品交易、数字资产交易、金融交易、新型交易平台、自组织经济模式、社会结构转型等都对现有法律制度、治理理论与实践产生了深刻影响。

建构适应网络平台、虚拟经济的交易秩序,在现有法制和治理理论的基础上,运用法治思维和区块链技术的交叉创新开展治理理论创新研究,促进现实世界的规则与虚拟空间具有对应性、同步化,加快数字经济的法治建设进程,提升互联网商业模式治理的系统化、科学化,进而推进公司治理和国家治理体系的进步。

1. 理论价值

(1) 为网络化、数字化交易的治理改善提供创新的理论支持。

近20年来,互联网技术和应用的快速发展远超人们的想象,但网络空间的治理严重滞后,而区块链技术的出现让人们看到了以技术来建立交易秩序问题的希望,加密等算法的技术组合实现了在虚拟模式下无须第三方信用机构的分布式记账方法,这一方法经过改造可以广泛地应用于陌生关系下的交易治理。目前,区块链技术的研究已经较为深入,但研究者理解和关注的重点仍然是商业模式、业务场景、算法和技术先进性等应用层面、技术层面的问题。

一切治理创新应当以法律为底层逻辑,围绕"实践问题—实践问题的理论化—创新理论—创新理论的应用"的线路,分析区块链技术中的治理方法和思路,结合治理理论研究的既有成果,借助包括算法、证据法学、共同体、系统论等理论在内的多学科研究成果,依据系统化方法和一般法治理论思路展开研究,探求分布式治理的内在机理,并将这一理论推演到一般性系统(通用化),以提供新思路。

(2) 拓宽技术治理研究新视野。

以往,治理理论的理论成果的关注点更多在于对制度框架下的权力、利益相关者、责任等具体要素的探讨,对基于互联网的商业模式,多从"平台经济"的视角来分析治理机制。随着区块链技术的持续升温,新的理论和思路不断涌现,算法治理、技术治理、机器信任等新概念出现。"技术治理"为虚拟世界的治理带来了全新视角,但技术只是方法和手段,若能够适应复杂系统的治理方法,其结构和机制也一定是复杂的,所以治理创新需要全面解析治理结构和治理机制。

将治理理论结合数字技术来构建系统化的技术治理理论是一个新的领域,主要研究综合系统方法、智能技术、算法、法治原理与证据学等,提出技术与法治理论相结合的治理结构,并对这一结构和机制进行全面阐述,试图建立系统化的分布式治理理论框架和逻辑体系,为数字化转型背景下的互联网经济发展提供新的治理理论支持。

(3) 为分布式治理实践提供指导。

分析供应链紧密利益关系和自组织特征，剖析数字化转型背景下供应链治理实践所面临的不协同、不和谐、不信任、不合作等问题及其原因，进行系统梳理，构建基于分布式治理的结构与机制，提出优化算法，丰富、完善和发展供应链治理理论，为技术性自治的实践提供理论指导。

2．实践价值

(1) 有利于提升分布式治理的理论化程度。

研究基于区块链技术的分布式治理理论结构和内在机理，结合共同体理论、治理理论、系统理论、证据法学等，深入分析和系统研究分布式治理的逻辑架构、核心机制、关键技术等，进而提出适用于一般性系统的治理理念，其重要的实践价值之一就是将以比特币为代表的技术治理理论优化、推演到能适用于一般性经济组织，为目前大量的区块链项目实践提供理论支持。

(2) 有利于提高数字经济的法治化现代化水平。

法治是国家治理的基本形式，有法可依、用证据说话是法治的基本理念。基于互联网的商业模式是数字经济的重要组成部分，在推进国家治理体系和法制现代化过程中，必须构建适用于虚拟世界的治理方法。而技术治理的创新是既保证法制化，又具有科学性、可靠性的治理模式。随着社会经济数字化水平的不断提高，必然要用法治精神引领互联网的治理创新，以法治方式调节陌生关系、维护交易秩序、规范平台行为；同时，技术在维护组织交易秩序、解决利益相关者的冲突、维持信任关系等方面，具有效率高、无私、公正、自动化等特点，在执行过程中完全可以避开"人"（执行者）的自私性和寻租行为，适合于数字化环境下的快速、频繁和永不见面的交易。因此，分布式治理研究有利于推进网络世界的治理法治建设进程，提高数字经济治理的法治化水平。

(3) 有利于促进互联网商业模式的繁荣发展。

信任是交易的基础和前提条件，而在陌生关系中建立信任关系是互联网商业模式创新的关键，分布式治理正是建立这种信任关系的保证，保证互联网商业模式中的利益相关者的一切行为受到治理机构的约束，抑制不讲信用的行为，激励守信行为，既为互联网商业模式发展创造了安全有序、协调和谐的运行环境，也为自组织的稳定性、维持公平、分享权力和利益等形成平等开放的组织氛围，有利于促进互联网经济的繁荣发展。

总之，研究区块链分布式治理的机理，有助于实现我国在区块链核心技术领域的自主创新，真正发挥区块链技术在新的技术革新和产业变革中的重要作用，以区块链治理创新来助力提升国家的治理体系和治理能力，具有较强的现实意义。

7.2　研究展望

研究展望如下。

1. "技术自治"对主体的要求与挑战

理论上，"算法治理"主导的分布式治理可以实现"去中心化"的治理效果，克服中心化机构的"人治"现象、信息不对称、机会主义等不足，有助于建立依赖共识规则、算法执行且在结构上为扁平化的自觉自治模式。但"技术自治"对主体的自觉性、能动性提出了很高的要求。那么，什么样的利益共同体可以实施分布式治理呢？

从中心化治理转换到分布式治理，极大冲击了传统组织的运行逻辑、存在价值，重新定位其功能。利益主体在分布式治理结构中能否达到自觉自治的要求，是分布式治理推广到一般社会经济系统的瓶颈问题，也就是说，传统、习惯势力的阻力可能远远大于技术实施的难度。

另外，分布式治理以"算法"为中心，可能出现新的"技术至上"的问题，即掌握算法设计权力的主体、掌握运行参数调整权的主体、拥有数据管理权的主体等可以再次成为隐形的中心，即在形式上是分布式治理，而实质上仍"规则"受控。

2. 制度供给和共识的挑战

技术治理依赖的是"规则"，即制度供给（他治）和共识（自治）。而技术本身对于制度供给和共识的影响是有限的。目前，仍然有大量迷信区块链技术本身的社会各界人士，在区块链应用项目和治理创新中，对技术价值想象过度和过分夸大，容易陷入技术决定论的困境，致使项目不能正视"规则"上的缺陷，使项目陷入极大的阻力。

技术赋能是有限度的，技术治理有效性的背后，起关键作用的是"规则"的合理性和先进性。而"规则"进步的原因更为复杂，是经济、政治、社会等共同进化的表现，远非技术可以解决。组织或共同体是否采用某项技术或治理结构，取决于组织的需求及组织根据环境变化而采取的策略。当然，区块链技术的出现及分布式治理等创新，其颠覆性意义已经受到社会的广泛关注，新事物必然与传统治理结构和治理能力系统产生交锋，如何过渡、过渡期有多长等都是区块链技术应用的挑战，也是治理模式创新的挑战。

3. 技术本身的挑战

另外，技术本身是否成熟、实施成本有多高、效果能否达到预期、能否达到保密性和安全性等基本要求，是区块链技术应用和治理创新的挑战。技术推动社会进步、经济发展等，其根本都源于成本降低这一特点。创新技术在初期的应用成本高，随着研发技术的成熟，将成本下降到让客户满意为止，才会出现应用的暴发式增长。

7.3 创新点与不足之处

分布式治理理论是一个多学科交叉的复杂系统理论，是大课题。迄今为止，技术性自治视角的分布式研究还处于初步阶段，本书建立理论框架体系并剖析内在机制，但由于研究者的时间和精力等主客观方面的原因，还有较多值得深入探讨的问题仍然没有体现在研究中或没有进行深入分析。

研究的主要创新点及不足之处如下。

1. 主要创新点

在现有区块链技术研究的基础上,综合多学科理论,研究分布式治理在数字化环境下的逻辑结构、核心机制和技术方法。主要的创新性工作如下。

(1)建立多学科交叉的分布式理论框架。

整合区块链技术、技术治理、算法治理、证据法学和共同体理论,构建以"虚拟价值-算法执行"为核心的理论逻辑链,突破原有分布式治理理论以公共管理领域为主的局限性,把现有"去中心化"理论从技术层面的研究上升到以"利益共同体"治理为中心的一般化模型,扩大了分布式治理的内涵与外延,有助于分布式治理理论应用于更多领域。

(2)方法内容的创新。

针对区块链应用和技术治理的创新研究多以概念分析和技术实现原理为主,而对于分布式治理的研究多为理念层面。阐述区块链技术所隐含的自治机制,进而提出这一机制的系统化结构模型,并对其中的关键机制(包括结构化存证、事实证明、共识机制、智能合约等)进行深入分析、建模,通过这种方法和内容的创新详述,进一步刻画利益共同体的治理结构和治理机制,为分布式治理适用于一般系统建立理论框架。

(3)内在机制的创新。

深入分析分布式治理机制,包括通证机制、利益博弈机制、利益运行机制、取证机制、智能合约机制,对内在机制的研究丰富了理论创新的内涵,为治理实践提供了最直接的方法论。

2. 不足之处

(1)定量化、工具化研究不够深入。

理论创新应用于实践需要定量化的模型、工具化的方法支持。将结构化取证、区块链存证、事实证明、智能合约、虚拟价值转换等理论成果应用于实践,需要进一步的量化模型和方法研究。

（2）实证研究方面存在局限性。

在案例研究方面，本课题多以定性分析为主，量化研究不足。应用方向选择以经济领域的利益共同体为主，较少涉及公共治理和网络治理，这也反映了研究的不足。

总之，分布式治理理论的深化和完善任重而道远。

7.4　下一步的研究与实践展望

接下来需要进一步研究的方向与内容，概述如下。

1. 区块链分布式治理理论与网络平台的国家治理相结合

我国的互联网普及程度已经处于世界领先水平，网络社会治理问题是我国国家治理和公共治理中的一大课题；本课题研究成果如何将科学理论与网络平台治理法律制度体系相结合，运用分布式和技术自治的方法来对网络平台进行治理，值得进一步研究。网络平台治理具有点多、线长、面广等特点，传统的中心化治理模式已经很难跟上时代的步伐，而治理的创新必须遵守立法为先这一基本原则，确保网络平台治理创新及实施过程在法治的轨道上运转，才能实现自觉自治、低成本的网络治理模式。

2. 分布式治理推动商业模式创新

数字经济和虚拟化交易已经成为社会经济的主要模式之一。市场经济的治理理念是"不问对象是谁"的普遍可交换性，即在不区分交易对手的情况下实现无差别的价值互换，其本质是"信用"经济，守信是一切商业模式创新的根基。但网络世界和虚拟价值的交易给传统的信用模式带来了挑战。因为交易主要发生在陌生人之间，所以需要借助第三方信用机构来达成交易，而信用机构本身也需要成本，更关键的是，信用机构已经不能满足数字化、虚拟化所要求的交易效率、安全性。所以，去中心化的商业模式创新十分引人关注。

分布式治理对于信用创新具有颠覆式创新价值，去中心化的信任模式可进一步实现交易便利化并降低交易成本，促进更多领域的商业模式创新，如电子商务、支付、金融、大宗交易、公共服务等。分布式商业模式可大大提高交易效率，再结合新一代信息、虚拟现实、自动驾驶等新技术，则能扩展商业模式创新的广度和深度。

3. 新一代信息技术在分布式治理中的综合运用

区块链技术只是新一代信息技术中的一种，此外，还包括物联网、云计算、大数据、人工智能、5G等。分布式治理的核心价值在于利用新一代信息技术构造更先进的治理算法，满足虚拟世界的治理需求。需要进一步研究如何创造、构造不同领域的虚拟价值，创新治理算法，将新一代信息技术与分布式治理相结合，创造更为丰富的应用场景，推进虚拟世界秩序的完善。

参考文献

[1] 陈明明. 转型危机与国家治理[M]. 上海：上海人民出版社，2011.

[2] 邓正来. 国家与社会——中国市民社会研究[M]. 北京：北京大学出版社，2008.

[3] 窦玉沛. 社会管理与社会和谐[M]. 北京：中国社会出版社，2005.

[4] 方世荣，石佑启. 行政法与行政诉讼法[M]. 北京：北京大学出版社，2014.

[5] 方世荣. 行政法与行政诉讼法学[M]. 北京：中国政法大学出版社，2010.

[6] 冯仕政. 当代中国的社会治理与政治秩序[M]. 北京：中国人民大学出版社，2013.

[7] 胡鞍钢. 中国国家治理现代化[M]. 北京：中国人民大学出版社，2014.

[8] 胡凌. 网络法的政治经济起源[M]. 上海：上海财经大学出版社，2016.

[9] 江必新. 国家治理现代化[M]. 北京：中国法制出版社，2014.

[10] 姜明安. 行政法与行政诉讼法[M]. 北京：北京大学出版社，2014.

[11] 申屠彩芳. 网络服务提供者侵权责任研究[M]. 杭州：浙江大学出版社，2014.

[12] 沈逸著. 美国国家网络安全战略[M]. 北京：时事出版社，2013.

[13] 孙午生. 网络社会治理法治化研究[M]. 北京：法律出版社，2014.

[14] 唐汇西. 网络信息政府监管法律制度研究[M]. 武汉：武汉大学出版社，2015.

[15] 高富平. 中国电子商务立法研究[M]. 北京：法律出版社，2015.

[16] 汤莹玮. 信用制度变迁下的票据市场演进与中小企业融资模式选择[J]. 金融研究，2018（5）.

[17] 王玉兴. 我国发展融资性票据的探讨[J]. 上海立信会计金融学院学报，2013（2）.

[18] 曾润喜. 中国互联网虚拟社会治理问题的国际研究[J]. 电子政务，2012（9）.

[19] 常敏. 社会治理中的多元组织协同机制研究：基于杭州的实证分析[J]. 浙江学刊，2009（3）.

[20] 陈柏峰．党政体制如何塑造基层执法[J]．法学研究，2017（4）：194．

[21] 陈成文，刘辉武，程街．论加强社会工作与提升社会治理能力[J]．社会工作，2014（2）．

[22] 陈俊．中关村科技园区授权立法问题研究[J]．中国法学，2000（6）．

[23] 陈骏．社会协同公众参与法治保障——人民法院指导人民调解工作的实践观察[J]．光华法学，2014（1）．

[24] 陈卫东，王政君．刑事诉讼中的司法资源配置[J]．中国法学，2000（2）：134．

[25] 何明升．虚拟社会治理的概念定位与核心议题[J]．湖南师范大学社会科学学报，2014（6）．

[26] 何明升．中国网络治理的定位及现实路径[J]．中国社会科学，2016（7）．

[27] 何增科．理解国家治理及其现代化[J]．马克思主义与现实，2014（1）：11-15．

[28] 叶佳．比特币的优势—基于比特币与其他虚拟货币的对比[J]．科技情报开发与经济，2014，（12）：150-152．

[29] 王淑玛．区块链发展现状评述及展望[J]．商业评论，2016，（34）：199．

[30] 陈鲁生，沈世锰．现代密码学[M]．北京：科学出版社，2002．

[31] 袁勇，倪晓春，曾帅，等．区块链共识算法的发展现状与展望[J]．自动化学报，2016．481-494．

[32] 长铗，韩锋．区块链：从数字货币到信用社会[M]．北京：中信出版社，2016．

[33] 董屹，唐华云，张东．近期国际金融基础设施机构区块链技术研究进展及重要观点[J]．债券，2016（7）：46-51．

[34] 曹锋．区块链技术在证券市场中的应用探索[J]．清华金融评论，2017（4）：42-45．

[35] 张苑．区块链技术对我国金融业发展的影响研究[J]．国际金融，2016（05）．

[36] 贵阳区块链技术与应用产业联盟．贵阳市主权区块链技术蓝皮书[M]．2017．

[37] 盛昭瀚．管理科学研究中的计算实验方法[J]．管理科学学报，2011（14）：1-9．

[38] 于峰，李向阳，刘昭阁．城市灾害情景下应急案例本体建模与重用[J]．管理评论，2016（8）．

[39] 李悦．基于科学计量的世界人工智能领域发展状况分析[J]．计算机科学，2017-12-15．

[40] 栗峥．证据链与结构主义[J]．中国法学，2017（2）：173-193．

[41] 李勇，翟荣伦．电子证据的证据能力及其审查方法[J]．中国检察官，2017-08-20．

[42] 钱卫宁，邵奇峰，朱燕超，等．区块链与可信数据管理：问题与方法[J]．软件学报，2017（12）：57．

[43] 李登峰．模糊多目标多人决策与对策[M]．北京：国防工业出版社，2003．

后 记

在本轮新冠疫情中，产生了大量的理念、技术与人文，其中，影响社会与经济的最重要的因素是线上化组织与线上交易的快速进化，包括比特币技术、远程办公，甚至生命的场域也开始转向虚拟世界，元宇宙成了生命与资本的主战场；硅谷的程序员获得了永久在线办公的高薪机会等。

这一系列的变化，本质上是互联网在新一代信息技术的支撑下技术自治的新组织形态，即去中心化自治组织（Decentralized Autonomous Organization，DAO）的快速崛起，其运作机制是去中心化的分布式治理。

过去几十年，人类社会基于全球化理念，快速发展的生产力对能源和环境的过度消费使得地球不堪负重。人类社会需要更为环保节能的生存模式，而技术自治下分布式组织的出现提供了这种可能：达成共识的利益相关者通过线上进行连接，成员可以分布于全球，利益分配与激励基于技术的自治来完成。

所以，分布式治理很可能是未来人类社会经济中最基础、最广泛的一种治理形态，使得人类社会通过虚拟与真实的交互来实现另一种模式下的全球化。

随着元宇宙概念的兴起，人类虚实相生的生存模式将开启一段全新的旅程。

本书的出版得到多方机构的大力支持，万联网、广东锐捷数智供应链有限公司、找塑料网、磁云数字等提供了现场考察和案例资料，广州大学数字化管理创新研究院、广州大学省决策咨询基地、农村电子商务研究中心提供了出版资助，作者在此一并表示感谢！